Formierungen von Wissensräumen

Age of Access? Grundfragen der Informationsgesellschaft

Herausgegeben von
André Schüller-Zwierlein

Band 3

Formierungen von Wissensräumen

Optionen des Zugangs zu Information und Bildung

Herausgegeben von
Olaf Eigenbrodt und
Richard Stang

DE GRUYTER
SAUR

ISBN 978-3-11-030478-7
e-ISBN 978-3-11-030577-7
ISSN 2195-0210

Library of Congress Cataloging-in-Publication Data
A CIP catalog record for this book has been applied for at the Library of Congress.

Bibliografische Information der Deutschen Nationalbibliothek
Die Deutsche Nationalbibliothek verzeichnet diese Publikation in der Deutschen Nationalbibliografie; detaillierte bibliografische Daten sind im Internet über http://dnb.dnb.de abrufbar.

Satz: Dr. Rainer Ostermann, München
Druck und Bindung: CPI books GmbH, Leck
♾ Gedruckt auf säurefreiem Papier
Printed in Germany

www.degruyter.com

Age of Access? Grundfragen der Informationsgesellschaft

Vorwort zur Reihe

Zugänglichkeit: Wann immer es um das Thema Information geht, gehört dieser Begriff zu den meistverwendeten. Er ist zugleich facettenreich und unterdefiniert. Zahlreiche seiner Dimensionen werden in unterschiedlichen Fachtraditionen analysiert, jedoch oft nicht als Teile derselben Fragestellung wahrgenommen. Die Reihe *Age of Access? Grundfragen der Informationsgesellschaft* geht die Aufgabe an, die relevanten Diskurse aus Wissenschaft und Praxis zusammenzubringen, um zu einer genaueren Vorstellung der zentralen gesellschaftlichen Rolle zu kommen, die die Zugänglichkeit von Information spielt.

Die ubiquitäre Rede von „Informationsgesellschaft" und „age of access" deutet auf diese zentrale Rolle hin, suggeriert aber – je nach Tendenz – entweder, dass Information allenthalben zugänglich ist, oder, dass sie es sein sollte. Beide Aussagen, so der Ansatz der Reihe, bedürfen der Überprüfung und Begründung. Der Analyse der Aussage, dass Information zugänglich sein sollte, widmet sich – grundlegend für die folgenden – der erste Band der Reihe, *Informationsgerechtigkeit*. Weitere Bände arbeiten die physischen, wirtschaftlichen, intellektuellen, sprachlichen, politischen, demographischen und technischen Dimensionen der Zugänglichkeit bzw. Unzugänglichkeit von Information heraus und ermöglichen so die Überprüfung der Aussage, dass Information bereits allenthalben zugänglich ist.

Einen besonderen Akzent setzt die Reihe, indem sie betont, dass die Zugänglichkeit von Information neben der synchronen auch eine diachrone Dimension hat – und dass somit beispielsweise die existierende Forschung zu Fragen der kulturellen Überlieferung ebenso wie die heute bekannten Überlieferungspraktiken die Diskussion zum Thema Zugänglichkeit von Information befruchten können. Daneben analysiert sie Potentiale und Konsequenzen der täglich entstehenden neuen Techniken und Praktiken der Zugänglichmachung. Sie durchleuchtet Bereiche, in denen Zugänglichkeit nur simuliert wird oder in denen die Unzugänglichkeit von Information nicht bemerkt wird. Und schließlich widmet sie sich Gebieten, in denen sich die Grenzen der Forderung nach Zugänglichkeit zeigen. Die Themen- und Diskursvielfalt der Reihe vereint eine gemeinsame Annahme: Erst wenn die Dimensionen der Zugänglichkeit von Information erforscht worden sind, kann man mit Recht von einer Informationsgesellschaft sprechen.

Die Publikation der Bände in gedruckter und elektronischer Form in Kombination mit der Möglichkeit der zeitversetzten Open Access-Publikation der Beiträge stellt einen Versuch dar, verschiedenen Zugänglichkeitsbedürfnissen Rechnung zu tragen.

André Schüller-Zwierlein

Danksagung
Ein erklärtes Ziel der Herausgeber dieses Bandes ist es, internationale Perspektiven unseres Themas für die deutschsprachige Fachöffentlichkeit zugänglich zu machen. Wir sind froh, dass wir viele Kolleginnen und Kollegen aus dem Ausland gewinnen konnten, hierzu Beiträge beizusteuern. Ohne die wertvolle Unterstützung von Melanie Volk wäre es nicht gelungen, diese auch adäquat zu übersetzen. Tanja Hartel sei für ihre geduldige Mitarbeit beim Korrekturlesen der Beiträge gedankt.

Inhalt

Richard Stang, Olaf Eigenbrodt

Einleitung

In der Debatte um die Allgegenwärtigkeit von Computern (*ubiquitous computing*) und die ständige Recherchierbarkeit von Information (*Google-Galaxis*) mag der Eindruck entstehen, dass Raum für die weitere Entwicklung der Wissensgesellschaften keine Rolle mehr spielt. Dabei wird allerdings ein statischer, physisch gebundener Raumbegriff zugrunde gelegt, der es verhindert, die wahren Verhältnisse von Wissensräumen zu erkennen und zu diskutieren. Die scheinbar endlose Ausdehnung von Wissensräumen, die in den Metaphern von der Allgegenwart und der Galaxis nahegelegt wird, erweist sich bei näherem Hinsehen als physisch und auch intellektuell begrenzt. Auch mit der Unterstützung von Computern ist der Mensch heute noch nicht in der Lage, sämtliche Wissensräume in ihrer Menge und Ausdehnung zu überblicken, was einer transzendenten Erkenntnis gleichkäme, die lediglich als emulierte Illusion in einer digitalen Umgebung vorstellbar ist. Will man sich aus einer wissenschaftlichen und praktischen Perspektive mit der Zugänglichkeit von Information und Wissen auseinandersetzen, muss man die Beschäftigung mit der räumlichen Dimension von Wissen also etwas tiefer aufhängen und bei den Wissensräumen beginnen, die für uns greifbar und/oder vorstellbar sind. Dies sind aus institutioneller Sicht zunächst immer die physischen und auch virtuellen Räume, in denen sich Bibliotheken und andere Bildungseinrichtungen mit ihren Angeboten bewegen. Diese Räume müssen allerdings immer im Kontext betrachtet werden, da Zugänglichkeit in sehr starkem Maße von den sozialen, technischen und kulturellen Rahmenbedingungen abhängig ist.

Der vorliegende Band möchte daher soziologische, technologische und auch kulturwissenschaftliche Diskurse aufgreifen und auf konkrete Wissensräume beziehen. Dabei geht es darum, die Konstitution von Wissensräumen unter diesen Bedingungen auszuloten, neue Architekturen zu beschreiben und die Aspekte der Zugänglichkeit und der Konvergenz nicht aus dem Blick zu verlieren. In diesem Zusammenhang wird viel von Veränderung und ihrer Notwendigkeit geschrieben. Dies könnte zunächst misstrauisch machen, ist doch das Dogma der permanenten Veränderung gleichzeitig Menetekel einer auf betriebswirtschaftliche Begrifflichkeiten reduzierten Diskussion um Innovation und Modernisierung, die weder die oft im selben Satz erwähnte Nachhaltigkeit mit sich bringt, noch zu einem wirklichen Mehrwert verhilft. So bleiben viele Vorträge, die man heute auf bibliothekarischen Konferenzen rund um die Welt hört, seltsam leer, auf Phrasen reduziert. Veränderungen werden angepriesen und als erfolgreich durchgeführt verkauft, ohne dass sich den Zuhörern/innen erschließt, worum es sich eigentlich konkret handelt und wo der Nutzen lag. Diese Art von Argumentation ist in mehrfacher Hinsicht gefährlich, da sie zum einen im Rahmen der derzeitigen Debatten um die vermeintliche oder echte Herrschaft der Märkte über die demokratischen Gemeinwesen jene delegitimiert, die sich dem Veränderungsdogma unterworfen haben und zum anderen schon deshalb zu unbefriedigenden Ergebnissen führt, weil ökonomisch und/oder technologisch begründeter Veränderungszwang allzu oft von der gesellschaftlichen Entwicklung seltsam entfremdet bleibt. Wenn im vorliegenden Band aber von Wissensräumen die Rede ist, dann sind solche gesellschaftlichen Räume gemeint, die jenseits der klassischen Dichotomie von Öffentlichkeit und Privatheit eine offene Sphäre des Austauschs, der Kommunikation und der Wissensproduktion bilden, die von Individuen auf vielfältigste Weise angenommen werden kann und sich durch diese Vielfalt nicht nur einer Vergemeinschaftung – ohne aber auf Identifikationsangebote zu verzichten – sondern auch einer Kommerzialisierung entzieht – was nicht bedeuten muss, dass kommerzielle Angebote gar nicht vorhanden sind. Bildung ist, wo sie auf offenem Zugang beruht und Chancengleichheit fördern will, immer ein Zuschussgeschäft, das, wenn man die kurzfristige Sichtweise von Quartalszahlen und Jahresbilanzen anlegt, auch makroökonomisch keinen messbaren *Return on Investment* verspricht. Oder, wie es Karen Latimer in ihrem Beitrag für diesen Band mit Albert Einstein sagt: Nicht alles, was man zählen kann, zählt auch und nicht alles, was zählt, kann man auch zählen. Doch auch die Diskussion über Bildungsrenditen wird nur verhalten geführt. Würde man hier die gesamten ökonomischen Auswirkungen von Bildung in den Blick nehmen, würde man sicher zu ganz anderen Finanzierungsgrundlagen kommen.

Wenn im Folgenden also von Formierungen von Wissensräumen die Rede ist, dann sind damit genau solche Räume gemeint, die sich dem einfachen Veränderungsdogma und der Ökonomisierung auch entziehen. Kritische Leser/innen werden in den einzelnen Beiträgen dennoch ideologische Einsprengsel entdecken, die einerseits der Herkunft der Projekte und ihrer Unterhaltsträger, andererseits aber auch der Tatsache geschuldet sind, dass sich Bibliotheken und andere Bildungseinrichtungen in einem ökonomischen und politischen Kontext bewegen, den sie weder verlassen können noch sollten.

Welche Veränderungen sind es also, die jenseits des beschriebenen Dogmatismus stattfinden? Zunächst wären gesellschaftliche Wandlungsprozesse zu nennen, die auf lokaler, regionaler und globaler Ebene wirksam werden und die scheinbaren Gewissheiten der Industriegesellschaft schon seit längerem auflösen. Dies führt nicht nur zu Verunsicherung, sondern auch zu neuem Selbstbewusstsein insbesondere bei jenen Mittelschichten, die die klassische Klientel öffentlicher Bildungseinrichtungen bilden. Gleichzeitig kommt aber auch eine steigende Verantwortung hinzu, die Zielgruppen auszuweiten und auch Individuen in den

Blick zu nehmen, die nicht der Mittelschicht angehören, außerhalb traditioneller Bindungen leben oder andere Bedürfnisse an ihre Umgebung haben. Zugang zu schaffen, der eine Tür für alle Mitglieder einer sich diversifizierenden Gesellschaft öffnet, ist eine heikle und mitunter schier unlösbare Aufgabe, der sich Bibliotheken und andere Bildungseinrichtungen aber stellen müssen, um weiterhin eine zentrale Rolle in der Kommune oder auch der Universität zu spielen beziehungsweise diese vielleicht sogar auszubauen. Der zweite wesentliche Grund für Veränderungen sind technische Entwicklungen, die insbesondere Bibliotheken in den letzten Jahrzehnten erfolgreich eingeführt und teilweise sogar wesentlich vorangetrieben haben. Auch wenn das Beharrungsvermögen oft stärker ausgeprägt war, als die Experimentierfreude, kann man hier zu Recht von einer wichtigen Leistung des Bibliothekswesens sprechen.

Parallel zu den physischen Wissensräumen haben sich digitale Arbeitsumgebungen entwickelt, die dort ihre besonderen Qualitäten haben, wo sie nicht versuchen, die physische Welt nachzuempfinden, sondern die Vorteile einer digitalen Umgebung optimal nutzen. Die ständige Verfügbarkeit digitaler Angebote hat sich durch die Verbreitung mobiler Endgeräte und das *ubiquitous computing* zu der beschriebenen Allgegenwart weiterentwickelt, die den physischen Raum positiv unter Druck setzt. Es gilt, Raumangebote zu schaffen, die Technik nicht nur optisch integrieren, sondern eine Konvergenz zwischen den digitalen und den physischen Umgebungen herstellen, die es Nutzern/innen erlaubt, frei zwischen beiden hin- und her zu wechseln. Und auch hier müssen sich Bildungseinrichtungen einer gesellschaftlichen Verantwortung stellen, denn die informationelle Spaltung der Gesellschaft wird durch die ungleiche Verteilung von Hardware, Zugängen und Kompetenzen noch verschärft.

Die dritte und merklichste Veränderung, die es in diesem Zusammenhang anzusprechen gilt, betrifft die Arbeitskultur in Bibliotheken. Wo früher ausschließlich streng bewachte Stille herrschte, die durch ehrfurchtgebietende Architektur noch bestärkt wurde, haben sich heute lebendige Orte entwickelt, an denen Individuen allein oder in Gruppen ihren Lern-, Informations- und Unterhaltungsbedürfnissen nachkommen, die jeweils nicht so genau voneinander zu trennen sind. Diese Entwicklung gefällt nicht jedem/r und führt in nicht wenigen Fällen zu Konflikten zwischen Nutzern/innen und Bibliothekaren/innen, wobei die Linien hier nicht immer eindeutig verlaufen. Auch Architekten/innen und Unterhaltsträger müssen oft genug davon überzeugt werden, dass Bibliotheken heute keine Büchersammlungen mit angeschlossenen Einzelarbeitsplätzen mehr sind. Hier entstehen neue Herausforderungen an Zonierung, Einrichtung, Ausstattung und Management von Bibliotheksräumen. Diese erweitern sich zudem um neue Funktionen, gehen neue Partnerschaften ein und werden – auch aus ökonomischen Motiven, aber vielmehr aus dem konzeptionellen Grund, Bürgern/

innen einen umfassenden Bildungsservice zu liefern – zunehmend mit anderen Einrichtungen unter einem Dach untergebracht. Wenn man hier über eine Addition von Funktionen hinausdenkt, kommt man schnell auf unterschiedliche Facetten zu sprechen, die aufzunehmen ein solcher Raum als Qualität mitbringen muss und die sich in Konzeption, Planung und Umsetzung von Räumen konkret manifestieren.

Alle drei angesprochenen Aspekte von Veränderung werden – neben vielen weiteren – in diesem Band in Betracht gezogen, wenn es darum geht, wie sich multifacettierte gesellschaftliche Wissensräume heute formieren. Dabei changiert die Perspektive bewusst zwischen eher theoretischen, teilweise sogar spekulativen Beiträgen und solchen aus der Praxis. Ein besonderes Augenmerk wurde bei der Zusammenstellung zudem auf die internationale Diskussion gelegt. Nicht nur, weil wir es bei den beschriebenen Veränderungen mit globalen Entwicklungen zu tun haben, sondern auch, weil die Wahrnehmung fremdsprachiger Fachliteratur in der Community nicht immer so ausgeprägt ist, wie es vielleicht wünschenswert wäre; weshalb die Beiträge auch sämtlich ins Deutsche übersetzt wurden.

Im ersten Teil des Bandes geht es darum, wie die angesprochenen Veränderungen sich auf die Formierung von Wissensräumen auswirken. Wolfgang Semar beschreibt in seinem Beitrag die Veränderungen des Lern- und Kommunikationsverhaltens – nicht nur von Studierenden –, die durch neue Technik und neue mediale Zugänge, aber auch durch veränderte Arbeitskulturen generell katalysiert werden. In seinem Beitrag zur Architektur von Wissensräumen geht Olaf Eigenbrodt auf die Architekturtypologie von Bibliotheken ein, die noch immer in einer bestandszentrierten Vergangenheit verhaftet ist, während sich die realen Räume längst in eine ganz andere Richtung entwickeln. Architekten/innen und Bibliothekar/innen sind gefordert, gemeinsam neue Typen zu entwickeln, die den neuen Funktionen in ihren vielen Facetten entsprechen, was nicht unbedingt heißen muss, sich von der klassischen Bibliothek als Bautyp vollständig zu verabschieden. An Beispielen von den britischen Inseln erläutert die Bibliotheksbauexpertin Karen Latimer im darauf folgenden Beitrag, wie konkrete Architekturen für den Zugang aussehen können und welche Voraussetzungen in Planung, Bau und Einrichtung, aber auch der Nachsorge zu erfüllen sind, um zu überzeugenden Ergebnissen zu gelangen. Der erste Teil des Bandes schließt mit einem Beitrag von Richard Stang über die Auswirkungen gesellschaftlicher Veränderungen auf die Konstitution von physischen Informations-, Wissens- und Bildungsräumen, die im Kontext mit anderen Einrichtungen stehen. Insbesondere diese Partnerschaften und ihre räumlichen Auswirkungen werden als mögliche Reaktionen auf neue Lern- und Informationskulturen nicht nur im Bereich der Öffentlichen Bibliotheken betrachtet.

Der zweite Teil beginnt mit einem dänischen Beitrag, in dem ein in Skandinavien sehr erfolgreiches Modell von Henrik Jochumsen, Dorte Skot-Hansen und Casper Hvenegaard-Rasmussen vorgestellt wird, an dem sich sehr gut die Konstitution von Wissensräumen im Spannungsfeld neuer Kontexte und neuer Anforderungen nachvollziehen lässt. Die Autoren/innen zeigen an ausgewählten Beispielen, wie sich ihr Modell in die Praxis umsetzen lässt. Dass Multifunktionalität ein Schlüsselwort für die Weiterentwicklung von Wissensräumen ist und die verfügbaren Optionen beim Lernerfolg heute eine wesentliche Rolle spielen, begründet Richard Stang im Folgenden am Beispiel des *LearnerLab*, das als exemplarische Einrichtung unter Beteiligung der Studierenden an der Hochschule der Medien in Stuttgart eingerichtet wurde. Stang betont insbesondere die Individualität der Zugänge und die Kontextgebundenheit der Einrichtungen, die immer nur passgenaue Lösungen zulassen und ‚Patentrezepte' ausschließen. Dies wird im Folgenden an vier Berichten aus der nationalen und internationalen Praxis noch deutlicher. Damon E. Jaggars und Robert Wolven beschreiben die bauliche Entwicklung der universitären Informationseinrichtungen an der Columbia University in New York City weg von der klassischen monofunktionalen Universitäts- und Fakultätsbibliothek, hin zu flexiblen und eng in die Lern- und Forschungsumgebung der Fakultäten eingebundenen hybriden Zentren, die die Bedarfe befriedigen, die sich vor Ort ergeben. Wie sich die klassische einschichtige Campusbibliothek der Universität Konstanz in ihrem, durch eine Schadstoffsanierung ausgelösten, Transformationsprozess den Erwartungen und Bedürfnissen heutiger Nutzer/innen stellt, ohne auf bewährte Konzepte gänzlich zu verzichten, schildert Oliver Kohl-Frey in seinem Beitrag. Im Vordergrund stehen dabei die Leitideen einer Konvergenz von physischen und digitalen Angeboten, flexiblen Arbeitsbereichen, die insbesondere auch Gruppenarbeit zulassen aber auch die Anpassung der technischen Infrastruktur an neue Anforderungen. Sergio Dogliani stellt daran anschließend die *Idea Stores* vor. Dabei handelt es sich um Bibliotheks- und Bildungseinrichtungen im Londoner Stadtbezirk Tower Hamlets, mit denen das Experiment einer Neuerfindung der klassischen Nachbarschaftsbibliothek unter veränderten Vorzeichen erfolgreich durchgeführt wurde. Den *Idea Stores* gelingt es, der unterprivilegierten, sehr stark von Migration und Arbeitslosigkeit geprägten Bevölkerung, die nicht zum klassischen Kundenstamm von Bibliotheken gehört, eine Einrichtung nahe zu bringen, die unterschiedliche Bildungsangebote nicht addiert, sondern miteinander verzahnt und vernetzt. Die Klammer des Ganzen sind engagierte und flexibel eingesetzte Mitarbeiter/innen, die ihre Wurzeln zu einem nicht unbedeutenden Anteil in der lokalen Bevölkerung haben. Die Ziele der Wolfsburger Agenda ‚Bildungslandschaft' und ‚Bildungshaus', die von Birgit Rabofski, Andre Gülzow, Petra Buntzoll und Friederike Jörke vorgestellt werden, sind denen der *Idea Stores* nicht unähnlich. Ausgehend von intensiver Bürgerbeteiligung und mit wissenschaftlicher Begleitung wurde das Konzept eines kommunalen Bildungscampus für das lebenslange Lernen entwickelt, zu dem neben Volkshochschule und Bibliothek auch das Medienzentrum und eine Schule gehören. Entscheidend für die noch laufenden Planungen ist die Verzahnung sowohl der Flächen als auch der Angebote zu einer multifacettierten Lernlandschaft.

Der dritte Teil des Bandes vereint mehrere Beiträge, die sich mit der Frage des konkreten Zugangs zu Wissensräumen und der Konvergenz von digitalen und physischen Räumen auseinandersetzen. Frank Thissen beschreibt die Voraussetzungen und Interfaces, die nötig sind, um virtuelle Lernumgebungen zu zugänglichen virtuellen Lernräumen zu machen. Dabei gilt es, aus verschiedenen zur Verfügung stehenden Instrumenten ein Gesamtkonzept zu machen und dabei die technischen Beschränkungen der einzelnen Module zu überwinden. Entscheidend für den Lernerfolg sind Wahrnehmung und Erlebnis der Nutzer/innen im virtuellen Lernraum. Die Konvergenz von solchen digitalen Wissensräumen und dem physischen Bibliotheksraum ist Thema des Beitrages von Janin Taubert. Ausgehend von bestehenden Strategien der Bibliotheken zur Präsentation digitaler Inhalte im physischen Raum geht sie der Frage nach, wie Strategien aussehen könnten, die weder anachronistisch wirken, indem sie digitale Inhalte über Stellvertreter und ähnliches wie analoge zu präsentieren suchen, noch den Übergang zwischen den beiden Sphären durch zu komplizierte Interfaces verhindern. Taubert kategorisiert die verschiedenen Strategien anhand ihrer Ausrichtung auf Nutzer/innen, Marketing, Vermittlung oder Interaktion. Die Zukunft liegt hier in der Interaktion und einem sich Einlassen auf kreative und nicht immer vorhersagbare Lösungen. So wie sich die Allgegenwart der Computer im Ineinandergreifen von digitalem und physischem Raum zeigt, so hat sie auch schon von der Logistik physischer Medien in der Bibliothek Besitz ergriffen. Voraussetzung für die Schaffung von Wissensräumen in bestehenden Bibliotheksgebäuden ist das Gewinnen neuer Flächen. Insbesondere in den Vereinigten Staaten wird dies durch die verdichtete, automatisierte Magazinierung von Beständen in Automated Storage and Retrieval Systems (ASRS) gelöst. An ihrem Fallbeispiel aus der University of Missouri in Kansas City zeigen Sharon Bostick und Brian Irwin, wie ein solcher Prozess aussehen kann und wie sich gestalterische Ansätze finden lassen, den ‚Roboter' zum selbstverständlichen Akteur im Wissensraum zu machen. Ein weiterer wichtiger Beitrag zur Zugänglichkeit ist die Barrierefreiheit. Im Bibliotheksbereich wird diese in der Regel entweder in Bezug auf den Bau oder die Webpräsenz einer Bibliothek diskutiert. May-Brit Grobleben macht in ihrem Beitrag deutlich, dass die Automatisierung von Dienstleistungen in Bibliotheken eine neue, umfassendere Sichtweise erfordert, die die digitalen und die physischen Komponenten eines Systems einschließt. Ausgehend von ihrem

Praxisbericht aus dem Verbund öffentlicher Bibliotheken Berlins (VÖBB) lassen sich Anforderungen an die Zugänglichkeit von konvergenten Wissensräumen ableiten.

Abschließend wirft der Band einen Blick in die nähere und fernere Zukunft der Konstitution von Wissensräumen. Olaf Eigenbrodt beschreibt das Konzept eines multifacettierten Wissensraums, in dem die Konvergenz physischer und digitaler Umgebungen mit Hilfe von Interfaces, Automatisierung und einer Dynamisierung des Raums verwirklicht wird. Jenseits der Statik klassischer Bibliotheksräume entsteht hier die Fluide Bibliothek. Dass dieser Raum keine Utopie ist, zeigt sein Ausblick auf den *INFO.HUB* im *King Abdullah Financial District* in Riad. Auch Beispiele aus dem innovativen und dynamischen Bibliothekswesen der Niederlande sind geeignet, die Bibliothek im Umbruch zu zeigen. Rob Bruijnzeels und Joyce Sternheim führen in ihrem Beitrag durch solche Projekte, die sich durch eine besondere Konzentration auf Nutzer/innenbedürfnisse, aber auch durch ihre Dynamik auszeichnen. Die Bibliothek verlässt zunehmend die Grenzen ihrer traditionellen Raumzuschreibung, ohne sich jedoch als physischer Raum aufzulösen. Vielmehr lassen sich Konvergenz und Techniken der Fluiden Bibliothek nutzen, um den Wissensraum auf die weitere Umgebung auszudehnen. Der Aspekt der Ausdehnung spielt auch im Schlusskapitel der Herausgeber eine Rolle. Jenseits marktorientierter Zugänge können es Bildungseinrichtungen schaffen, sich mit ihren global verfügbaren Angeboten im lokalen Kontext zu verorten und dabei für möglichst alle Bevölkerungsgruppen Zugänge zu ermöglichen. Vom kommerziellen Konzept des Erlebnisparks bewegen sich Wissensräume hin zum kommunalen Konzept der Lernenden Stadt, in der sie eine entscheidende Schnittstelle für Bildung, Kreativität und Kommunikation bilden und ihren Beitrag zum *Age of Access* leisten können.

I. Wandel und Konstitution von Raum in den Wissensgesellschaften

Wolfgang Semar

Digitale Veränderungsprozesse: Konsequenzen für das Lern- und Kommunikationsverhalten

Keine andere Entwicklung hat unseren Alltag in zwei Jahrzehnten so drastisch verändert wie das Internet. Genauer gesagt sind es die Dienste und die Techniken des Internet, die uns verbinden und unser Leben schneller und globaler verändern als jede andere Technik zuvor. Längst verknüpft das Web nicht mehr nur statische Dokumente aus Texten und Bildern. Weltweit entwickeln Wissenschaftler/innen ein Netz mit offenen (*Open Data*) und vernetzten (*Linked Data*) Daten mit dem Ziel, noch mehr Information aus dem Web zu generieren beziehungsweise verschiedene Daten automatisch miteinander in Beziehung setzen zu können (*Semantic Web*).

Für viele jüngere Netz-Bewohner/innen ist das Internet gleichbedeutend mit Facebook oder Twitter. Die Kommunikation mit Freunden/innen, Verwandten, Kollegen/innen sogar mit Vorgesetzten hat sich durch solche Dienste deutlich geändert. Interaktive und insbesondere quasisynchrone Kommunikationstechnologien haben dafür gesorgt, dass wir zeitlich direkter und über große Distanzen kommunizieren, auf der anderen Seite ist unsere Kommunikation dabei oberflächlicher, unpersönlicher und mobiler geworden. War man vor einigen Jahren noch auf Desktop-Rechner angewiesen, so ist man mittlerweile fast ausschließlich mit mobilen Endgeräten ausgestattet, die zum Telefonieren ebenso wie zum Surfen, Skypen, Chatten, Musik hören, Video ansehen, Spielen und zum Fotografieren genutzt werden. Jedes Jahr werden neue Dienste und technische Geräte von uns genutzt, dabei erzeugen wir permanent neue Daten, die irgendwo im Internet (Cloud-Dienste) gespeichert werden. Von jedem Ort der Welt, von jedem Gerät aus, das Zugang zum Internet hat, haben wir Zugriff auf diese Daten. Gleichzeitig geben wir so viele unserer Daten aus der Hand, vertrauen sie Firmen an, bei denen wir genug Gründe haben, misstrauisch zu sein. Die Ubiquität neuerer Medien wird durch die aktuelle Erhebung von ARD/ZDF (2012) verdeutlicht. Damit verbunden kann eine zunehmende Verlagerung realer lebensweltlicher Aspekte in den virtuellen Raum festgestellt werden. Soziale Medien spielen bei dieser Entwicklung eine wesentliche Rolle als neuer, virtueller Sozialraum. Die neuen Medien als Mittlerinnen und Vermittlerinnen von Selbst- und Weltverhältnissen gewinnen an Bedeutung (Jörissen/Marotzki 2009, 15). Die angesprochene technische Beschleunigung führt zunehmend zu einem Zwang von Gleichzeitigkeit und Multitasking und damit verbunden ist eine Tendenz zur Oberflächlichkeit.

Gleichzeitig ergibt sich eine Beschleunigung unseres Lebenstempos, ein sozialer Wandel, der ebenfalls eine Veränderung unserer Beziehungsmuster nach sich zieht. Zweifelsohne eröffnen die technischen und sozialen Möglichkeiten des Web 2.0 unabhängig von Ort und Zeit neue kollaborative Wissensräume und deliberative Strukturen und verändern dadurch auch Koordinaten für Bildungs- und Lernprozesse (Marotzki/Jörissen 2010).

Die technische Dimension hat einen nicht zu vernachlässigenden Einfluss auf die Veränderungen des Lern- und Kommunikationsverhaltens. Bock und Isermann nennen dafür folgende Faktoren (Bock/Isermann 2009, 198–209):

- *Interaktivität:* Sie gibt den Nutzern/innen die Möglichkeit, aktiv in die Selektion der Inhalte einzugreifen und diese mitzubestimmen. Die neuen Technologien ermöglichen somit den Wandel von Rezipienten/innen zu Kommunikatoren/innen. Die Nutzer/innen füllen damit eine Doppelrolle als Kommunikatoren/innen und Rezipienten/innen aus.
- *Anonymität:* Die neuen Technologien ermöglichen zunächst einen hohen Grad an Anonymität. Nutzer/innen nutzen einen Alias oder verwenden mehrere Namen und Pseudonyme gleichzeitig. Diese Anonymität begünstigt die Tendenz, sich nicht mehr für die verbreiteten Inhalte verantwortlich zu fühlen (Luzar 2004, 43). Durch die Entkopplung der an der Kommunikation beteiligten Personen gelangen Daten in Umlauf, die sonst verschlossen geblieben wären. Die Anonymität kann aber auch als Chance verstanden werden, denn in der Anonymität lassen sich Fragen leichter stellen. Versteht man diesen Vorgang als Lernen im weiteren Sinne, so können diese Technologien ideal als E-Learning-Plattformen dienen.
- *Individualisierung:* Die Teilnehmer/innen können verschiedene Rollen annehmen beziehungsweise ausprobieren und somit die Selbstfindung unterstützen. Zudem lässt die Technologie eine nutzer/innenbezogene Anpassung (Personalisierung) der Inhalte zu.
- *Hypermedialität:* Die über Hyperlinks verknüpfte Multimedialität (Kuhlen 1997) hat Einfluss auf die Wirkung und Nutzung von Lehr-, Lern- und Kommunikationsinhalten. In dem Moment, wo Hypermedialität ein nicht endendes Netz an potenzieller Information verbindet, entsteht ein Medium ohne definierten Anfang und Ende. Daneben ist die Hypermedialität aber auch eine geeignete Grundlage für die Integration neuer und vor allem assoziativer Wissensstrukturen.
- *Aktualität:* Daten können sehr schnell aktualisiert und neu kontextualisiert werden. Diese von Bolter/Grusin (2000, 200) als „immediacy“ beschriebene Unmittelbarkeit eines Mediums steigert die Attraktivität des Internets. Es kann damit in kürzester Zeit auf aktuelle Geschehnisse reagieren und

zunächst textuell, später auditiv und visuell darauf reagieren, indem es Informationen für die Nutzer/innen bereitstellt.
- *Globalität:* Die neuen Technologien vereinen die verschiedensten Kulturen (Luzar 2004, 45). Kulturelle Einflüsse verstärken zum einen das Problem der Bedeutungszuweisung und können zu Missverständnissen führen. Auf der anderen Seite erweitern sie die kulturellen Grenzen der einzelnen Nutzer/innen durch die Förderung des kulturellen Austausches.

Neue Formen des Lernens und Lehrens

Im Vergleich zur deutschen Gesamtbevölkerung sind Studierende besonders intensive Nutzer/innen von Computer- und Onlinemedien. Diese Nutzung beschränkt sich nicht nur auf den Freizeitbereich. Viele Studien zeigen, dass digitale Medien mittlerweile auch die verschiedensten Bereiche des Studiums durchdrungen haben (Kleinmann et al. 2008). Es kann heute davon ausgegangen werden, dass nahezu alle Studierenden Zugang zu technischen Medien wie Lehr- und Lernplattformen haben. Studien zum Medieneinsatz beim Lernen legen nahe, dass Computer und Online-Medien im Bereich des informellen Lernens einen nachhaltigeren Einfluss auf Lernpraktiken haben können als innerhalb formaler Angebote. *E-Learning* hat mehrere Vorteile gegenüber traditionellen Lernformen. So werden durch *E-Learning*-Systeme gleichzeitig verschiedene Zugänge zu den Lerninhalten ermöglicht, die von den Studierenden je nach individueller Präferenz genutzt werden können. Durch die allgegenwärtige Verfügbarkeit können die Studierenden jederzeit und an jedem Ort auf diese Angebote zugreifen. Studierende sind dadurch weniger abhängig von Präsenzphasen oder den Öffnungszeiten ihrer Bibliothek. Einen weiteren Vorteil stellt die Bereitstellung des Lernmaterials dar. Da ist einmal das von Dozenten/innen selbst erstellte Material und zum anderen Material, das zwar durch Dozenten/innen zur Verfügung gestellt wird, das aber bereits im Web vorhanden ist, und schlussendlich noch das durch die Studierenden selbst gefundene Material, das ebenfalls bereits im Web vorhanden ist. Ein weiterer Vorteil entsteht durch das selbstgesteuerte Lernen. Dies setzt aber voraus, dass bei den Studierenden die notwendigen Kompetenzen, wie zum Beispiel den eigenen Lernerfolg beobachten und bewerten zu können, vorhanden sind. Verschiedene Anwendungen wie E-Portfolios, Lerntagebücher oder Selbsttests können hierbei eine Unterstützung sein. Nicht zu vergessen ist die Förderung von elektronischen Kooperations- und Austauschszenarien, wodurch Feedback ermöglicht wird.

Mittlerweile gehört *E-Learning* vor allem an Hochschulen zum Alltag in der Lehre. Eine Systematik von Kerres (2006, 6) unterscheidet *E-Learning 1.0* und *E-Learning 2.0*. Ersteres wird definiert durch eine geschlossene Lernumgebung, die Inhalte und Werkzeuge zur Verfügung stellt. Die Lehrenden stellen die Inhalte in die Lernumgebung und die Lernenden nutzen diese. Letzteres wird gekennzeichnet als eine offene, vernetzte Lernumgebung, die als Portal gestaltet ist. Die Lehrenden stellen die Wegweiser auf und die Lernenden konfigurieren ihre persönlichen Lern- und Arbeitsumgebungen. Bei *E-Learning 2.0* geht es aber auch um eine veränderte Auffassung von Lernen beziehungsweise der Rollenverteilung in Lehr- und Lernprozessen. Dies birgt neben vielen Chancen auch eine große Gefahr. Den Lehrenden kommt eine Rolle als Gestalter/innen der Lernszenarien und eine Rolle als Begleiter/innen des Lernprozesses zu. Diese Situation erfordert von den Lehrenden ebenfalls eine ausgeprägte akademische Medienbildung beziehungsweise *eCompetence* (Seufert 2008). So müssen die Lehrenden dahingehend befähigt werden, ihren persönlichen Interaktions- und Handlungsraum auf das Internet auszuweiten und u.a. *Social Software* derart in die Lehre zu integrieren, dass die Studierenden gefördert werden, selbstorganisiert, reflexiv und verantwortlich miteinander zu lernen.

Die Studierenden müssen über die Fähigkeit zur Selbstorganisation hinaus aber ebenfalls das Vermögen entwickeln, die verwendeten Web-Quellen selbst nachprüfen und auf ihre Seriosität überprüfen zu können. Hier können die Wissenschaftlichen Bibliotheken hervorragend ansetzen, indem sie bei den Lehrenden und Lernenden die notwendige Informationskompetenz fördern. Hochschulbibliotheken gehen darum mehr und mehr dazu über, ihre Angebote ausgehend von ursprünglich konzipierten Recherche-Schulungen ausbauen. Die Förderung von Informationskompetenz, durch die eine Person in die Lage versetzt wird, informationell autonom zu handeln, wird als eine zentrale Dienstleistung im Portfolio einer Hochschulbibliothek gesehen (Howard 2012, 75). Unter informationell autonomem Handeln wird hier verstanden, die Kompetenz zu besitzen, auf Informationsquellen mit den entsprechenden Werkzeugen zugreifen und diese nutzen zu können (Kuhlen 2004, 17). Für die Profession der Lehrenden bedeutet dies, dass mehr Bedarf an einer attraktiven Aufbereitung des Lehrstoffs für die Stoffvermittlung vorhanden ist und die Bedeutung als Moderatoren/innen und Begleiter/innen von Lernprozessen steigt. Dadurch verändert sich auch die gewohnte Rollenverteilung und Aufgabenstruktur innerhalb organisierter Lehr- und Lernkontexte (Meister/Meise 2010, 197).

Für das Lernen auf einem Campus sind bereits deutliche Veränderungen in der Kommunikation und im Lernverhalten zu bemerken. Wenn eine Hochschule mit WLAN ausgestattet ist und die meisten Studierenden Laptops nutzen, treten zwangsläufig Veränderungen ein. Die Studierenden betreiben verstärkt elektronische Kommunikation, sie surfen im Internet während der Veranstaltungen, *googlen* nach Begriffen, die sie nicht kennen, schauen in *Wikipedia* nach Hintergrundinformation oder sie betreiben Multitasking, kommunizieren über *Chats* oder Soziale Netzwerke. Dabei zeichnet sich ein Trend dazu ab, dass sich Studierende ortsunabhängig zu „Schwärmen" zusammenschließen, um ein bestimmtes Thema zu bearbeiten, sei es nun real oder virtuell, um in begrenzen Lernzonen zu arbeiten und dann wieder auseinander zu gehen, wenn das Ziel erreicht wurde. Insgesamt verliert dabei das Lernen Zuhause am Schreibtisch an Bedeutung, was auch die zunehmende Nachfrage nach Lernplätzen in Bibliotheken bestätigt.

Schon seit einiger Zeit verschiebt sich die universitäre Lehre mehr und mehr ins Netz. Die neuesten elektronischen Lehrbücher erlauben den Dozenten/innen gar, das Leseverhalten ihrer Studierenden nachzuvollziehen. *CourseSmart* ist der weltweit größte Anbieter von digitalen Studientexten. Mit CourseSmart-Analytics wird den Dozierenden ein Tool an die Hand gegeben, das die Lesegewohnheiten ihrer Studierenden aufzeichnet. Sobald Studierende auf ein Lehrbuch zugreifen, wird festgehalten, wie lange sie auf welcher Seite verweilen, wie viele elektronische Notizen sie sich machen und welche Textstellen elektronisch unterstrichen wurden. Die Lernenden werden selbst zum halboffenen Buch, die Lehrenden erhalten wiederum eine neue Rolle: die von Laborforschern/innen im Leseexperiment. Davon verspricht man sich eine Verbesserung des Lehr- wie des Lernverhaltens. Die mit dieser Überwachung einhergehenden Datenschutz-Probleme versuchen die Universitäten durch die freiwillige Teilnahme der Studierenden an solchen Programmen zu lösen. Die Frage der Sinnhaftigkeit solcher Aufzeichnung der Nutzungsaktivitäten steht aber im Raum. Spielt es eine Rolle, ob die Studierenden langsam oder schnell, selten oder oft lesen, sofern sie nur verstanden haben, worum es geht? Was ist mit der Intelligenz derjenigen Studierenden, die herausgefunden haben, welche Lektüre sie sich sparen können? Kommen sie in einen Topf mit den Faulenzern? Ist hier nicht die Interaktion mit den Studierenden entscheidender? Was also wird evaluiert – die Leser/innen oder das Buch?

Der aktuelle Trend auf akademischer Ebene sind die sogenannten *Massive Open Online Courses* (MOOC), dies sind Kurse, die für jeden zugänglich sind. Derzeit bieten erste deutsche Hochschulen Kurse beim Stanford-*Start-up Coursera*[1] an. Mit einem Angebot frei zugänglicher Online-Kurse von führenden Universitäten und Dozent/innen will das Unternehmen Millionen Menschen Zugang zur Hochschulbildung ermöglichen. Die Kurse beginnen an einem bestimmten Tag, es gibt wöchentlich wechselnde Einheiten, Aufgaben und Abgabetermine für die Aufgaben. Bei den über dreihundert Kursen im Angebot gehören kleine

1 www.coursera.org

Lernkontrollen zwischen den im Idealfall acht bis zwölf Minuten langen Lerneinheiten zum Standard, die jeweils vom „Kursanbieter" durchgeführt werden. Bei den MOOCs treten aber neben den allgemeinen Problemen, wie der Kurs einer fremden Universität den Studienleistungen an der Heimathochschule zugeschrieben werden kann, noch spezifische Fragen auf. Wie kann die Identität von Teilnehmenden im Internet überprüft werden? Wie kann man sicherstellen, dass er es ist, der auch die Aufgaben eines Kurses löst und die Prüfungen absolviert – und zwar ohne fremde Hilfe? Und wie kann man bei Online-Kursen, für die sich bis zu 150.000 Teilnehmende einschreiben, den Wissensstand prüfen? Die MOOC-Plattform *edX*[2] der Universität Harvard und des MIT Boston, die laut eigenen Angaben bereits über eine Million Teilnehmende hat, geht einen anderen Weg. Zum einen wählt sie ihre Partner mit größerer Zurückhaltung aus, zum anderen ist es möglich, lokale Installationen von *edX* vorzunehmen. Jede Universität kann so ihre eigene Plattform betreiben, sowohl die Inhalte als auch die Teilnehmendendaten bleiben in der Datenhoheit der eigenen Hochschule. Diese kann somit selbst festlegen, welche Daten abgefragt und registriert werden. Kommt das Öffnen der Kurse den Wünschen der Studierenden entgegen, so ist es den Dozierenden wichtiger, dass ihre Inhalte nach einiger Zeit wieder aus dem Netz genommen und nicht ohne Weiteres heruntergeladen werden können. Daneben bleiben viele Dozierende lieber auf gesichertem Terrain, wenn ihre Vorlesungen aufgezeichnet werden – sei es im Hörsaal oder eigens für Online-Kurse – indem sie auf illustrierende Anekdoten oder Gedankenspiele verzichten.

Zukunft des Lernens

War der Bildungsbereich lange Zeit von allzu großen Veränderungen ausgenommen, führen nun Kostendruck, internationaler Wettbewerb, der rasante technische Fortschritt und der damit einhergehende kulturelle und gesellschaftliche Wandel zu Änderungen. Auch erfolgte ein Generationswechsel der Lehrpersonen. Die *Digital Natives* verstehen sich nicht mehr als *Top-down*-Instruktoren/innen, sondern als Moderatoren/innen von Lernprozessen in der omnipräsenten digitalen Umwelt. Dabei wird ihre Rolle immer mehr in den Hintergrund gerückt, da in den Alltag integrierte *Smart Devices* zum sozial vernetzten lebenslangen Lernen intrinsisch motivieren und die klassischen Anreizsysteme (z. B. Benotung durch Lehrende) ausgedient haben. Lernen findet überall statt und wird von intelligen-

2 www.edx.org

ten Algorithmen erfasst und ausgewertet. Potenzielle Arbeitgeber/innen legen immer weniger Wert auf formelle Abschlüsse. Die nachvollziehbare Darstellung von Vernetzung und der erworbenen Kenntnisse in E-Portfolios löst Zeugnisse und Diplome ab. Neben den klassischen Institutionen etablieren sich Firmen und Non-Profit-Institutionen im Bildungsbereich; *Open-Education*-Universitäten entstehen und bilden weltweit Millionen von Menschen aus.

Die Sinneswahrnehmung des realen Raumes wird computergestützt erweitert (*Augmented Reality*). Holografische Systeme, die quasi ein *Beamen* anderer Personen zulassen, bewirken das Gefühl von Präsenz. Nach einem massiven Nutzungsanstieg mobiler Endgeräte etablieren sich neue Formate für deren Nutzung, die nebenbei bedienbar sind. Datenbrillen oder auch Sprachsteuerungen sind wichtige Innovationen für nahtlose technologische Unterstützung. Haptische und olfaktorische Erfahrungen intensivieren die Sinneswahrnehmung und ermöglichen ein stärkeres Eintauchen in die Lernszenerie. *Neurointerfaces* haben den klinischen Anwendungsbereich verlassen und sind ein nahtlos niederschwelliges Alltagsinstrument. Die erwähnten Techniken erlauben eine Nutzung unserer geistigen und physischen Lernfähigkeiten über die bisherigen Dimensionen hinaus. Eine Kombination von holografischen Systemen und intelligenten Sensoren mit ortsbasierten Diensten sowie *Social Networks* erlaubt global vernetzte unmittelbare Lernerfahrungen in Echtzeit. *Smart Devices* lassen diese in jeder Alltagssituation zu. Interaktion und Vernetzung mit anderen Lernenden sind Motivationsfaktoren und dienen dem Aufbau von Sozialkapital, das im Verlauf des Lebens gewinnbringend eingesetzt werden kann. Relevante Lerninhalte werden kontextbezogen und oft in *Peer-to-Peer*-Umgebungen erfahrbar gemacht. *Matching*-Systeme vernetzen Menschen hinsichtlich ihrer aktuellen Interessen. Kommunikation und Vernetzung sowie das Befriedigen intrinsischer, spontaner Lernbedürfnisse spielen dabei die Hauptrolle. Global vernetzte Lerngemeinschaften entstehen problem- und lösungsorientiert. Der Zugang zu diesen ist offen und flexibel. Lernerfahrungen werden weitgehend automatisiert dokumentiert und stehen anderen zur Verfügung. Kryptologische Strukturen zur Kontrolle des Datenflusses sind als globale juristische und technologische Standards etabliert.

Die Veränderungen der zwischenmenschlichen Kommunikation

Den verschiedenen Konzeptionen von Kommunikation unterliegen zwei Grundmetaphern: Erstens, die Kommunikation als medientechnisch vermittelter einseitiger Prozess der Übertragung von Information im Unterschied zu zweitens,

Kommunikation als zweiseitiger Prozess zwischen Gesprächspartnern/innen der symbolischen Bedeutungskonstruktion (Bonfadelli 2010, 116). Für das Individuum, aber auch die Gesellschaft übt Kommunikation danach verschiedene Funktionen aus:

- Kognitive Funktion: Kommunikation ermöglicht Wissenserwerb und Lernen.
- Affektive Funktion: Kommunikation ermöglicht Entlastung oder gar Wirklichkeitsflucht durch Unterhaltung als Zerstreuung und Entspannung.
- Interaktive beziehungsweise parasoziale Funktionen: Kommunikation ermöglicht Kontakt zwischen verschiedenen Personen und den Austausch von Ideen, indem medial vermittelte Kommunikation genutzt wird.
- Integrative Funktion: Auf der individuellen Ebene übt die medienvermittelte Kommunikation vielfältige rituelle Funktionen aus, indem beispielsweise auf einen Beitrag in einem sozialen Netzwerk zeitnah geantwortet werden muss.

Aufgrund des Einsatzes neuer Medien ergibt sich eine erhöhte Interaktivität, die in kürzeren Antwortzeiten und höherer Verfügbarkeit mündet. Erhalten wir eine elektronische Anfrage, gleich ob E-Mail, Chat, SMS, Forum oder anderer Dienste, so erwartet unser Gegenüber eine Antwort innerhalb kürzester Zeit. Die Theorien der computervermittelten Kommunikation (CvK) bieten hierzu eine Vielzahl passender Kommunikationsmodelle (Döring 2003, Kapitel 3), etwa die *Theorien der Medienwahl*. Danach geht der computervermittelten Kommunikation immer eine Entscheidung für das Netzmedium (beziehungsweise einen konkreten Online-Dienst) und gegen ein anderes Medium (zum Beispiel Telefon, Brief oder persönliches Gespräch) voraus. Solche Entscheidungen werden aufgrund rationalen Kalküls, sozialer Normen oder interpersonaler Abstimmungen getroffen, sofern es sich eben nicht um unreflektierte Gewohnheiten handelt. Bei angemessenen Medienwahl-Entscheidungen soll computervermittelte Kommunikation eine Bereicherung darstellen. Die ‚Theorien zu Medienmerkmalen' beziehen sich auf eine Medienwahl-Entscheidung zugunsten einer bestimmten Form von computervermittelter Kommunikation (zum Beispiel E-Mail, Chat, Online-Videokonferenz) und es stellt sich die Frage, von welchen spezifischen Medienmerkmalen der Kommunikationsprozess in welcher Weise besonders beeinflusst wird. Weiter werden die *Theorien zum medialen Kommunikationsverhalten* genannt. Diese konzentrieren sich darauf, wie die Beteiligten während der computervermittelten Kommunikation agieren. Wie verarbeiten sie die zur Verfügung stehenden Information, welche Phantasien und kreativen Selbstentwürfe kommen ins Spiel und inwieweit orientiert man sich an spezifischen Kommunikationsnormen der Netzkultur? Generell kann aber auch bei der CvK festgestellt werden, dass wir zeitlich direkter und mehr über große Distanzen kommunizieren als ohne diese Technologien.

Kommunikation findet zunehmend auch in Bibliotheken statt. Allerorts generieren Bibliotheksnutzer/innen mittels mobiler Endgeräte ihre ganz individuellen Kommunikationsräume. Die realen Bibliotheksräume werden mehr und mehr als Orte des Lernens und Kommunizierens genutzt. Allerdings ergibt sich hieraus eine bauliche Herausforderung. Bibliotheken müssen mehr als *Learning Center* angesehen und organisiert werden. Die Vorteile liegen auf der Hand. Die Bibliothek ermöglicht zum einen den Zugang zum analogen Buch, sie ist Ausleih-Ort für den Sammlungsbestand, bietet den Zugang zu Katalogen und Datenbanken. Zum anderen besitzen solche *Learning Center* speziell gestaltete Räume für Gruppenarbeiten und stilles Arbeiten beziehungsweise Lernen. Die wandelnde Lernkultur wirkt sich somit direkt auf den Lernraum Bibliothek aus. Raum und Möblierung sind Teil des Lern- und Lehrprozesses. So werden seit der 2. Hälfte der 1990er Jahre zunehmend die Konzepte des *Lernraums Bibliothek* durch Adaption der britischen Konzepte der *Information Commons* oder *Learning Resource Center* umgesetzt. Erste Beobachtungen in *Learning Centres* zeigen, dass die neu angebotenen, sozialen Kommunikationsräume angenommen werden (McDonald 2007, 13). Studien haben gezeigt, dass Studierende, die nach 1990 geboren und mit Computer und Internet aufgewachsen sind, die Arbeit am Bildschirm gewohnt sind und nicht auf einen zentralen Lernort angewiesen sind. Dennoch treffen sich Menschen gerne an einem Ort, um gemeinsam zu lernen (Codispoti/Frey 2007, 1). Dies stellt eine neue Chance für die Bibliotheken als Lernort dar. Es muss ein kommunikativer, sozialer Lernort geschaffen werden, der die unterschiedlichen Lernbedürfnisse berücksichtigt und die notwendigen digitalen Technologien anbietet. Bibliotheken werden somit zu einem Raum mit Erlebnis- und Aufenthaltsqualität, einem öffentlichen Ort, der nicht Wohnung und nicht Arbeitsplatz ist, an dem sich Studierende gerne zum gemeinsamen Lernen und Kommunizieren aufhalten. Dazu ist es notwendig, eine passende Arbeitsumgebung und weitere, nicht bibliothekstypische Angebote wie zum Beispiel eine Cafeteria anzubieten. Dies alles muss durch eine entsprechende Architektur unterstützt werden.

Fazit

Der Einsatz neuer Medien zur Gestaltung von Lehr- und Lernumgebungen und als Ergänzung zur konventionellen Lehre ist für Hochschulen unumgänglich geworden. *E-Learning*-Projekte sehen sich in diesem Zusammenhang mit zahlreichen Herausforderungen konfrontiert. Nebst technologischen und infrastrukturellen Aspekten, die bei der Betreuung von neuen Systemen vordergründig sind, spielen auch die organisatorischen Rahmenbedingungen eine wesentliche Rolle: Für die strategische Einbettung müssen zum einen hochschulpolitische Überlegungen berücksichtigt werden. Zum anderen beeinflusst die an der Hochschule vorherrschende Lehr- und Lernkultur die Nutzung und Akzeptanz von *E-Learning* bei Studierenden und Dozierenden enorm (Kreidl 2011). Hinzu kommen didaktische und methodische Überlegungen zur sinnvollen Gestaltung mediengestützten Lernens. Die Dozierenden haben dabei eine Schlüsselrolle. Nutzen sie die didaktischen Möglichkeiten eines Lernmanagementsystems nicht aus, wird es sowohl für Dozierende als auch Studierende schwierig, das Potential der technologisch bedingten Kommunikationsveränderungen auszuschöpfen.

Die Folgen der Technik, die Risiken und auch der Nutzen, lassen sich noch längst nicht abschätzen. Es gibt unterschiedliche Meinungen dazu, sie reichen von der Angst, dass sich unser Gehirn so verändert, dass es seine Fähigkeit zur Konzentration verliert, bis zu der Hoffnung, eine künstliche Intelligenz zu finden, die uns große Teile des Lebens sehr viel angenehmer macht. Wenn wir das Potenzial digitaler Medien ausbeuten und neue Perspektiven für Ausbildung und Lehre eröffnen wollen, dann dürfen wir dabei nicht die Technik in den Vordergrund stellen, sondern wir müssen uns auch mit der Didaktik beschäftigen.

Literatur

ARD/ZDF (2012): ARD/ZDF-Onlinestudie 2012. http://www.ard-zdf-onlinestudie.de/index.php?id=372.

Bock, A.; Isermann, H. (2009): „Grundlegende Charakteristika des Internets und daraus resultierende Implikationen für das Online-Lernen von Jugendlichen". In: Sozialwissenschaften und Berufspraxis (SuB) 32:2, 198–209.

Bolter, D. J.; Grusin, R. (2000): Remediation. Understanding New Media. Cambridge: MIT Press.

Bonfadelli, H. (2010): „Was ist öffentliche Kommunikation?". In: H. Bonfadelli; O. Jarren; G. Siegert (Hrsg.): Einführung in die Publizistikwissenschaft. Bern: Haupt, 111–142.

Codispoti, M.; Frey, S. M. (2007): The Library as Third Place in Academy. Fulfilling a Need for Community in the Digital Age. The Popular Culture & American Culture, Association Annual National Conference. Boston. http://scholars.indstate.edu/bitstream/10484/909/1/Codispoti_Frey_3rd%20place.pdf.

Döring, N. (2003): Sozialpsychologie des Internet. Die Bedeutung des Internet für Kommunikationsprozesse, Identitäten, soziale Beziehungen und Gruppen, 2., vollständig überarbeitete und erweiterte Auflage. Göttingen: Hogrefe.

Howard, H. (2012): „Looking to the future: Developing an academic skills strategy to ensure information literacy thrives in a changing higher education world". In: Journal of Information Literacy, 6:1, 72–81.

Jörissen, B.; Marotzki, W. (2009): Medienbildung – eine Einführung. Theorie, Methoden, Analysen. Bad Heilbrunn: Klinkhardt.

Kerres, M. (2006): „Potenziale von Web 2.0 nutzen". In: A. Hohenstein; K. Wilbers (Hrsg.): Handbuch E-Learning: Expertenwissen aus Wissenschaft und Praxis. DWD, München.
Kleinmann, B.; Özkilic, M.; Göcks, M. (2008): Studieren im Web 2.0. Studienbezogene Web und E-Learning-Dienste. HISBUS-Kurzinformation Nr. 21. Hannover: Hochschul-Informations-System GmbH.
Kreidl, C. (2011): Akzeptanz und Nutzung von E-Learning-Elementen an Hochschulen. Gründe für die Einführung und Kriterien der Anwendung von E-Learning. Münster: Waxmann.
Kuhlen, R. (1997): „Hypertext". In: R. Kuhlen; T. Seeger; D. Strauch (Hrsg.): Grundlagen der praktischen Information und Dokumentation. München: K.G. Saur, 355–369.
Kuhlen, R. (2004): „Information". In: R. Kuhlen; T. Seeger; D. Strauch (Hrsg.): Grundlagen der praktischen Information und Dokumentation. 5. völlig neu gefasste Auflage. Band 1 – Handbuch zur Einführung in die Informationswissenschaft und -praxis. München: K.G. Saur, 3–20.
Luzar, K. (2004): Inhaltsanalyse von webbasierten Informationsangeboten: Framework für die inhaltliche und strukturelle Analyse. Norderstedt: Books on Demand GmbH.
Marotzki, W.; Jörissen, B. (2010): „Dimensionen strukturaler Medienbildung". In: B. Herzig et al. (Hrsg.): Jahrbuch Medienpädagogik 8 – Medienkompetenz und Web 2.0. Wiesbaden: VS Verlag für Sozialwissenschaften, 19–39.
McDonald, A. (2007): „The Top Ten Qualities of Good Library Space". In: K. Latimer; H. Niegaard (Hrsg.): IFLA library building guidelines. Developments & reflections. München: K.G. Saur, 13–29.
Meister, D. M.; Meise, B. (2010): „Emergenz neuer Lernkulturen – Bildungseinrichtungs-perspektiven im Web 2.0". In: B. Herzig et al. (Hrsg.): Jahrbuch Medienpädagogik 8 – Medienkompetenz und Web 2.0. Wiesbaden: VS Verlag für Sozialwissenschaften, 183–199.
Seufert, S. (2008): „Themenheft E-Competence für Lehrende". In: Zeitschrift für E-Learning, Lernkultur und Bildungstechnologie 3:2, 4–8.

Olaf Eigenbrodt

Veränderte Kontexte und Funktionen: Ansätze einer neuen Typologie für Wissensräume

Einleitung

Wenn wir heute über die gesellschaftliche und informationstheoretische Funktion der Bibliothek sprechen, gehen wir längst von Voraussetzungen aus, die vor 20 Jahren noch nicht vorstellbar waren. Mit einigem Recht wird immer wieder die Frage gestellt, ob es sich bei den multifacettierten gesellschaftlichen Räumen, von denen hier die Rede ist, überhaupt noch um Bibliotheken handelt oder ob die klassische Bibliothek und die mit ihr verbundenen architektonischen Typen überhaupt noch existieren. Viele der Beiträge in diesem Band gehen auf die technischen und technologischen sowie sozialen und soziologischen Voraussetzungen auf der Makroebene, aber auch auf konkrete Veränderungen von Infrastruktur, Lernprozessen, sozialem Kontext und technischer Ausstattung auf der Meso- und Mikroebene ein. Der Blick auf den Raum ist aber immer auch ein architektonischer, es geht um Typus und Typologie von Räumen, die immer schon Wissensräume waren und dies in gewisser Weise auch ausdrückten. Seit der Renaissance hat sich in der westlichen Architekturtheorie eine Typologie der Bibliothek entwickelt, die zwar klar verschiedene Typen von Bibliotheken unterscheidet, aber im Grunde relativ einheitlich von der bekannten Dreiteilung des Bibliotheksraums ausgeht, die bis heute wirksam ist. Es stellt sich die Frage, ob diese klassische Typologie des Bibliotheksraums noch ausreicht, um die heutigen Anforderungen an den physischen Raum der Bibliothek, aber insbesondere auch an die Konvergenz von physischem und digitalem Raum abzubilden. Anders gefragt: Wie lassen sich diese Wissensräume ganz konkret formieren und behalten sie einen eigenen, unverwechselbaren Charakter?

Dieser Beitrag versucht, diese Frage ausgehend von einer kritischen Sichtung aktueller Beiträge zur architektonischen Typologie von Bibliotheken einzuordnen und dabei auch die Konvergenz von physischen und digitalen Räumen in den Blick zu nehmen. Diskussionen mit Architekten/innen bewegen sich meist auf der Basis der klassischen Typologien, sei es aus Mangel an Verständnis für die Veränderungen des sozialen und technischen Fundaments der Bibliotheken, sei es aus einer rückwärtsgewandten, kulturkonservativen Betrachtungsweise (Stichwort: ‚Haus des Buches‘ oder ‚Schatzkammer des Wissens‘) heraus, die insbesondere die Initiatoren/innen solcher Diskussionen oft mitbringen. In dieser Debatte geht es im Sinne Maks (2007) weniger um die tatsächliche Funktion als um den Mythos der Bibliothek als symbolisch aufgeladener Raum. Für den Zusammenhang des Bandes ist aber weniger eine abstrakt-architekturtypologische oder gar kulturkritische Auseinandersetzung von Belang, die um die häufig gestellte Frage nach der Beliebigkeit heutiger multifunktionaler Räume (Stichwort ‚Einkaufszentrum') kreist, sondern es geht vielmehr darum, zu diskutieren, ob und wie es aus bibliothekarischer und informationstheoretischer Perspektive gelingen kann, sich an der Entwicklung neuer architektonischer Typen für die Wissensräume zu beteiligen, die als multifacettierte gesellschaftliche Räume funktionieren sollen. Grundlage dafür ist es allerdings zu verstehen, dass die Typologien, wie wir sie in der zweiten Hälfte des vergangenen Jahrhunderts vorgefunden haben, weder unveränderlich noch ewig waren, sondern als Ergebnis einer 200-jährigen evolutionären Entwicklung dastehen, die immer auch vom Zeitgeschmack und funktionalen Erwägungen getragen war. Im Folgenden möchte ich daher kurz auf diese Typologie eingehen, um von dort aus die Veränderungen zu beschreiben, die heute auf den Bibliotheksraum wirken. Anschließend geht es darum zu hinterfragen, welche der beschriebenen funktionalen und technischen Veränderungen die Relevanz besitzen, Räume nachhaltig zu verändern und damit Einfluss auf die Typologie zu nehmen. Abschließend möchte ich einige Thesen zur Weiterentwicklung der Typologie aufstellen, die als Einstieg in die Diskussion mit Architekten/innen und anderen an der Konzeption und Konstitution von Wissensräumen Beteiligten dienen können.

Das Buch im Kopf – die verkürzte Typologie des Bibliotheksbaus

Wenn in Europa über Bibliotheksbau gesprochen wird, dann herrscht eine Zentralperspektive vor, deren Fluchtpunkt immer die Büchersammlung ist. Noch 2011 schreibt Eisen in seinem Beitrag zur Typologie von Bibliotheken, dass die „Gestalt der Bücher, die Art ihrer Ordnung, die Masse des Vorhandenen, die Form der Benutzung [...] den architektonischen Ausdruck des zugehörigen Gebäudes" prägten und es „zum zeichenhaften Repräsentanten der jeweiligen Haltung, mit der man den schriftlichen Überlieferungen jeweils entgegentritt" machten (Eisen 2011, 261–262). Der Autor spricht hier wohlgemerkt nicht nur von historischen Bibliotheksgebäuden, sondern vom Bibliotheksbau an sich. Jedem, der heute eine Öffentliche oder Wissenschaftliche Bibliothek betritt, muss diese Beschreibung allerdings anachronistisch erscheinen. Abgesehen von der auch methodisch etwas fragwürdigen Idee, die Typengeschichte des Bibliotheksraums als teleologische Entwicklung von der Antike bis in die Gegenwart zu erzählen, gibt es für Eisen eigentlich nur zwei Typen der Bibliothek, den Saalbau und den Zentralbau; den Turmbau lässt er als Sonderform gelten. Eisen geht von der These aus, dass sich aus den antiken Formen im Laufe einer eurozentrisch gelesenen Kulturgeschichte der Saal- und der Zentralbau zwangsläufig entwickeln mussten.[1]

Abb. 1: Humboldt-Universität zu Berlin, Jacob-und-Wilhelm-Grimm-Zentrum (Foto: Olaf Eigenbrodt).

In diese sich zeitlich immer mehr von der Gegenwart entfernende Imagination von Bibliothek werden alle architektonischen Vorstellungen und Wünsche projiziert, die sich bis heute mit der Bibliothek verbinden. Umgeben von Büchern, die in ihrer Anordnung und der Universalität der Sammlung das Wissen um die Welt und damit die Welt an sich repräsentieren, sitzt der forschende Mensch und strebt in der Rezeption des ihn umgebenden Weltwissens Aufklärung und letztlich die Erhabenheit des gebildeten Individuums an. Was in dieser Pointierung ironisch anmutet, ist durchaus ernst zu nehmen. Denn letztlich ist dieser idealisierte Bibliothekssaal, ähnlich wie vielleicht nur noch das anatomische Theater in der Medizin, eine Kulisse, vor der sich nicht nur die europäische Aufklärung, son-

1 Folgerichtig wird das Mittelalter, wie bei solchen Ansätzen üblich, als eine Zäsur gesehen, die mit dem Abbruch der antiken Tradition endet und erst „nach beinahe 1000 Jahren relativer Unbedeutsamkeit" (Eisen 2011, 274) wieder überwunden wird.

dern die – wesentlich auch von Nordamerika und Großbritannien ausgehende – Demokratisierung von Wissen und Wissenschaft abspielte. Michel Foucault (1990) hat in diesem Zusammenhang nicht zu Unrecht von einer Heterotopie gesprochen, einem Raum, der die Gesellschaft in ihrer Struktur und Entwicklung abbildet, ohne aber ein direkter Teil der gesellschaftlichen Realität zu sein. Trotz oder gerade wegen ihrer institutionellen und materiellen Säkularisierung haftet Bibliotheksräumen dabei immer noch etwas Sakrales an. Der Vergleich mit Kirchenbauten wird immer wieder bemüht, wenn diese nicht sogar zitiert werden, und Foucault stellt sie in direkten Zusammenhang mit Friedhöfen, die eine ähnliche Entwicklung genommen haben (Foucault 1990).

Abb. 2: Bibliothek oder Kirche? Loyola-Universität, Chicago, ILL (Foto: Olaf Eigenbrodt).

Letztendlich bezieht sich Foucault hier aber auch nur auf das gängige Bild von Bibliotheken und geht weder auf ihren schon zur Zeit der Abfassung seines Vortrages deutlichen Bedeutungswandel ein, noch auf die Entwicklung von Bibliotheksräumen seit den 1920er Jahren. Seine Zuschreibung bezieht sich also viel mehr auf ein bildungsbürgerliches Klischee von Bibliotheken als auf die reale soziale und bildungsökonomische Rolle der Einrichtungen in den 1960er Jahren. Ähnlich geht es auch Eisen, der seinen Beitrag mit einem Abschnitt abschließt, den er – im bewussten Ton der Relativierung – mit „Freie Form" überschreibt (Eisen 2011, 295). Die von ihm in diesem Zusammenhang vorgestellten Gebäude – von der Staatsbibliothek Hans Scharouns bis zum *Rolex Learning Center* des Büros SANAA – sind für ihn nur Einzeltypen bis hin zu Verfallserscheinungen, die Ausdruck einer „im Kern bibliotheksfeindlichen Zukunftsvision" (Eisen 2011, 301) sind. Nach wie vor haben Autoren/innen, die über Bibliotheken schreiben, also das Buch im Kopf und verkürzen die Typologie der Bibliothek auf Büchersammlungen und deren Zurschaustellung. Dass diese Idee der Sammlung als Grundlage des Bibliotheksraums bis heute in der Typologie von Bibliotheken angelegt ist, zeigt Maks Beschreibung der *Site François Mitterand* der Bibliothèque National in Paris von Dominique Perrault:

> „The architectural emphasis of Tolbiac [ursprünglicher Name der *Site François Mitterrand* O.E.] is on the storage of books and, by extension, the storage of knowledge. The towers display the collection and possession of information; they attempt to make visible the ownership of knowledge. A colossal space of performance, the library has become a symbol, a grand memorial to knowledge" (Mak 2007, 215).

Auch Projekte wie der von H.G. Merz entworfene neue Lesesaal der Staatsbibliothek zu Berlin im Haus Unter den Linden, der allerdings schon in der Aufgabenstellung als moderne Variante des Lesesaals Ernst von Ihnes angelegt war, Max Dudlers einen Block entferntes Jacob-und-Wilhelm-Grimm-Zentrum der Humboldt-Universität zu Berlin mit seinem zentralen, von den Beständen umgebenen Lesesaal und selbst die auf den ersten Blick sehr zeitgeistig anmutende Philologische Bibliothek der Freien Universität Berlin von Norman Foster zeugen davon, dass diese Idee weiter gedacht und auch sehr erfolgreich umgesetzt wird. Stellt die Bibliothek in diesem klassischen Verständnis der Bauaufgabe also einerseits ihre Macht als Wissensspeicher aus, eine Repräsentationsarchitektur, die nur noch wenig mit dem *Domus-Sapientiae-Motiv* der Klosterbibliotheken zu tun hat (Hauke 2007), schafft sie andererseits den öffentlichen Raum, einen Rahmen, in dem dieses Wissen rezipiert werden kann. Dieser Raum ist an sich nicht in Frage gestellt, auch wenn sich die Funktion der Bibliothek als öffentlicher Raum gewandelt hat.

Vom öffentlichen zum gesellschaftlichen Raum

Löst man sich von einer teleologischen Baugeschichte der Bibliothek und macht sich die Brüche und Bedingtheiten des Bibliotheksbaus bewusst, so wird deutlich, dass bei aller Prominenz und nicht nur historischen Relevanz der von Eisen

(2011) beschriebenen Typen diese keineswegs die am häufigsten gebauten Bibliothekstypen sind oder waren. Bibliotheksbauten, die in ihrem Raumprogramm überhaupt eine solche Möglichkeit bieten, sind eher die Ausnahme als die Regel. Betrachtet man zum Beispiel die kleineren Öffentlichen Bibliotheken Skandinaviens, so wird deutlich, dass es historisch gewachsene Typen der Bibliothek als wenig repräsentativer aber dezidiert öffentlicher Sphäre gibt (Gram 2002). Ähnlich verhält es sich auch mit Öffentlichen Bibliotheken der letzten Jahrhundertwende in den Vereinigten Staaten. Wenn wir heute vom ‚Wohnzimmer Bibliothek' sprechen, dann liegt der Ursprung dieser Idee in den Kaminplätzen, die diese Bibliotheken boten. Der Kamin vermittelt einen gemeinschaftlichen und zugleich intimen Eindruck, der Menschen mit ihrer unterschiedlichen Herkunft und unterschiedlichen Interessen an der ‚Feuerstelle' zueinander bringt. Folgerichtig wird dieser Typ heute wieder aufgegriffen.

Abb. 3: Moderner Kamin in der *Hamilton Mill Public Library*, Georgia, USA. (Foto: Olaf Eigenbrodt).

Andererseits sind es natürlich insbesondere große Staats- und Universitätsbibliotheken und in den Vereinigten Staaten vor allem auch Öffentliche Bibliotheken in den Metropolen, deren repräsentative Bibliotheksbauten Denkmalwert erlangen und im Kern unverändert überdauern. Lesesäle wie der der Universitätsbibliothek in Wien sind Zeugen der Vorstellung von der Bibliothek als öffentlichem Raum, der Aneignung von Bildung und Wissen im oben zitierten Sinne und erfreuen sich gleichzeitig als stille und konzentrierte Arbeitsumgebungen großer Beliebtheit. Das Erlebnis des stillen Arbeitens in der Anwesenheit von anderen, das ein großer Lesesaal bietet, wird von Gayton (2005) als gemeinschaftliches beschrieben. Folgerichtig grenzt er den gemeinschaftlichen (communal) von dem geselligen (social) Raum der Bibliothek ab und sieht beide in Konkurrenz zueinander, da die geselligen oder sozialen Funktionen immer auch kommunikativ sind und damit Lautstärke erzeugen, die im gemeinschaftlichen Raum keinen Platz hat. Damit geht Gayton aus der Sicht des Bibliothekswissenschaftlers einen anderen Weg, als die typologischen Betrachtungen, die, wie oben gezeigt, die Funktion und Realität von Bibliotheken nur verkürzt wiedergeben.

Abb. 4: Lesesaal der Universitätsbibliothek Wien (Foto: Olaf Eigenbrodt).

Zum Teil rührt diese Verkürzung auch daher, dass der Wandel der Bibliothek aus einer rein technologischen Perspektive wahrgenommen wird, wie es zum Beispiel bei Nerdinger (2011, 254–257) der Fall ist. Tatsächlich haben wir es aber auch mit soziologischen und informationstheoretischen Fragen zu tun, die sich nicht ohne weiteres auf die Folgen der Entwicklung digitaler Technik verkürzen lassen. Nicht die Inhalte der Bibliothek und ihre Nutzung stehen heute im Mittelpunkt des Interesses, wenn es um den Bibliotheksraum geht, sondern das Individuum und seine unterschiedlichen Bedürfnisse in Bezug auf diesen öffentlichen Raum. An anderer Stelle habe ich darauf hingewiesen, dass dies keine ganz neue Entwicklung ist (Eigenbrodt 2008, 6–7). Schon die europäische Aufklärung kannte die Bibliothek als Arena des Diskurses und der Kommunikation, wie sie etwa der in diesem Zusammenhang zitierte Entwurf Boullées für die *Bibliothèque du Roi* von 1785 zeigt. Auch hier steht das Individuum im Mittelpunkt der Betrachtung, allerdings im Austausch mit anderen, ein Austausch, aus dem Wissen erst entsteht; Boullée greift das Motiv der Schule von Athen auf. Doch über die Begegnung mit anderen Individuen und die reine Wissensproduktion hinaus spielt die Bibliothek für die Menschen, die sie besuchen, eine wichtige Rolle. Schroer (2006, 13) spricht im Zusammenhang mit Räumen, die Verbindlichkeit, Sicherheit und Offenheit ausstrahlen, von Kontingenzbewältigern. Menschen brauchen solche Räume, um den beschleunigten Wandel, der um sie herum stattfindet, für sich persönlich annehmen und verarbeiten zu können. Bibliotheken gehören zu den wenigen öffentlichen Räumen der Kultur und Bildung, deren Nutzung einerseits nicht nur auf Veranstaltungen beschränkt ist (Theater, Konzerthäuser, Volkshochschulen) und die außerdem (im Gegensatz zum Beispiel zu den meisten Museen) in der Regel keinen Eintritt für den Aufenthalt im Gebäude an sich verlangen; zudem hält sich der Grad der Distinktion in Grenzen. Darin mögen Gründe für die Beliebtheit von Bibliotheken als Bildungs- und Kultureinrichtungen liegen. Der Zugang zu Bibliotheken ist also relativ niedrigschwellig, wenn auch nicht immer barrierefrei. Zudem liegen sie auch in ihrer Funktion als Wissensraum zwischen der Berufswelt und dem Privaten, weshalb sie des Öfteren als ‚Dritter Ort' bezeichnet werden.

Wenn von der Bibliothek als Drittem Ort gesprochen wird, wird immer wieder Ray Oldenburgs *The Great Good Place* (1997) zitiert. Für Oldenburg muss der Dritte Ort folgende Voraussetzungen erfüllen: Zugänglichkeit, die Möglichkeit informeller Begegnungen und Zweckfreiheit. Dabei ist der Dritte Ort definitiv kein nicht kommerzieller Raum, wie es in der Rezeption Oldenburgs oft zu lesen ist. Oldenburgs Beispiele sind sämtlich kommerzielle Räume, insbesondere gastronomische Betriebe, aber auch solche der Dienstleistung und des Einzelhandels. Insofern ist die Bibliothek vom Dritten Ort Oldenburgs sehr verschieden, da sie ein explizit nicht kommerzieller Ort ist. Oldenburg kommt es allerdings auch mehr auf die mit seinen Beispielen verbundene Möglichkeit des Austauschs außerhalb der klassischen Felder des privaten Heims und des Arbeitsplatzes an. „The third place is a generic designation for a great variety of public places that host the regular, voluntary, informal, and happily anticipated gatherings of individuals beyond the realms of home and work“ (Oldenburg 1997, 16). Die Rezeption Oldenburgs in der Diskussion über die sozialen Funktionen der Bibliothek (siehe dazu auch den Beitrag von Jochumsen et al. in diesem Band S. 67–80) ist bisher eher durch eine – wenn auch teilweise distanzierte – Übernahme als durch eine kritische Auseinandersetzung gekennzeichnet. Aus meiner Sicht bleibt ungeklärt, wie sich die Zweckfreiheit des Dritten Ortes mit dem klaren Informations- und Bildungsauftrag der Bibliotheken verbinden lässt. Dies könnte einer der Gründe sein, warum Oldenburg Bibliotheken in seinem Buch an keiner Stelle erwähnt. Dass sie einem amerikanischen Soziologen, der über die Funktion von öffentlichen Räumen nachdenkt, nicht einfallen, ist unwahrscheinlich. Also liegt der Schluss nahe, dass sie für Oldenburg keine Dritten Orte in seinem Sinne sind. Auch in der von ihm herausgegebenen Beispielsammlung (Oldenburg 2001) kommen Bibliotheken nicht vor, obwohl zu dieser Zeit die Rezeption Oldenburgs im Bibliothekswesen schon begonnen hatte. Einer weiteren Verwendung dieses Konzepts in der bibliothekssoziologischen Debatte sollte deshalb eine intensive Diskussion der Grundlagen vorausgehen, die Oldenburg legt.

Der norwegische Bibliothekssoziologe Ragnar Audunson bezeichnet die Bibliothek exakter als einen „low intensive meeting place“ und trifft damit das, was in der Regel gemeint ist, wenn von der Bibliothek als Drittem Ort gesprochen wird (Audunson 2005). Die Bibliothek dient hier als ein Ort, an dem Begegnungen weder so formalisiert sind wie im Bereich der Arbeit, noch so intim wie im privaten Bereich. Diese Position außerhalb der klassischen Dichotomie von Privat und Öffentlich erlaubt der Bibliothek eine Offenheit der Begegnungen, Kontakte und Debatten, die in anderen Bereichen nicht möglich sind, und führt letztlich wieder auf den Begriff der Heterotopie zurück, den Ort, der außerhalb der eigentlichen Ordnung liegt, sie dabei aber stabilisiert. In Anlehnung an Hannah Arendt wäre der hier entstehende Raum als ein gesellschaftlicher zu bezeichnen, da er weder die Anforderungen eines öffentlichen, noch die eines privaten Raums erfüllt (Eigenbrodt 2008). Die sich entwickelnde Debatte um die Positionierung von Bibliotheken im sich verändernden sozialen Kontext bringt jedoch keine Aufklärung hinsichtlich der neuen Funktionen der Bibliothek, die sie zu einem Wissensraum erweitert.

Multifacettierte Räume

Einerseits scheint sicher zu sein, dass die traditionellen gemeinschaftlichen Funktionen des Bibliotheksraums im Sinne Gaytons (2005) auch weiterhin gefragt sein werden, andererseits kommen neue Funktionen hinzu, die nicht nur additiv nebeneinander gestellt werden dürfen, sondern sich in Funktion und Gestaltung ergänzen müssen. Dabei reicht es nicht aus, die bisherigen Funktionen der Bibliothek zu ergänzen beziehungsweise zu ersetzen oder zum Beispiel nur die Regeln für die Nutzung der Räume anzupassen, wie es zunächst naheliegend ist. So empfiehlt zum Beispiel Gibbons (2007, 94) exemplarisch, die Regelungen hinsichtlich der Mitnahme von Getränken und Essen zu lockern, um die Bibliothek zu einem Dritten Ort für die Studierenden zu machen. Wie man den verschiedenen Beiträgen dieses Bandes entnehmen kann, erweitert sich die Bibliothek in ihrer Entwicklung zum Wissensraum jedoch um zusätzliche Funktionen, die nicht durch so einfache Maßnahmen zu integrieren sind, sondern neue Strategien nicht nur des organisatorischen, sondern vor allem auch des gestalterischen Umgangs mit Bibliotheksräumen verlangen.

In Bezug auf Universitätsbibliotheken habe ich dafür an anderer Stelle den Begriff des multifacettierten Raums vorgeschlagen (Eigenbrodt 2013), den ich hier noch einmal aufgreifen möchte. Die Anforderungen, die an die Bibliotheken gestellt werden, variieren nicht nur nach Bibliothekstyp und -größe, sondern auch nach der individuellen Ausgangssituation vor Ort. Es genügt aber nicht, zur Lösung der sich daraus ergebenden Herausforderungen immer auf die größtmögliche Flexibilität zu verweisen, da dies am Ende eigentlich nichts aussagt und auch zu nichtssagenden Räumen führt. Andererseits ist Flexibilität unverzichtbar und wird in der Regel zu Recht verlangt. Waller (2011) vergleicht den physischen Raum der Bibliothek mit einem Chamäleon, das sich den jeweiligen Nutzungssituationen anpassen muss. Die geforderte Anpassungsfähigkeit trägt allerdings die Gefahr der Beliebigkeit in sich, wenn Bibliotheksräume nicht mehr vom Einzelhandel oder vom Coffeeshop zu unterscheiden sind. Um also die Multifunktionalität heutiger Bibliotheksräume in eine adäquate Form zu bringen, sind nicht additive Strategien erforderlich, sondern solche, die die unterschiedlichen Facetten des Gesamtraumes hervorbringen und auch klare Zonierungen definieren, wo dies notwendig ist.

Facettierung bedeutet hier auch, das Ineinandergreifen von Funktionen und letztlich auch die Konvergenz von digitalem und physischem Raum darzustellen, die weiter unten noch einmal beschrieben ist. Das muss nicht bedeuten, auf klassische Merkmale von Bibliotheksräumen oder auf Zonen, die in Annäherung an die traditionellen Typen gestaltet sind, zu verzichten. Im Gegenteil, im Sinne einer Wiedererkennbarkeit und Identifikation können solche Elemente und Räume sogar hilfreich sein, insbesondere auch, um solche Nutzergruppen zu halten, die genau diese Räume in der Bibliothek suchen. Ein anschauliches Beispiel hierfür ist die Boston Public Library, die einen Anbau von Philipp Johnson von 1971 als Freihandbereich nutzt, der von Eisen wohl als „Freie Form" interpretiert würde, gleichzeitig aber den monumentalen Bibliothekssaal der Bates Hall im historistischen Hauptgebäude von 1895 als offenen Arbeitsbereich gestaltet hat, wobei jeder Tisch mit einer Steckdose ausgestattet wurde, um die Nutzung mobiler Geräte zu ermöglichen. Während also der Bestand in den neueren Gebäudeteil gewandert ist, erfreut sich der historische Lesesaal als gemeinschaftlicher Raum im Sinne Gaytons größter Beliebtheit. Genutzt werden hier jedoch keine Bestände der Bibliothek, sondern mobile Endgeräte für die verschiedensten Zwecke. Neubauten greifen für die Anlehnung an klassische Typen gerne auf Zitate zurück, wie das Beispiel des Kamins in der *Hamilton Mill Library* (Abb. 3) zeigt. Andererseits wird bloßes Zitieren oder gar der Aufbau von Kulissen nicht genügen, um die Wissensräume der Zukunft attraktiv und unverwechselbar zu halten. Gerade im Bereich der Öffentlichen Bibliotheken hat man es auch mit Gestaltungen aus dem Bereich des Filialbuchhandels versucht, dessen ungewisse Zukunft ihn aber aus heutiger Sicht nicht unbedingt zum Hoffnungsträger für Bibliotheken macht (Baurmann 2013). Tatsächlich sieht es eher so aus, als wäre die Expansion der großen Buchhandelsketten gestoppt, während sich das Nischengeschäft bei allen damit verbundenen Problemen als überlebensfähiger erweist. Meine These hierzu lautet, dass, abgesehen von im zitierten Artikel erwähnten Engagement der Protagonisten/innen, gerade die Unverwechselbarkeit und das schlüssige Ineinandergreifen von Raum, Angebot und Programm dieses Überleben absichert. Um eine umfassende und individuell angepasste Strategie für die Gestaltung multifacettierter Wissensräume zu entwickeln, erscheint mir die Beantwortung von fünf Fragen wesentlich:

– Für welche Funktionen und Bereiche existieren Typen, auf die zurückgegriffen werden kann?
– Wie kann die Integration der verschiedenen Facetten räumlich hergestellt werden?
– Welche Anforderungen, abgesehen von akustischen, ergeben sich für die Zonierung?
– Wie sehen die Bedürfnisse der Nutzergruppen aus, die erreicht werden sollen?
– Wie kann die Konvergenz von physischem und digitalem Raum hergestellt werden?

Da in der Debatte um den physischen und den digitalen Raum der Bibliothek in letzter Zeit häufiger von der Konvergenz als wichtiger Voraussetzung die Rede war (siehe dazu auch den Beitrag von Taubert in diesem Band S. 164–182), möchte ich im Folgenden etwas ausführlicher darauf eingehen.

Konvergenz von physischem und digitalem Raum

Grundlage der Forderung nach Konvergenz ist die Erkenntnis, dass der digitale Raum genauso real ist wie der oft als real bezeichnete physische Raum; weshalb hier auch die Unterscheidung real – virtuell vermieden wird (Eigenbrodt 2013, 46). Dies geht letztlich unter anderem auf die Studien der amerikanischen Psychologin Sherry Turkle (1995) zurück, in denen sie feststellte, dass der Realitätsgehalt der ‚virtuellen Welt' für ihre Probanden genauso groß war wie der der ‚realen' Welt. Das bedeutet aber weder, dass die einfache Abbildung physischer Räume in der digitalen Realität, wie sie etwa im Second Life versucht wurde, den Anspruch der Konvergenz erfüllt, noch, dass die physischen Räume in ihrem Gesamtbild techniklastig werden müssten:

> „This historical understanding of the library as a complex site of self-representation will serve us well as we turn our attention to the spaces of books and reading that are now emerging in the digital environment. The digital library recalls the same myths of scholarly identity that have become embedded in the cultural imagination over the centuries" (Mak 2007, 215).

Mak nimmt hier direkten Bezug auf die eingangs erwähnte Typologie der Bibliothek als Informationsspeicher und Repräsentationsort von imaginiertem kollektiven Wissen. Tatsächlich werden heute im Zusammenhang mit dem ‚digitalen Gedächtnis der Menschheit' Mythen wiederbelebt und Bilder evoziert, die traditionell mit Bibliotheken verbunden waren. Nerdinger sieht in seinem bereits zitierten Beitrag diesen Zusammenhang aus seiner kulturpessimistischen Perspektive heraus nicht, sondern legt sich darauf fest, dass der Versuch, diesen Prozess auch architektonisch abzubilden, nichts zur Umwandlung von Information in Wissen beitrage, aus dem „Wissensgemeinschaften und kulturelles Gedächtnis" erst entstünden (Nerdinger 2011, 254). Abgesehen davon, ob national oder gar elitär definierte „Wissensgemeinschaften", also Distinktion und das Erhöhen von Zugangsschwellen, in global vernetzten Wissensgesellschaften überhaupt das Ziel der Arbeit von Bibliotheken sein sollten, übersieht Nerdinger hier, dass die gleichzeitige Nutzung digitaler und physischer Räume zwangsläufig zur Veränderung beider Umgebungen führt, da der Raum sich wesentlich auch in seiner Nutzung konstituiert. Der Einfluss der physischen Welt auf die digitalen Umgebungen ist offensichtlich und führt dazu, dass digitale Räume in vielen Bereichen als Abbilder von physischen gestaltet werden. Andererseits verändert die Nutzung digitaler Umgebungen die Erwartungen an und den Umgang mit physischen Räumen. Der Prozess der Erweiterung ist gegenseitig und unabgeschlossen, das bedeutet auch, dass sich noch keine endgültige Aussage darüber treffen lässt, wie Typen von konvergenten Räumen aussehen könnten. Es gilt aber schon jetzt, Strategien zu entwickeln, wie eine Einbindung beider Räume in ein stimmiges Gesamtkonzept aussehen könnte. Dabei kommt es darauf an, dass diese Strategien der Konvergenz weder anachronistisch auf den physischen Raum und seine traditionelle Organisation, noch zu abstrakt auf die digitalen Umgebungen ausgerichtet sind.

Fazit

Unter Berücksichtigung sozialer, funktionaler und natürlich auch technischer Veränderungen erscheint weder ein kulturpessimistisches Untergangsszenario noch ein einfaches ‚Weiter so' in Bezug auf die Typologie von Bibliotheksräumen angemessen. Es ist offensichtlich, dass für multifacettierte, gesellschaftliche Wissensräume neue Typen gefunden werden müssen, ohne dass dadurch traditionelle Formen zwingend ad acta gelegt würden. Im Gegenteil erscheint es mir in Hinblick auf Fragen der Identifikation und der Integration vielversprechend und in ästhetischer Hinsicht auch spannend, alte und neue Formen zu verbinden. Einer Sakralisierung und Musealisierung von Bibliotheksräumen muss aber entgehen, wer wirklich an einer Zukunft der Bibliothek als lebendiger und gesellschaftlich relevanter Institution interessiert ist. Dass die Entwicklung einer angemessenen Typologie für die neuen Wissensräume eine Herausforderung für Architekten/innen ist, der sich auch die Bibliothekare/innen stellen müssen, liegt auf der Hand. Schon seit der Mitte des 20. Jahrhunderts wird nach neuen Formen gesucht, wobei sich der rein funktionalistische, vollflexible Ansatz als Sackgasse erwiesen hat. Zur weiteren Diskussion möchte ich folgende Thesen formulieren:

- Die typologische Debatte muss nicht nur um Bibliotheken geführt werden, da die beschriebenen Veränderungen auch andere Bildungs- und Kultureinrichtungen betreffen.
- Der soziale, kommunikative Charakter von Bibliotheken ist nicht neu, auch wenn er nicht traditionellen Bildern von der Bibliothek entspricht.
- Richtschnur des Entwurfs muss immer die Zugänglichkeit und Niedrigschwelligkeit des Raumes sein.
- Neue Formen müssen sich einerseits auf die einzelnen Facetten konzentrieren, andererseits aber auch einen Rahmen finden, der die Facetten zusammenhält und integriert.
- Für die künftige Gestaltung von Wissensräumen müssen auch Fragen der Nachhaltigkeit im umfassenden Sinne eine Rolle spielen.
- Orientierung an anderen Formen bedeutet nicht zwangsläufig Beliebigkeit, sollte aber kritisch durchdacht werden.

- Die Konvergenz von physischen und digitalen Räumen ist ein Sonderthema, das aber in die Gesamtbetrachtung von Wissensräumen von vornherein einbezogen werden muss.

Diese Thesen haben zwangsläufig vorläufigen und unvollständigen Charakter, deuten aber Themen und Richtungen an, in die die Debatte verlaufen könnte. Auch wenn sich das Prinzip, dass sich die Form aus der Funktion heraus ableitet, in der Regel nicht so einfach durchsetzen lässt, sollte es doch als Richtschnur weiterer Betrachtungen dienen.

Literatur

Audunson, R. (2005): „The Public Library as a Meeting Place in a Multicultural and Digital Context. The Necessity of Low Intensive Meeting Places". In: Journal of Documentation, 61:3, 429–441.

Baurmann, J.G. (2013): „Buchhandel. Zähne zeigen". In: Die Zeit Nr. 10, 28.02.2013. http://www.zeit.de/2013/10/Buchhandel-Amazon-Thalia-E-Books.

Eigenbrodt, O. (2008): Gesellschaftliche Räume. Die Konstituierung des Bibliotheksraums durch Aktivität. Vortrag auf dem 74. World Library and Information Congress 10.–14.08.2008, Quebec, Kanada. http://archive.ifla.org/IV/ifla74/papers/091-Eigenbrodt-de.pdf.

Eigenbrodt, O. (2013): „The Multifaceted Place. Current Approaches to University Library Space". In: G. Matthews; G. Walton: University Libraries and Space in the Digital World. Farnham, Burlington: Ashgate, 35–50.

Eisen, M. (2011): „Zur architektonischen Typologie von Bibliotheken". In: W. Nerdinger (Hrsg.): Die Weisheit baut sich ein Haus. Architektur und Geschichte von Bibliotheken. München u.a.: Prestel, 261–306.

Foucault, M. (1990): „Andere Räume". In: K. Barck et al. (Hrsg.): Aisthesis. Wahrnehmung heute oder Perspektiven einer anderen Ästhetik. Leipzig: Reclam, 34–46.

Gayton, G.T. (2008): „Academic Libraries. ‚Social' or ‚Communal'? The Nature and Future of Academic Libraries ". In: Journal of Academic Librarianship 34:1, 60–66.

Gibbons, S. (2007): The Academic Library and the Net Gen Student: Making the Connections. Chicago: ALA Editions.

Gram, M. (2002): Bibliotek och arkitektur: Byggnader. Rum. Samlinger. Stockholm: Arkitekturmuseet.

Hauke, P. (2007): Domus Sapientiae. Ein Beitrag zur Ikonologie der Bibliotheksraumgestaltung des 17./18. Jahrhunderts unter besonderer Berücksichtigung des Klosters St. Mang, Füssen. Bad Honnef: Bock + Herchen.

Mak, B. (2007): „On the Myths of Libraries". In: J.E. Buschman; G. Leckie: The Library as Place: History, Community, and Culture. Westport, London: Libraries Unlimited, 209–219.

Nerdinger, W. (2011): „Von Alexandria zum digitalen Babel. Der Traum von der Universalbibliothek". In: Ders. (Hrsg.): Die Weisheit baut sich ein Haus. Architektur und Geschichte von Bibliotheken. München u.a.: Prestel, 237–260.

Oldenburg, R. (1997): The Great Good Place. Cafés, Coffee Shops, Bookstores, Bars, Hair Salons and Other Hangouts at the Heart of a Community. 2. Aufl. Cambridge, MA: Da Capo.
Oldenburg, R. (Hrsg.) (2001): Celebrating the Third Place. Inspiring Stories about the Great Good Places at the Heart of Our Communities. New York: Marlowe & Company.
Schroer, M. (2006): Räume, Orte, Grenzen. Auf dem Weg zu einer Soziologie des Raums. Frankfurt a.M.: Suhrkamp.
Turkle, S. (1995): Life on the Screen. Identity in the Age of the Internet. New York: Simon & Schuster.
Waller, L. (2011): „The Library Chameleon. Physical Space". In: P. Dale et al. (Hrsg.): University Libraries and Digital Learning Environments. Farnham, Burlington VT: Ashgate, 69–85.

Karen Latimer

Architektur für den Zugang: Bibliotheksräume im 21. Jahrhundert neu denken

Einleitung

„The academic library died alone, largely neglected and forgotten by a world that once revered it as the heart of the university". Dies beklagte Brian Sullivan (2011) in seinem geistreich-ironischen *Academic Library Autopsy Report 2050*. Die Todesursachen waren nach Sullivan unzählig, aber er griff einige Hauptfaktoren heraus, die zum Ableben der Bibliothek führten. Buchbestände waren obsolet, seit alles online verfügbar war und auf mobile Endgeräte heruntergeladen werden konnte. Gleichzeitig wurde der Auskunftsdienst durch Social-Networking Werkzeuge ersetzt; Bibliothekseinführungen fielen als wichtige Tätigkeit für das Bibliothekspersonal aus, seit Datenbankanbieter die intuitive Bedienung ihrer Produkte sicherstellen konnten und die Informationskompetenzvermittlung als Teil des Curriculums in die Hände des akademischen Personals übergegangen war. Bibliotheksgebäude waren in PC-Pools, Lernbereiche und Rechenzentren umgewandelt worden. Und schließlich: „Since it became so easy and inexpensive to find adequate resources, paying significantly more for the absolute best was no longer an option for perpetually cash-strapped colleges." Diese heilsame Geschichte endet mit der Empfehlung, nach realistischen Wegen in die Zukunft zu suchen, anstatt den Kopf in den Sand zu stecken. Genau dies versuchen Bücher wie das, in dem dieser Beitrag erscheint, zu leisten.

Wenn man sich die Gestaltung von neueren Bibliotheksgebäuden oder auch die Umgestaltungen von existierenden Gebäuden ansieht, wird schnell deutlich, dass man sich im Falle der besseren Beispiele einige Gedanken darum gemacht hat, wie man sich die Zukunft vorstellen und sie gestalten soll, die besonders herausragenden unter ihnen haben dabei eine breite Zusammenarbeit und Kommunikation mit Nutzern/innen, Unterhaltsträgern/innen, Mitarbeitern/innen, der örtlichen Gemeinschaft und natürlich den Architekten/innen praktiziert. Bibliothekare/innen und Architekten/innen, die sich mit der Gestaltung von Bibliotheken auseinandersetzen, sind sich der Veränderungen sehr bewusst, die dieser Gebäudetyp erfahren muss, um den Bedürfnissen von Informationssuchenden im 21. Jahrhundert entgegenzukommen. Das wachsende Angebot an Literatur zur Gestaltung von Bibliotheken verdeutlicht das Interesse an dem Thema. In meinem Rückblick auf Trends im Bereich Bibliotheksbau zwischen 2006 und 2010 habe ich auch einen Absatz zu aktuellen Publikationen aufgenommen: „Ample information can be found about specific buildings or about the process of designing a library“ (Latimer 2012, 361); die dort angesprochenen Publikationen sind in der Bibliographie des zitierten Beitrages verzeichnet.

Hintergrund

Obwohl sich in der Herangehensweise an die Gestaltung von Bibliotheken, die den Zugang zu Information in der heutigen Zeit ermöglichen sollen, einiges geändert hat, können wir immer noch von der Vergangenheit lernen, indem wir die Entwicklung über die Spanne von einigen Jahren beobachten. Brian Edwards (2009, 12) stellt fest: „Critique of the history of libraries helps clarify the issues designers and libraries face today“. John Feather (2013, 19) bemerkt in einem neueren Beitrag zum Thema: „Any of the conventions and customs which developed in the ancient world survived into mediaeval and early modern libraries, and can still be seen in the twenty-first century.“ Sowohl Feather als auch die Autorin selbst haben festgehalten, dass sich die Funktion der Bibliothek dem Grunde nach nicht verändert hat. Feather schreibt: „Scholars need information media and they need the facilities in which to consult them. That remains as true for the Google generation as for the priests in the temples of Babylon“ (2013, 20). Dazu Latimer: „The library as a gateway to knowledge remains as true for the building that welcomes in readers to peruse books and journals as for the one that guides its users to electronic resources throughout the world“ (2011, 112).

Historische Wissenschaftliche Bibliotheken waren allerdings eher große und strenge Gebäude, die oftmals Sammlungen von großem Wert enthielten. Die Architektur mag auch damals schon Zugang zugelassen haben, aber es war nur ein Zugang für wenige Privilegierte. Während des 20. Jahrhunderts änderte sich dies, als sich die Universitäten und ihre Bibliotheken vergrößerten und für breitere Bevölkerungsgruppen öffneten. Im Vereinigten Königreich wurden in den 1960er Jahren einige neue Universitäten gegründet und einige der führenden Architekten wurden damit beauftragt, Masterpläne mit den neuen Bibliotheken im Zentrum des Campus zu entwickeln, wie es etwa bei den Universitäten in York, Stirling und Sussex der Fall ist. In diese Zeit fiel auch der Neubau von Bibliotheken für altehrwürdige Universitäten wie in Edinburgh und am *Trinity College* in Dublin. Diese Bibliotheken waren wesentlich einladender und nutzerfreundlicher als ihre Vorgänger/innen und zogen mit ihren großzügigen Foyers und Lesesälen die zunehmende Zahl an Studierenden an. Die Gestaltung dieser

Bibliotheken orientierte sich allerdings noch immer an der Notwendigkeit, die scheinbar immer weiter wachsenden Bestände aufzunehmen. Aber mit der Jahrtausendwende begannen die Dinge sich zu verändern.

Aktuelle Entwicklungen im Bibliotheksbau

Bisher hat sich das 21. Jahrhundert für den Bibliotheksbau sowohl im Bereich der Wissenschaftlichen als auch der Öffentlichen Bibliotheken als eine sehr spannende Zeit erwiesen, jedoch nicht ohne große Herausforderungen mit sich zu bringen. Es gab und gibt jene Stimmen, die sagen, dass die Zeit der Bibliothek als architektonischer Typ vorbei ist (hierzu auch der Beitrag von Olaf Eigenbrodt in diesem Band S. 22–36). Sie fragen sich, wer in einer Zeit allgegenwärtigen Zugangs zu elektronischen Ressourcen noch eine physische Bibliothek braucht. Aber bisher stehen dem die Tatsachen deutlich entgegen. In einem Artikel für den *Guardian* über die Erneuerung der Öffentlichen Bibliotheken schreibt Ken Worpole (2013, 17): „The past decade has seen a reinvention of the public library in the UK and across the world." Ein Beispiel hierfür ist die gerade eröffnete, 186 Millionen Pfund teure Bibliothek von Birmingham, die von Francis Houben, Direktor von Mecanoo und berühmt für die Bibliothek der Technischen Universität Delft geplant wurde. Sie ist auch ein gutes Beispiel für viele andere Trends, insbesondere in der Architektur Öffentlicher Bibliotheken, die sicherstellen, dass auch in einer Zeit des allgegenwärtigen elektronischen Zugangs immer noch Nutzer/innen durch die Tür kommen (in Birmingham ungefähr 10.000 am Tag). Die Bibliothek von Birmingham ist multifunktional und teilt sich ihr Grundstück mit dem benachbarten Theater mit dem Ziel, dass Menschen und Aufführungen vom einen ins andere hinüberwechseln; sie ist für den Wandel gebaut, lichtdurchflutet (Wainwright 2013, 11) und sie bietet viele verschiedene Sitzmöglichkeiten zum Lernen, Zusammenarbeiten oder auch für einen guten alten Tratsch.

Obwohl wesentlich kleiner, illustrieren auch Öffentliche Bibliotheken wie die *Clapham Library* von Egret West, die *Newcastle City Library* von Ryder Architects, die *Canada Water Library* von Piers Gough vom Büro CZWG und die verschiedenen *Idea Stores* (siehe den Beitrag von Sergio Dogliani S. 124–137 in diesem Band) den neuen Zugang zur Architektur von Bibliotheken mit mehr Informationstechnik, Arbeitsplätzen, Lesemöglichkeiten, Veranstaltungs- und Begegnungszonen – oftmals in einem Gebäude, das mit anderen Einrichtungen geteilt wird. Auf der Webseite von *Designing Libraries* finden sich weitere Informationen zu den genannten Beispielen und zu einigen mehr. In seiner Betrachtung architektonischer Innovation in Bibliotheken hat Worpole (2013), ausgehend von der berühmten *Seattle Public Library* von Rem Koolhaas und OMA und ihrem Motto ‚Bibliothek als Wohnzimmer der Stadt', viele Bibliotheken betrachtet, die sich der Digitalen Revolution durch das Angebot von Gebäuden und Flächen gestellt haben, die jeder nutzen kann, um Zugang zu Informationen zu bekommen und Wissen und Ideen auszutauschen. Und heute sind, insbesondere im Vereinigten Königreich, Befürchtungen zu beobachten, dass, egal wie offen für neue Herangehensweisen und Innovationen Bibliotheksplaner/innen und Architekt/innen sein mögen und wie erfolgreich diese neuen Typen von Bibliotheken auch sein mögen, keine Mittel vorhanden sind, um sie zu bauen und zukünftig zu unterhalten. Die Bibliothek von Birmingham würde heute (nur knappe sechs Jahre nach Beauftragung) nicht mehr gebaut werden, trotzdem ist die Realisierung der Vision davon, wie Zugang zu Information im 21. Jahrhundert aussehen kann, für die örtliche Bevölkerung und die örtliche Wirtschaft sehr gut.

Neue Herausforderungen für Wissenschaftliche Bibliotheken

Das Hauptaugenmerk dieses Beitrags liegt auf den Wissenschaftlichen und weniger auf den Öffentlichen Bibliotheken; dennoch gibt es enge Parallelen im Hinblick auf die Gestaltung der beiden Typen von Bibliotheksgebäuden und die Herausforderungen, denen sie sich stellen müssen. Auch Universitäten müssen mit kleiner werdenden Budgets auskommen und Bibliotheken müssen durch ihre Attraktivität für Studierende und ihre Forschungsunterstützung ihre Geldgeber von ihrer Bedeutung überzeugen. Die Studierendenzahlen steigen und in Großbritannien sind nach der Einführung sehr viel höherer Studiengebühren die Erwartungen gestiegen und Bibliotheksnutzer/innen erwarten sehr gute Einrichtungen, die einfach zu nutzen und 24 Stunden am Tag offen sind. *Learning Cafés* wie am Imperial College in London und im *Saltire Centre* Glasgow sind inzwischen Standard geworden. Auch die Beispiele für eine Zusammenarbeit von Wissenschaftlichen und Öffentlichen Bibliotheken werden mehr. Dies ist anderswo auf der Welt verbreiteter, für das Vereinigte Königreich aber neu. Die spektakuläre neue Universitätsbibliothek in Aberdeen im Norden Schottlands von Schmidt Hammer Lassen ist ein typisches Beispiel. Von Beginn des Projekts an war klar, dass die neue Bibliothek mit ihren alten und bedeutenden Sondersammlungen nicht nur eine zweckdienliche Arbeitsumgebung für Mitarbeiter/innen und Studierende anbieten würde, sondern auch ein breiteres Publikum einladen sollte. Einen Schritt weiter geht *The Hive* an der Universität von Worcester, das die erste vollständige Integration von Öffentlicher und universitärer Bibliothek in Groß-

Abb. 1: David Wilson Library PG Room.

Abb. 2: Saltire Centre an der Caledonian University.

britannien darstellt und in dem sich auch Büros der Stadtverwaltung finden. Ein anderer Trend ist, dass Wissenschaftliche Bibliotheken gemeinsam mit anderen Dienstleistungseinrichtungen der Universität untergebracht werden. Es gibt bereits viele Beispiele von integrierten Bibliotheken und Rechenzentren, so dass dies nicht mehr neu ist, aber die umfassende Integration und Zusammenlegung von Dienstleistungen wie der Berufsberatung und dem Studienbüro eröffnen völlig neue Möglichkeiten, bergen aber auch neue Herausforderungen. Das *Saltire Centre* an der *Caledonian University* in Glasgow, das in vielerlei Hinsicht wegweisend war, ist dafür genauso ein Beispiel wie die *David Wilson Library* an der Leicester University, die viele Preise gewonnen hat.

Das Bibliothekskonzept/Die Projektbeschreibung

Die *David Wilson Library* illustriert auch sehr gut, wie wichtig die Entwicklung eines umfassenden Gestaltungskonzepts beziehungsweise einer Projektbeschreibung ist. Ein sorgfältig ausgearbeitetes Konzept, das die Komplexität heutigen Bibliotheksbaus berücksichtigt, die wesentlichen Interessengruppen einbezieht und Bibliotheksnutzer/innen und gleichen Zugang für alle in den Mittelpunkt der Planung stellt, ist entscheidend. Dies ist insbesondere deshalb wichtig, weil wir überdenken und neu bewerten müssen, wie wir Bibliotheksräume für eine Gesellschaft im Wandel gestalten wollen, in der sich die Grenzen zwischen physischen und digitalen Ressourcen und zwischen traditionellen Lernmethoden und E-Learning verwischen und sich Dienstleistungen ähnlicher werden. Bibliotheken im 21. Jahrhundert müssen einladend und attraktiv, aber auch zweckmäßig, flexibel, integriert, transparent und nachhaltig sein. Obwohl wesentliche Anforderungen an das Raumprogramm immer noch wichtig sind, ist es heute notwendig, eine stringente Vision zu entwickeln, diese mit dem Leitbild und den Zielen der übergeordneten Institution zu verbinden und während des gesamten Projekts bis zu seiner Realisierung durchzuhalten. Christine Fyfe, Vizekanzlerin der University of Leicester, hat die wesentlichen Bedingungen, aus denen sich die Leitlinien des Projekts entwickelt haben, so beschrieben: „[A] concerted and comprehensive communications strategy which ensured that stakeholders were engaged with the design of the building and ongoing project through a variety of mechanisms“ (Fyfe 2013, 20). Bisbrouck hat die Bedeutung eines Konzepts beziehungsweise einer Projektbeschreibung hervorgehoben, die „the operational, the behavioural and the environmental“ Anforderungen so beschreibt, dass sie sowohl für Nutzer/innen als auch für die Planer/innen verständlich sind (Bisbrouck 2007, 199) – hier sollte man noch die Unterhaltsträger ergänzen.

Die Entwicklung von Bibliotheksräumen

Was sind also die Anforderungen an Gebäude und Lernräume, die zum Zugang zu Information beitragen, egal ob sie in physischer oder digitaler Form vorliegt? Wie sollten Lernräume aussehen? Eine Studie der JISC, einer gemeinnützigen Organisation, die die Verwendung von digitaler Technik im Bereich Bildung und Forschung in Großbritannien fördert, zeigt, dass Studierende, die verschiedene Arten von Technik auf flexible Weise nutzen, besseren Zugang zum Lernen haben. Die Studie zeigt auch, dass Studierende ihre Vorlesungsnotizen gerne weiterverfolgen, indem sie Literaturhinweise online aufrufen und das dies dann zu weiterführender Lektüre und dem Zugriff auf Bücher und E-Journals führt. Die Bibliothek ist in der einzigartigen Position, sämtliche gedruckten und elektronischen Ressourcen zusammenzuführen und gleichzeitig verschiedene Einrichtungen und Leseplätze sowie alle möglichen mobilen Endgeräte anzubieten.

Hermann Hertzberger (2013), der Architekt und Autor, der so überzeugend über Raum und Lernen geschrieben hat, diskutiert den Einfluss der Umgebung auf Menschen und wie Raum Lernen stimulieren und zum Studium animieren kann. Während wir uns von den bestandszentrierten Bibliotheksgebäuden der Vergangenheit hin zu nutzerzentrierten und hochtechnisierten Räumen in der Gegenwart bewegen, haben wir die gute Gelegenheit, Gebäude zu erschaffen, die einfach zu nutzen sind, Unabhängigkeit fördern und es mit Lernenden aufnehmen, die anspruchsvoller und unterschiedlicher sind als jemals zuvor. Solche Gebäude können dabei helfen, Ziele in Lehre und Forschung zu erreichen und bleiben ebenso das intellektuelle Herz der Universität, wie es die großen Bibliotheken der Vergangenheit waren.

In den letzten zwanzig Jahren haben wir uns von Sammlungsgebäuden über die *Self-Renewing-Library* und weiter zu Hybriden Bibliothek bewegt, in der sowohl gedruckte als auch elektronische Ressourcen verwahrt werden. Die Bereiche für Sondersammlungen und Archive werden mehr zum zentralen Raum für gedruckte Materialien, da es sich hier um jene einzigartigen Dokumente handelt, die eine Universitätsbibliothek von anderen abheben und die immer noch Forscher/innen und Besucher/innen in das physische Gebäude ziehen. Baulich ist hier der sichere und bequeme Raum für die Nutzer/innen wichtig, der gleichzeitig stabile Umwelt- und Sicherheitsbedingungen für die Sammlungen bietet. Zu den jüngsten Beispielen im Vereinigten Königreich gehören ein Sanierungsprojekt an der University of Edinburgh und die neuen Bibliotheken an der University of Aberdeen und der *Queen's University* Belfast.

Die zunehmende digitale Verfügbarkeit von Materialien und die gleichzeitige Reduktion von Regalflächen hat mehr Platz für Nutzer/innen geschaffen und dies ist die beste Gelegenheit, Räume zu gestalten, die Lernen stimulieren. Im späten

20. und frühen 21. Jahrhundert wurde viel über die Bibliothek als Treffpunkt und als ‚Dritter Ort' diskutiert, an dem Individuen außerhalb der Sphären von Arbeit und Privatheit zusammenkommen können. Es wurden Parallelen zu den Kaffeehäusern des 17. Jahrhunderts gezogen. Eigenbrodt (2013) hat eine Reihe von Konzepten und Theorien zum Bibliotheksraum zusammengefasst, die derzeit für die Gestaltung zeitgemäßer Bibliotheken relevant sind. Er schreibt, dass es vor diesem Hintergrund für Architekten/innen und Bibliothekare/innen zweifellos eine Herausforderung ist, „trying to develop a coherent design for their project" (Eigenbrodt 2013, 48).

Abb. 3: Long Room Hub Exterior.

In der *McClay Library* an der *Queen's University* Belfast war es das Ziel, so viele unterschiedliche Arbeitsbereiche wie möglich anzubieten, von Ecken und Nischen für individuelles Studieren bis zu offenen Räumen, Gruppenarbeitsräumen und einem Café. Nur vier Jahre nach der Eröffnung werden die Flächen schon wieder neu geordnet, um 200 zusätzliche Arbeitsplätze aufzunehmen. Interessant ist die Erkenntnis aus dem Feedback von Nutzer/innen, dass diese mehr ruhige Bereiche und mehr funktionale, weniger informelle Leseplätze haben wollten. In der *David Wilson Library* in Leicester gehören zum 200 Plätze umfassenden Bereich für graduierte Studierende und Forscher/innen auch Einrichtungen, die das Erlernen von und Experimentieren mit neuer Technik mit qualifizierter Unterstützung ermöglichen. Die *Information and Learning Commons* in Sheffield und Manchester, der *Long Room Hub* am *Trinity College* Dublin und das Gebäude für Geistes- und Sozialwissenschaften am *University College* Galway, dass der Forschung vorbehaltene Bibliotheksräume für graduierte Studierende und Wissenschaftler/innen enthält, sind nur einige Beispiele für die neue Herangehensweise an Räume, die Lernen fördern und Zusammenarbeit und Diskussionen ermöglichen.

In der Vergangenheit waren Beständigkeit, Stabilität, Ernsthaftigkeit, Abgeschiedenheit und Ruhe die Kennzeichen des Bibliotheksraums, die heutigen Lernräume sind dagegen einladender, entspannter, gemeinschaftlicher, zoniert und flexibel. Weniger formelle Räume können Probleme mit Lärm bekommen, daher sollten sowohl die Zonierung als auch die Förderung angemessenen Verhaltens durch die Gestaltung in der Planung durchdacht werden. Flexibilität ist wichtig, da sich die Dinge schnell ändern und wir nicht wissen, was die Zukunft bringt. Bis zu einem gewissen Grad muss man aber Risiken eingehen. Les Watson, Vordenker des *Saltire Centre* der Glasgow Caledonian University drückt es so aus: „Being fit for the purpose of library operations is only part of the story. It is far more important that any new library must be fit for the unknown needs of future learners" (Watson 2008, 193). Die Gefahr liegt vor allem darin, dass wesentliche Entscheidungen nicht getroffen werden und der entstehende Raum weder jetzt noch in Zukunft befriedigend funktioniert. Mit anderen Worten ist Flexibilität keine Entschuldigung dafür, sich weniger Gedanken über die räumlichen Anforderungen zu machen. Auch die wirtschaftlichen Folgen sollten beachtet werden, da ein vollflexibles Gebäude auf jeden Fall mehr kostet. Wie immer kommt es hier auf die Balance an. Auf einem Gebiet sollte allerdings nicht gespart werden, wenn das Gebäude wirklich den Zugang zu Information unterstützen soll: Der WLAN-Abdeckung der gesamten Fläche – sowohl innen als auch außen –, außerdem sollte es eine ausreichende Anzahl von einfach erreichbaren Steckdosen geben, um der stetig wachsenden Nutzung mobiler Endgeräte entgegenzukommen. In den Räumen sollten auch Bereiche zum Skypen und Bildschirme für Präsentationen vorgesehen werden.

Der Einfluss von Technik auf die Bibliotheken bedeutet, jenseits der Frage der elektronischen Ressourcen, die Freisetzung sowohl von Personal als auch von Flächen durch Selbstbedienung. Die Einführung von Selbstausleihe, -rückgabe und -verlängerung, Ausleihe von und Ladestationen für Laptops sowie automatisierten Buchsortieranlagen signalisiert das Ende von großen Theken für die Ausleihe. Diese sind durch kleinere Servicetheken ersetzt worden, die häufig Beratungsangebote von Bibliothek, Rechenzentrum und anderen universitären Dienstleistungseinrichtungen verbinden. Flächen für eine fruchtbare akademische Arbeit sind weniger formell als traditionelle Bibliotheksräume und sollten eine Atmosphäre schaffen, die Schreiben, Diskutieren, Exzerpieren und Überprüfen durch Information und Interaktion mit anderen fördert. Es sollte ein Raum sein, der Ideen inspiriert, Innovation aufkeimen lässt und den Kontakt zwischen Nutzer/innen und Angeboten fördert. In der praktischen Gestaltung kann man dies durch folgende Maßnahmen erreichen: Qualitativ hochwertige und abwechslungsreiche Einrichtung, gute Beleuchtung – am besten durch Nutzer/innen steuerbar –, WLAN und eine ausreichende Anzahl an Steckdosen, inspirierende Bereiche für Zusammenkünfte, Ausstellungsbereiche, ein bequemes Arbeitsumfeld – am besten mit natürlicher Belüftung – und, am wichtigsten, gut betreute Räume, in denen professionelle Informationsspezialisten/innen ansprechbar sind.

Die Bedeutung von sauberen Flächen in gutem Zustand, die effizient im Unterhalt sind und in denen die Ausstattung funktioniert, sowie von Kopierern mit dem nötigen Papiervorrat sollte nicht unterschätzt werden. Das Feedback der Nutzer/innen der *McClay Library* der *Queen's University* in Belfast zeigt, dass ein guter Zustand der Räume und ein ansprechendes Umfeld Hauptgründe dafür sind, hier anstatt an anderen Orten auf dem Campus zu lernen. In seinem Beitrag zum *Long Room Hub* am *Trinity College* Dublin schreibt Ryan (2010, 20):

> „This latest addition to the Trinity library system is not filled with relentless and heavy book stacks. It feels, rather, like a vertical VIP lounge for the mind, complete with collegial sofas and attractive meeting places. [Researchers can] hang out in a contemporary world [...] may sport an iPod, chat globally and be thinking of Starbucks."

Post-Occupancy-Evaluation

Dass man lernen kann, was funktioniert und was nicht, indem man sich andere Bibliotheken anschaut, ist eine Binsenweisheit. In einer Zeit, in der sich Bibliotheken verändern, um den Wandel von physischen zu elektronischen Beständen zu vollziehen, und betont wird, dass gut geplante Räume den Zugang zu Information unterstützen und Lernen fördern, ist es besonders wichtig, Erfolg und Fehler neuer Bibliotheksgebäude zu untersuchen, nachdem sie einige Zeit in Benutzung waren. Und auch wenn Bibliothekare/innen davon überzeugt sind, dass die physische Bibliothek auch in einer digitalen Welt noch gebraucht wird (nicht alle sind es), müssen viele Unterhaltsträger/innen noch überzeugt werden. Selbstverständlich werden viele Statistiken erstellt und viele Leistungsindikatoren werden erhoben, aber Einsteins Warnung, dass nicht alles, was man zählen kann, wirklich zählt und dass man nicht alles, was wirklich zählt, zählen kann, ist sehr glaubhaft. Viele Evaluationen konzentrieren sich auf die Gebäudetechnik und schenken Nutzer/innenzufriedenheit und Gestaltungsfragen wenig und noch weniger dem Lernerfolg Beachtung. Suzanne Enright (2002) hat festgestellt, dass die tatsächlich durchgeführten Evaluationen nicht schnell und breit genug verbreitet werden.

Sowohl die *LIBER Architecture Group* als auch das *Standing Committee* der *IFLA Library Buildings and Equipment Section* haben sich mit diesen Fragen beschäftigt. Die *LIBER Architecture Group* veröffentlicht alle zwei Jahre eine Publikation und eine Datenbank neuer Bibliotheksbauten in Europa. Bibliotheken, die sich hier beteiligen, füllen einen Fragebogen aus, der Fragen zur Leistungsfähigkeit des Gebäudes in der Nutzung enthält. Das *Standing Committee* der *IFLA Library Buildings and Equipment Section* hat sich gerade mit *Post-Occupancy* beschäftigt und eine Checkliste erstellt, die von Bibliotheksverantwortlichen angepasst und genutzt werden kann, um die Leistungsfähigkeit zu messen.

Fazit

Die symbolische und kulturelle Bedeutung von Bibliotheken kann gar nicht hoch genug eingeschätzt werden. Bibliotheken sind – und bleiben aller Wahrscheinlichkeit nach auch – von grundlegender Bedeutung für Lernen und Forschung. Weniger sicher ist die Art und Weise, wie sie sich entwickeln werden, um den Herausforderungen zu begegnen, die sich aus den neuen Wegen der Produktion, der Recherche und dem Management von Information ergeben. Unzweifelhaft haben technische und pädagogische Veränderungen einen großen Einfluss auf Bibliotheksgebäude, aber sie sind nicht Vorboten ihres Untergangs. McDonald (2002, 243) schreibt dazu: „Far from libraries being displaced by information technology, information technology has moved into libraries." Ganz praktisch gesehen wollen Studierende und Mitarbeiter/innen in qualitative hochwertigen, humanen und inspirierenden Räumen arbeiten, die gut unterhalten, gut ausgestattet, komfortabel, sicher und attraktiv sind. Sie wollen Auswahl und noch mehr Auswahl; Räume, in denen sie sich konzentrieren oder in denen sie kommunizieren können, in denen sie alleine oder mit anderen arbeiten können, in denen sie in Ruhe oder inmitten schwirrender Aktivität arbeiten können und an formellen Tischen oder in gemütlichen Sesseln sitzen können. Sie wollen Bibliothekspersonal und Personal, das mit der neusten Technik vertraut ist, für Hilfestellungen und Beratung zur Verfügung haben; und sie möchten dabei eine gute Tasse Kaffee in der Hand halten.

Bibliotheken sind für die Förderung von Zugang zu Information in allen ihren Formen optimal aufgestellt. Sie haben die digitale Welt voll angenommen; sie haben eine bewährte Dienstleistungseinstellung, lange Öffnungszeiten und in der Regel sind sie zentral gelegen und haben ausreichend Platz. Bibliotheksplaner/innen und Architekten/innen gehen die Herausforderung an, neue Räume zu erschaffen, die Auswahl und Zusammenarbeit ermöglichen. Wir können die Zukunft nicht vorhersagen, aber wir müssen zusammen versuchen, sie uns auszumalen. Um dies erfolgreich zu bewerkstelligen, brauchen wir allerdings mehr Informationen darüber, wie Bibliotheksräume Lernen und Forschung effektiv unterstützen. Viele Fragen müssen noch beantwortet werden. Was funktioniert und was nicht? Wie werden die Flächen durch Mitarbeiter/innen und Studierende wirklich genutzt? Wie können wir die traditionelle Bibliothek, die lediglich um das Internet und flexiblere Bereiche ergänzt ist, überwinden und zu radikaleren Lösungen kommen, die nachweislich das Lernen fördern und Forschung und neue Ideen nach vorne bringen? Hierin liegt die Herausforderung.

Übersetzung: Olaf Eigenbrodt

Literatur

Bisbrouck, M-F. (2007): „The building process including how to choose an architect." In: K. Latimer; H. Niegaard (Hrsg.): IFLA Library Building Guidelines: developments and reflections. München: Saur, 119-126.

Edwards, B. (2009): Libraries and Learning Resource Centres. 2. Aufl. Oxford: Architectural Press.

Eigenbrodt, O. (2013): „The multifaceted place. Current approaches to university library space." In: G. Matthews; G. Walton (Hrsg.): University Libraries and Space in the Digital World. Farnham; Burlington, VT: Ashgate, 35-50.

Enright, S. (2002): „Post-occupancy evaluation of UK library building projects: some examples of current activity". In: Liber Quarterly, 12, 26-45.

Feather, J. (2013): „Space in the university library, An historical perspective". In: G. Matthews; G. Walton (Hrsg.): University Libraries and Space in the Digital World. Farnham; Burlington, VT: Ashgate, 19-34.

Fyfe, C. (2013): „The David Wilson Library, University of Leicester". In: SCONUL Focus, 57, 19-22.

Hertzberger, H. (2008): Space and learning. Lessons in architecture 3. Rotterdam: 010 Publishers.

Latimer, K. (2011): „Connections to collections. Changing spaces and new challenges in academic library buildings". In: Library Trends, 60:1, 112-133.

Latimer, K. (2012): „Library buildings". In: J. Bowman (Hrsg.): British Librarianship and Information Work 2006-2010. o.O.: lulu.com, 360-379.

McDonald, A. (2002): „Planning the digital library. A virtual impossibility?" In: Serials, 15:3, 237-244.
Ryan, R. (2010): „Fabric and object. The Long Room Hub". In: McCullough Mulvin Architects (Hrsg.): The Long Room Hub at Trinity College. Kinsale: Gandon Editions, 19-20.
Sullivan, B. (2011): „Academic library autopsy report, 2050". In: Chronicle of Higher Education, 2nd January. http://chronicle.com/article/Academic-Library-Autopsy/125767/.
Wainwright, O. (2013): „Book circles: Birmingham's new library revealed. Dramatic £189m building will open next week – just as cuts elsewhere start to bite". In: The Guardian, 29 August 2013, 11.
Watson, L. (2008): „Libraries for the 21st century". In: R. Earnshaw; J. Vince (Hrsg.): Digital convergence. Libraries of the future. London: Springer, 191-203.
Worpole, K. (2013): „Why public libraries are glamming up". In: The Guardian, 31 August 2013, 17.
Worpole, K. (2013) Contemporary Library Architecture: a Planning and Design Guide. London: Routledge.

Websites

Designing Libraries: www.designinglibraries.org.uk.
IFLA Library Buildings and Equipment Section: www.ifla.org/en/library-buildings-and-equipment.
JISCinfonet, Planning and designing technology-rich learning spaces: http://www.jiscinfonet.ac.uk/infokits/learning-space-design.
LIBER Architecture Group: www.libereurope.eu/committee/services/architecture-expert-group.

Richard Stang

Räume als Rahmung: Konstitutionen von realen Informations-, Wissens- und Bildungsräumen

Herausforderungen gesellschaftlicher Veränderungsprozesse

Die gesellschaftliche Entwicklung ist von jeher geprägt durch permanente Veränderungsprozesse. Doch scheinen sich die Prozesse zu beschleunigen. Betrachtet man die Entwicklung der letzten zwanzig Jahre, ist der soziale Wandel durch ambivalente Strukturen gekennzeichnet. Auf der einen Seite entwickelt sich eine durch neue Technologien forcierte Netzwerkgesellschaft (Castells 2001–2003), auf der anderen Seite zeichnet sich die Gesellschaft durch eine zunehmende Individualisierung aus (Beck 1986) verbunden mit einer Pluralisierung der Lebensstile (Gross 1994; Schulze 1993; Sinus 2011). Überlagert werden diese Entwicklungen von Trends sozialer Transformation, wie zum Beispiel der sozialen Ausgrenzung (Huster et al. 2008) oder des demographischen Wandels (Schirrmacher 2004).

Auf technologischer Ebene sind die Veränderungsprozesse gekennzeichnet von Digitalisierung und Virtualisierung. Dabei zeigt sich, dass zwar immer mehr Menschen die neuen Techniken nutzen, aber die Gesellschaft weiterhin digital gespalten ist (Initiative D21/TNS Infratest 2013; van Dijk 2013). Dies hat auch Auswirkungen auf die kulturelle Konstitution der Gesellschaft. Der kulturelle Wandel wird immer stärker von den sogenannten „Digital Natives“ oder der „Generation Y“ geprägt, die veränderte Formen der Kommunikation sowie der politischen und gesellschaftlichen Teilhabe generieren. Die Partei „Die Piraten“ oder die „Occupy-Bewegung“ sind Ausdruck dieser Entwicklung. Dies bleibt nicht ohne Auswirkungen auf ökonomische Transformationsprozesse. Eine wachstumsorientierte wirtschaftliche Ausrichtung wird zunehmend in Frage gestellt und es wird nach Alternativen ökonomischer Orientierung gesucht (Jackson 2011).

Diese Veränderungsprozesse sind gekennzeichnet von einer zunehmenden Bedeutung von Wissen, Information und Technologie als zentrale Dimensionen gesellschaftlicher und wirtschaftlicher Entwicklung. Peter F. Drucker (1969) und Daniel Bell (1973) haben bereits vor vierzig Jahren auf den Bedeutungszuwachs der Ressource „Wissen“ hingewiesen. Betrachtet man die dynamische Entwicklung von Informations- und Kommunikationstechnologien bis hin zur Informationsmaschine „Internet“ seit den 1970er Jahren wird deutlich, mit welchen technologischen Umbrüchen die Bevölkerung zurecht kommen musste und nach wie vor muss.

Die damit verbundenen Transformationsprozesse erfordern individuelle und gesellschaftliche Bewältigungsstrategien, in deren Zentrum veränderte Anforderungen an Bildung und Lernen stehen. Dies führte auch auf europäischer Ebene Ende der 1990er Jahre zu einer Strategie zur Umsetzung des Konzepts des lebenslangen Lernens (Kommission 2000). Im Zentrum stand dabei die Frage, wie zukünftige Bildungsstrukturen gestaltet werden können. Dabei rückten vor allem auch Lernprozesse jenseits des staatlichen und organisierten Bildungswesens in den Blick. Es wurden neue Perspektiven in Bezug auf Lernen und Wissensgenerierung in den Fokus gerückt, wie z. B. das informelle Lernen als beiläufiges Lernen im alltäglichen Lebensvollzug (Dohmen 2001).

In diesem Zusammenhang stellte sich auch die Frage nach Lernorten, die vielfältige Lernoptionen ermöglichen, ohne dabei zum formalen Bildungssystem zu gehören. Bibliotheken als Lernorte rückten hierbei zunehmend in den Fokus (Schüller-Zwierlein/Stang 2011; Stang 2012; Umlauf 2005). Von den Bibliotheken wurde das Konzept des lebenslangen Lernens als Chance gesehen, sich als Lern- und Bildungsdienstleister zu profilieren (Stang/Puhl 2001). Allerdings fehlte es an schlüssigen Konzepten, aus Lesesälen Räume zu gestalten, die als Informations-, Wissens- und Bildungsräume neue Zugänge zum Lernen ermöglichen.

Raum als Prämisse

In den letzten Jahren wurde dem virtuellen Raum als Lernraum immer mehr Aufmerksamkeit geschenkt, dies zeigen unter anderem die Diskussionen über E-Learning (Hugger/Walber 2010). Der reale Raum ist dabei immer mehr aus dem Fokus der wissenschaftlichen Diskussion geraten. Betrachtet man heute den immensen Bedarf an realen Lern- und Arbeitsplätzen in Hochschulen, in der Weiterbildung und in Öffentlichen Bibliotheken, scheint diese Perspektive auf den Lernraum neu zu überdenken zu sein. Der Eindruck verdichtet sich, dass, je umfangreicher die virtuellen Möglichkeiten werden, desto größer das Bedürfnis nach realen Orten zu werden scheint. Das „gemeinsame" Lernerlebnis erhält eine neue Art von Faszination. So sitzen an vielen Hochschulen Studierende, die alleine oder in Gruppen arbeiten, an jeder freien Stelle, wo es Stühle und Tische gibt, da die Lern- und Arbeitsplätze in den Bibliotheken oder den Learning Resource Centres nicht ausreichen.

Die Gestaltung von Lernräumen erhält aber auch in Anbetracht verschiedener Lernzugänge und Lernmethoden eine immer größere Relevanz bei der

Raumgestaltung in Schulen, Weiterbildungseinrichtungen, Hochschulen und Bibliotheken. Doch geht es dabei nicht mehr nur um die Umsetzung klassischer Raumkonzepte, wie sie sich im „Behälterraumbegriff" bündeln. Löw beschreibt diesen Raumbegriff folgendermaßen:

> „Als absolutistisch wird ein Raumbegriff entweder bezeichnet, wenn dem Raum eine eigene Realität jenseits des Handelns, der Körper oder der Menschen zugeschrieben wird oder wenn der dreidimensionale euklidische Raum als unumgängliche Voraussetzung jeder Raumkonstitution angenommen wird. Insbesondere im Fall einer systematischen Unterscheidung zwischen Raum und Materie, welche sich in der Soziologie als Trennung von Raum und sozialen Prozessen wiederfindet, wird der absolutistische Raumbegriff in der Forschung auch Behälterraumbegriff genannt. Damit soll bildlich ausgedrückt werden, dass der Raum wie ein Behälter das soziale Geschehen zu umschließen scheint." (Löw 2012, 63)

Für Löw konstituiert sich Raum aber „in der Wechselwirkung zwischen Handeln und Strukturen" (Löw 2012, 191). Das bedeutet, dass die Konstitution von Raum sowohl durch die Gestaltung und Möblierung definiert wird als auch durch das Agieren und Positionieren der Personen im Raum. Löw veranschaulicht dies am Beispiel der Positionierung einer Treppe:

> „Soziale Güter, genauer primär materielle Güter, entfalten wie Menschen eine symbolische Wirkung auf der Basis ihrer materiellen Struktur. So ist eine Treppe nicht einfach eine Treppe, sondern sie entfaltet durch ihr Material und durch die symbolische Besetzung dieses Materials unterschiedliche Wirkungen, ob die Treppe aus Marmor oder aus Holz ist. [...] Das heißt, soziale Güter werden unterschiedlich zu Räumen synthetisiert je nachdem, welches Material die Treppe aufweist (manchmal ist die Treppe zum Beispiel der Blickfang, manchmal ist sie völlig nebensächlich)." (Löw 2012, 193)

Für Lernen und Wissensgenerierung spielt dieses Wechselverhältnis zwischen Handeln und Strukturen eine besondere Rolle und dies erfordert neue Raumkonzepte. Auch wenn es den Anschein hat, dass die Lernenden überall lernen können, wenn sie müssen, gibt es doch Hinweise, dass eine entsprechende Raumatmosphäre förderlich oder hinderlich sein kann. Pechl und Fundneider weisen auf diese Relevanz hin:

> „Wissensgenerierung ist also immer an- und eingebunden in konkrete Räume und Umwelten. Dies impliziert, dass – wenn man diese Prozesse unterstützen will – *Bedingungen* zur Verfügung gestellt werden müssen, die diese radikale Veränderung des Denkens und des daraus resultierenden Wissens *ermöglichen* beziehungsweise hervorrufen/‚triggern'". (Pechl/Fundneider 2012, 74, Hervorhebungen im Original)

Dies zeigen auch erste Ergebnisse aus einem Forschungsprojekt zum *LearnerLab* an der Hochschule der Medien Stuttgart. Das *LearnerLab* ist ein Selbstlernzentrum, das sich von Selbstlernzentren in anderen Einrichtungen unterscheidet. Die Möblierung ist weitgehend flexibel, es werden keine Computerarbeitsplätze zur Verfügung gestellt und die Nutzung erfolgt vollständig selbstorganisiert. Die Studierenden organisieren sich den Raum nach ihren eigenen Bedarfen. Dabei entstehen immer neue, angepasste Raumkonstellationen.[1] Die besondere Herausforderung dabei ist, Optionsräume für das Lernen zu schaffen, wie dies von Pechl und Fundneider (2012) im Konzept der „Enabling Spaces" beschrieben wird:

> „*Enabling Spaces* dürfen nicht nur als ‚*Möglichkeitsräume*', sondern müssen als ‚*Ermöglichungsräume*' verstanden werden: das heißt, sie bieten Rand-/Rahmenbedingungen, die Prozesse der Innovation, des individuellen und kollaborativen Lernens und der Wissensgenerierung ermöglichen und unterstützen, diese aber nicht explizit und mechanistisch vorgeben." (Pechl/Fundneider 2012, 75, Hervorhebungen im Original)

Es geht also vor allem darum, individuelle Gestaltungsräume zu entwickeln, die trotz einer geplanten Umgebung Freiräume zum Lernen eröffnen. Wichtig in diesem Zusammenhang ist, dass das jahrhundertealte Konzept „ein Raum = eine Funktion" in Anbetracht sich verändernder didaktischer Konzepte und individueller Lernformen weitgehend überholt ist (Montag Stiftung 2012, 22). Dies gilt für alle Lehr-/Lernräume in pädagogischen beziehungsweise Lernkontexten. Wie solche Raumstrukturen gestaltet werden können, lässt sich exemplarisch sowohl an den Konzepten von kommunalen Lernzentren als auch an denen neuer Bibliotheken oder anhand von Learning Ressource Centres zeigen.

Öffentliche Bibliotheken als Lernorte[2]

Öffentliche Bibliotheken schaffen in immer größerem Umfang die räumlichen und technischen Voraussetzungen, um das lebenslange Lernen zu unterstützen. Diese Entwicklung zeichnet sich schon seit Anfang der 1990er Jahre ab (vgl. Stang/Irschlinger 2005). In den letzten Jahren wurde der Bedarf an Lern- und Arbeitsräumen in vielen Bibliotheken immer größer. Darauf haben Bibliotheken reagiert (Hauke/Werner 2011).

---

1 Eine ausführliche Darstellung erfolgt im Text „Multifunktionalität als Option" von Richard Stang (S. 81–93 in diesem Band).

2 Die Informationen in diesem Kapitel sind weitgehend Ergebnisse von Recherchen vor Ort im Rahmen diverser Forschungsprojekte im Forschungsschwerpunkt „Lernwelten" der Hochschule der Medien Stuttgart.

Doch oft werden Lernräume an sehr traditionellen Vorstellungen vom Lernen orientiert. Die Lernräume erinnern dann an Computerräume, die monofunktional ausgerichtet sind. Innenarchitektur sowie Möblierung bieten wenig Innovatives. Doch hier sind eindeutig Entwicklungen hin zu flexiblen Lernlandschaften festzustellen. Dies zeigen vor allem auch neuere Beispiele. Besonders im Ausland lassen sich neue Raum- und Möblierungskonzepte finden, so unter anderem in den Niederlanden.

„De nieuwe bibliothek" in Almere, die 2010 eröffnet wurde, orientiert sich an einem Warenhauskonzept (siehe Abb. 1). Hier werden Raumangebote zum Lesen, Lernen und Entspannen zur Verfügung gestellt. Auf 11.500 m² ist eine Lernlandschaft entstanden, die konzeptionell auf dem Shop-im-Shop-Konzept gründet. In

Abb. 1: Bibliothek Almere (Foto: Richard Stang).

der Bibliothek befinden sich thematisch und an Zielgruppen orientierte Zonen mit unterschiedlich möblierten Lern- und Relaxmöglichkeiten. In einem speziellen Lernareal befinden sich Carrels zum ungestörten Arbeiten sowie Computerarbeitsplätze. Seminar- und Veranstaltungsräume, die in einem Zwischengeschoss liegen, ergänzen das Lernraumangebot. So wird für jegliches Lerninteresse und für jeden Lerntyp ein Angebot zur Verfügung gestellt, ohne dass die räumlichen Arrangements pädagogisch überformt sind. Neue Raumkonzepte lassen sich in den Niederlanden in vielen Bibliotheken finden, die in den letzten Jahren gebaut wurden, wie zum Beispiel in Delft, Den Haag, Hoofddorp, Nieuwegein oder Wassenaar.

Abb. 2: Lernlandschaft der Bibliothek Den Haag (Foto: Richard Stang).

Abb. 3: Lernplätze in der Bibliothek Hoofddorp (Foto: Richard Stang).

Abb. 4: Lern- und Lesecafé in der Bibliothek Wassenaar (Foto: Richard Stang).

Doch auch in Deutschland geht der Trend in Richtung neue Raumkonzepte. Die 2012 neueröffnete Stadtbibliothek in Nürnberg ist ein Beispiel dafür (Sträter 2013). Die Bibliothek ist durchzogen mit Lern-, Arbeits- und Relaxplätzen, die eine hohe Aufenthaltsqualität garantieren. Ein besonderes Angebot stellt die Lernwelt dar, in der ausgebildete Lernberater/innen die Lernenden bei allen Fragen rund um das Lernen unterstützen. Der Raum ist flexibel möbliert und ein Laptopwagen garantiert bei Bedarf den Zugriff auf die Hardware. Im Softwarebereich stehen vielfältige Lernprogramme zur Verfügung. Die ‚Lernwelt' ist Teil der Kooperationsabteilung, in der die gemeinsamen Aktivitäten von Bibliothek und Bildungszentrum (Volkshochschule) gebündelt werden, die zusammen organisatorisch und konzeptionell den Nürnberger Bildungscampus bilden. Durch die Bündelung der Kompetenzen entsteht hier ein neues Lernraumangebot, das für die Nutzer/innen einen immensen Mehrwert darstellt, wie schon der Lernpunkt im Nürnberger Zentrum für Bildung und Kultur „südpunkt" zeigt, wo Bibliothek und Bildungszentrum seit 2009 in einem Gebäude zusammenarbeiten (Stang 2010, 38). Der Erfolg des Lernpunkts führte dazu, dass in der 2012 neueröffneten Stadtbibliothek Nürnberg die ‚Lernwelt' eingerichtet wurde.

Was sich schon in den wenigen Beispielen zeigt, ist, dass sich Öffentliche Bibliotheken nicht nur als Informationsdienstleister verstehen, sondern immer stärker die Qualität als Aufenthaltsort in den Fokus rücken, um allen Bevölkerungs-

Abb. 5: Lernwelt in der Bibliothek Nürnberg (Foto: Christoph von Schwerin).

schichten und Generationen Informations-, Wissens- und Bildungsräume sowohl finanziell als auch konzeptionell niedrigschwellig zur Verfügung zu stellen. Dabei spielt auch die soziale Dimension, sich mit anderen gemeinsam in einer angenehmen Umgebung aufzuhalten, eine zunehmend wichtigere Rolle. Damit werden die Bibliotheken auch immer mehr zu sozialen Orten, die für das gesellschaftliche Gleichgewicht eine immense Bedeutung haben. Mit der Orientierung an den Bedarfslagen potentieller Nutzer/innen sollen möglichst viele Zielgruppen erreicht werden. Um die Zielgruppen müssen sich Bibliotheken und Informationseinrichtungen im wissenschaftlichen Bereich von jeher weniger Gedanken machen.

Learning Ressource Centres

Nicht nur in Öffentlichen Bibliotheken, sondern auch in Wissenschaftlichen Bibliotheken und Informationseinrichtungen nimmt der Bedarf an Lern-, Arbeits- und auch Entspannungsplätzen zu. Gleichzeitig verändern sich zum Beispiel in Hochschulen auch die didaktisch-methodischen Zugänge, wie es sich unter anderem beim Konzept der forschungsbasierten Lehre zeigt (Ludwig 2011). Gruppenorientierte und projektorientierte Lernsettings erfordern allerdings auch neue konzeptionelle und räumliche Strukturen, wie sie sich in Konzepten des „Information Commons“ (Lippingcott 2006) oder des „Learning Resource Centres“

finden. Für Wissenschaftler/innen und Studierende wird eine Dienstleistungsinfrastruktur zur Verfügung gestellt, die Recherche, Lernen und Kommunikation ermöglicht und so für diese eine „One-Stop-Shop"-Lösung für das wissenschaftliche Arbeiten darstellt.

Auch wenn diese Konzepte in den letzten Jahren in Deutschland aufgenommen und umgesetzt wurden, wie dies zum Beispiel an der Bibliothek der Universität Konstanz (Kohl-Frey in diesem Band), am Informations-, Kommunikations- und Medienzentrum (IKMZ) der Brandenburgischen Technischen Universität Cottbus oder an der Niedersächsischen Staats- und Universitätsbibliothek Göttingen erfolgt ist, sind doch die Aktivitäten in den angelsächsischen Ländern hier konzeptionell und in der Umsetzung weiter.

So wurde zum Beispiel in Großbritannien bereits 1993 das JISC (Joint Information Systems Committee) gegründet, das im staatlichen Auftrag für die Entwicklung der Colleges und Universitäten Innovationen anschieben und Forschung fördern sollte. Die Initiative führte zu einer grundlegenden Veränderung der Gestaltung von Informations- und Lerninfrastrukturen an Universitäten (JISC 2006). Eines dieser in diesem Zusammenhang neu entstandenen Learning Resource Centers ist das Saltire Centre der Glasgow Caledonian University.

Abb. 6: Saltire Centre (Foto: Frank Thissen).

Das Saltire Centre bündelt alle Serviceangebote für Studierende, das heißt, es ist Treffpunkt, Lernraum (Einzel- und Gruppenlernen), Kommunikationsraum, Informationsbörse, Entspannungsoase und so weiter (JISC 2006, 24). Die verschiedenen räumlichen Zonen sind entsprechend möbliert, so dass ein lebendig gestalteter Raum entsteht, der zum Zentrum des Universitätslebens wird. Das Saltire Centre verfügt über 1.800 Lernplätze, die alle einen Zugang zum Internet haben, ein Café mit 600 Plätzen, 370.000 Bücher, 500 Computer, die Möglichkeit, Laptops auszuleihen, und kostenloses W-LAN.[3] Es erstreckt sich über fünf Stockwerke mit insgesamt 10.500 m²Fläche. Damit nimmt das Saltire Centre eine zentrale Funktion ein:

> „The Saltire Centre links the main teaching blocks and has five entrances and exits to improve accessibility. It creates a social, intellectual, cultural and marketing hub for the campus. The campus is a compact city centre campus. The Saltire Centre is in the middle of the campus. The city centre location, beside both mainline bus and train stations, ensures easy access." (Feldsien-Sudhaus 2008, 61)

Der freie Zugang zu allen Ressourcen, die Öffnungszeiten rund um die Uhr, die Vielfalt an unterschiedlichen Lern-, Arbeits- und Entspannungsplätzen lässt eine anregende Lernatmosphäre entstehen, in der die Potenziale veränderter Lernzugänge zum Tragen kommen. Doch auch im öffentlichen Bereich etablieren sich zunehmend integrierte Einrichtungen, die für unterschiedlichste Lernbedürfnisse Angebote und Beratung zur Verfügung stellen.

Lernzentren

Durch die Integration von Bibliotheken, (Erwachsenen-)Bildungs- und Kultureinrichtungen in gemeinsamen Häusern sind europaweit Infrastrukturen entstanden, die den Bürgern/innen ein breites Angebot an Bildungs- und Informationsdienstleitungen zur Verfügung stellen (Stang/Hesse 2006). Doch die bereits 2004 von der Europäischen Kommission in Auftrag gegebene Studie „Developing Local Learning Centres und Learning Partnerships", in der die Situation von Learning Centres in 31 europäischen Ländern untersucht wurde, zeigt, dass es hier keine einheitlichen Konzepte gibt (Buiskool et al. 2005). Die heterogene Struktur von Learning Centres zeigt sich in den Schwerpunkten der Arbeit vieler dieser Institutionen. Diese reichen von der Grundbildung und der Förderung von Bildungs-

3 Vgl. http://www.gcu.ac.uk/theuniversity/universityfacilities/thesaltirecentre/

benachteiligten (unter anderem Alphabetisierung, Sprachenerwerb von Migranten/innen) bis hin zu arbeitsmarkt- und medienbezogener Bildung (IT-Skills) wie auch kultureller und allgemeiner Erwachsenenbildung. Doch haben sich in den letzten zehn Jahren europaweit zunehmend Strukturen etabliert, in denen ein möglichst breites Angebot zur Verfügung gestellt werden kann.

Abb. 7: Das LeWis im Wissensturm Linz (Foto: Richard Stang).

Der Wissensturm in Linz ist eines dieser Lernzentren[4], in denen die Einrichtungen Volkshochschule, Stadtbibliothek, Medienzentrum und Bürgerservice räumlich und teilweise organisatorisch zusammengeführt wurden. Mit 15 Etagen und über 15.000 m² stellt der Wissensturm eine räumliche Struktur zur Verfügung, die es ermöglicht, Weiterbildungs-, Kultur- und Informationsdienstleistungen unter einem Dach anzubieten. Die Volkshochschule und die Stadtbibliothek sind auch organisatorisch zusammengelegt und betreiben gemeinsam das Lernzentrum im Wissensturm (LeWis), in dem eine breite Infrastruktur für das selbstorganisierte

4 Im Deutschen gibt es bislang keinen schlüssigen Begriff, der die Funktion dieser neuen Institutionalformen präzise beschreiben würde, so haben sich hier sehr unterschiedliche Begriffe entwickelt: Bildungshaus, Bildungscampus, Medien- und Kulturzentrum, Zentrum für Information und Bildung und so weiter.

Lernen zur Verfügung gestellt wird. Dabei spielt Lern- und Bildungsberatung eine große Rolle (siehe Abb. 7).[5]

An der Schnittstelle von Bibliothek und Volkshochschule entstand hier mit dem LeWis eine räumliche Lerninfrastruktur, in deren Rahmen ein breites Spektrum von Lernangeboten zur Verfügung gestellt wird, die individuell genutzt werden können (Diwischek 2008). Mit diesem Angebot konnten auch neue Zielgruppen erreicht werden. Auch hier spielt die räumliche Gestaltung des Lernumfeldes eine wichtige Rolle (Eckart et al. 2012). Die Raumkonstellationen werden in Zukunft eine zunehmende Bedeutung einnehmen.

Perspektiven

Die Gestaltung von realen Informations-, Wissens- und Bildungsräumen wird eine der großen Herausforderungen auf dem Weg zur sogenannten „Wissensgesellschaft" – besser wäre es auf eine „Bildungsgesellschaft" hinzuarbeiten – darstellen. Die Bedeutung des realen Raumes nimmt trotz zunehmender Virtualisierung des Alltags zu. Der demographische Wandel, die zunehmende Individualisierung, problematische Wohnverhältnisse etc. führen dazu, dass öffentliche Orte aufgesucht werden. Der Wunsch nach nichtkommerzialisierten Räumen, in denen man andere Menschen treffen kann, nimmt zu.[6] Auch Hochschulbibliotheken verzeichnen einen immensen Anstieg von Studierenden, die nach Lern- und Arbeitsplätzen suchen.

Auf die Frage, wie diese räumliche Infrastruktur zu gestalten ist, gibt es keine pauschale Antwort. Es erscheint sinnvoll, dass jeweils spezifische, an die Anforderungen angepasste Raumoptionen konzipiert werden. Konzepte, wie sie im Saltire Centre der Glasgow Caledonian University oder im LearnerLab der Hochschule der Medien Stuttgart entwickelt wurden, können als Referenzprojekte dienen. Doch wird jede Institution bei der Gestaltung ihrer eigenen Informations-, Wissens- und Bildungsräume eine spezifische Raumplanung entwickeln müssen. Doch jenseits der konkreten Gestaltung von realen Raumoptionen wird es in Zukunft um eine erweiterte Raumperspektive gehen: die Verknüpfung von realem

5 Vgl. http://www.die-lernzentren.de/lernzentren/wissensturm

6 Dies ist auch Ergebnis von Fokusgruppeninterviews mit Jugendlichen sowie Nutzer/innen und Nichtnutzer/innen von Bibliotheken und Volkshochschulen im Rahmen des Forschungsprojekts „Treffpunkt Bildung – Bibliotheken und Volkshochschulen gemeinsam", das vom Forschungsschwerpunkt „Lernwelten" der Hochschule der Medien Stuttgart bearbeitet wurde. Die Ergebnisse sind bislang nicht veröffentlicht.

Raum und virtuellem Raum. Auch hier gibt es bislang kaum überzeugende Konzepte für ein nutzerorientiertes Interfacedesign, das die Übergänge so einfach wie möglich gestaltet. Betrachtet man die beiden Raumstrukturen, wird deutlich, dass eine zukunftsorientierte Gestaltung von Informations-, Wissens- und Bildungsräumen noch in den Kinderschuhen steckt – und dies gilt ebenso für den realen wie auch für den virtuellen Raum.

Literatur

Beck, U. (1986): Die Risikogesellschaft. Auf dem Weg in eine andere Moderne. Frankfurt am Main: Suhrkamp.

Bell, D. (1975): Die nachindustrielle Gesellschaft. Frankfurt am Main/New York: Campus.

Buiskool, B. et al. (2005): Developing local learning centres and learning partnerships as a part of the Member States targets for reaching the Lisbon goals in the field of education and training. A study of the current situation. Leiden. http://ec.europa.eu/education/policies/2010/studies/locallearning.pdf.

Castells, M. (2001–2003): Das Informationszeitalter. 3 Bde. Opladen: Leske + Budrich.

Diwischek, A. (2008): „LeWis. Das Lernzentrum im Wissensturm Linz". In: Bibliotheksperspektiven. Heft 1, 14–15.

Dohmen, G. (2001): Das informelle Lernen. Bonn; Berlin: Bundesministerium für Bildung und Forschung.

Drucker, P. (1969): The Age of Discontinuity. Guidelines to Our Changing Society. New York: Harper & Row.

Eckart et al. (2012): „Bauprozesse aus Weiterbildungsperspektive". In: DIE Zeitschrift für Erwachsenenbildung. 19:3, 46–49.

Feldsien-Sudhaus, I. (Hrsg.) (2008): Building on Experience. Learning from the Past to Plan for the Future. Documentation of new library buildings in Europe. Göttingen: Universitätsverlag.

Gross, P. (1994): Die Multioptionsgesellschaft. Frankfurt am Main: Suhrkamp.

Hauke, P.; Werner, K. (Hrsg.) (2011): Bibliotheken heute! Best Practice bei Planung, Bau und Ausstattung. Bad Honnef: BOCK + HERCHEN.

Hugger, K.; Walber, M. (Hrsg.) (2010): Digitale Lernwelten. Konzepte, Beispiele und Perspektiven. Wiesbaden: VS Verlag für Sozialwissenschaften.

Huster, E. et al. (Hrsg.) (2008): Handbuch Armut und soziale Ausgrenzung. Wiesbaden: VS Verlag für Sozialwissenschaften.

Initiative D21/TNS Infratest (Hrsg.) (2013): D21-Digital-Index. Auf dem Weg in ein Digitales Deutschland?! München: TNS Infratest. http://www.initiatived21.de/wp-content/uploads/2013/04/digitalindex.pdf.

JISC (2006): Designing Spaces for Effective Learning. A guide to 21st century learning space design. Bristol: JISC.

Kommission der Europäischen Gemeinschaften (2000): Memorandum über Lebenslanges Lernen. Brüssel. http://www.die-frankfurt.de/esprid/dokumente/doc-2000/EU00_01.pdf.

Lippingcott, J. (2006): „Linking the Information Commons to Learning". In: D. Oblinger (Hrsg.): Learning Spaces. http://net.educause.edu/ir/library/pdf/PUB7102g.pdf.
Löw, M. (2012): Raumsoziologie. 7. Aufl. Frankfurt am Main: Suhrkamp.
Ludwig, J. (2011): Forschungsbasierte Lehre als Lehre im Format der Forschung. Potsdam: Universitätsverlag. http://www.sq-brandenburg.de/files/bbhd03.pdf.
Jackson, T. (2011): Wohlstand ohne Wachstum. Leben und Wirtschaften in einer endlichen Welt. München: Oekom.
Montag Stiftung (Hrsg.) (2012): Schulen planen und bauen. Grundlagen und Prozesse. Berlin: Jovis Verlag.
Pechl, M.; Fundneider, T. (2012): „Räume bilden Wissen. Kognitive und epistemologische Grundlagen der Ermöglichung von Wissensgenerierung in Enabling Spaces". In: H. Schröteler-von Brandt et al. (Hrsg.): Raum für Bildung. Ästhetik und Architektur von Lern- und Lebensorten. Bielefeld: transcript, 73–80.
Schirrmacher, F. (2004): Das Methusalem-Komplott. München: Blessing.
Schüller-Zwierlein, A.; Stang, R. (2011): „Bibliotheken als Supportstrukturen für Lebenslanges Lernen". In: R. Tippelt; A. von Hippel, (Hrsg.): Handbuch Erwachsenenbildung/Weiterbildung. 5. Aufl. Wiesbaden: VS Verlag für Sozialwissenschaften, 515–526.
Schulze, G. (1993): Die Erlebnis-Gesellschaft. Kultursoziologie der Gegenwart. Frankfurt am Main/New York: Campus.
Sinus (2011): Informationen zu den Sinus-Milieus 2011. http://www.sinus-institut.de/uploads/tx_mpdownloadcenter/Informationen_Sinus-Milieus_042011.pdf.
Stang, R. (2010): „Lernzentren als Experimentierfeld. Kooperationsstrukturen für neue Lernarchitekturen." In: DIE Zeitschrift für Erwachsenenbildung, 17:1, 37–40.
Stang, R. (2012): „Lernarrangements in Bibliotheken. Support für informelles Lernen". In: W. Sühl-Strohmenger (Hrsg.): Handbuch Informationskompetenz. Berlin; Boston: De Gruyter, 467–473.
Stang, R. / Irschlinger, A. (2005): Bibliotheken und Lebenslanges Lernen. Kooperationen, Netzwerke und neue Institutionalformen zur Unterstützung Lebenslangen Lernens. Expertise zum aktuellen Stand. Bonn: Deutsches Institut für Erwachsenenbildung. http://www.die-bonn.de/esprid/dokumente/doc-2005/stang05_02.pdf.
Stang, R.; Hesse, C (Hrsg.) (2006): Learning Centres. Neue Organisationskonzepte zum lebenslangen Lernen in Europa. Bielefeld: W. Bertelsmann.
Stang, R.; Puhl, A. (Hrsg.) (2001): Bibliotheken und lebenslanges Lernen. Lernarrangements in Bildungs- und Kultureinrichtungen. Bielefeld: W. Bertelsmann.
Sträter, E. (2013): „Ein Jahrhundertbau. Die neue Nürnberger Zentralbibliothek". In: Bibliotheksforum Bayern. 7:2, 124–129.
Umlauf, K. (2005): Neue Formen des Lernens und die Öffentliche Bibliothek. Lernorte der Zukunft. Berlin: Institut für Bibliothekswissenschaft der Humboldt-Universität zu Berlin. http://www.ib.hu-berlin.de/~kumlau/handreichungen/h167/h167.pdf.
Van Dijk, J. (2013): „Digitale Spaltung und digitale Kompetenzen". In: A. Schüller-Zwierlein; N. Zillien (Hrsg.): Informationsgerechtigkeit. Theorie und Praxis der gesellschaftlichen Informationsversorgung. Berlin; Boston: De Gruyter, 108–133.

II. Wissensarchitekturen

Henrik Jochumsen, Dorte Skot-Hansen,
Casper Hvenegaard-Rasmussen

Erlebnis, Empowerment, Beteiligung und Innovation: Die neue Öffentliche Bibliothek

Einleitung

Entgegen allen Prophezeiungen ihres Untergangs ist die Öffentliche Bibliothek alles andere als tot. Stattdessen konnten wir während der letzten Dekade eine Transformation von einer mehr oder weniger passiven Sammlung von Büchern und anderen Medien zu einem aktiven Erlebnis- und Inspirationsraum beobachten. Die Schlagworte einer Veränderung von ‚collection to connection' oder sogar ‚collection to creation' treffen eher zu als die vorhergesagte Transformation von ‚bricks to clicks'. Diese Entwicklung lädt zu einer Debatte ein: über die aktuelle Zweckbestimmung der Öffentlichen Bibliothek, wie man sie weiter entwickeln und wie sie lokale und nationale Leitlinien erfüllen kann. In diesem Kapitel wollen wir zu dieser Debatte beitragen, indem wir ein ‚Vier-Räume-Modell' vorstellen, das vier übergeordnete Ziele für die Öffentliche Bibliothek formuliert und gleichzeitig vier Räume skizziert, die helfen, diese Ziele zu erfüllen. Es wird sich herausstellen, dass das Modell nicht nur einen Beitrag zur laufenden Diskussion über die Zukunft der Öffentlichen Bibliothek leistet. Es kann ebenso als praktisches und hilfreiches Werkzeug zur Entwicklung, zum Bau, zur Gestaltung, zur Organisation und Reorganisation Öffentlicher Bibliotheken und darüber hinaus für das Management und die Kommunikation in Bezug auf die Bibliotheksentwicklungsplanung und ihre Zielvorgaben dienen. Daher wurde das Modell auch seit seiner Einführung im dänischen Bibliothekswesen 2010 in verschiedener Weise für die Entwicklung von Bibliotheken genutzt, von umfangreichen Programmen bis zu kleineren Veränderungen in der Organisation einer Bibliothekszweigstelle.

Die Vorstellung des Vier-Räume-Modells wird in drei Teilen erfolgen. Zunächst möchten wir uns auf einige Vorüberlegungen hinsichtlich der heutigen Haltung sowohl zur digitalen als auch zur physischen Bibliothek konzentrieren. Anschließend werden wir das Modell mit seinen vier grundlegenden Zielen und den vier Räumen erläutern und zur Illustration der verschiedenen Räume einige Beispiele aus Bibliotheken vorstellen. Schließlich werden wir auch Beispiele dafür präsentieren, wie das Modell heute im Bibliothekswesen der Nordischen Länder verwendet wird. Der Beitrag ist die überarbeitete Fassung eines Artikels, der in New Public Library 113, 2012 erschienen ist.

Die physische und die digitale Bibliothek

Die beschleunigte Entwicklung und Verbreitung des Internets seit Mitte der 1990er Jahre hat in den darauffolgenden Jahren Unsicherheiten hinsichtlich der Zukunft der physischen Bibliothek erzeugt. Würde die neue Möglichkeit eines Internetzugangs dazu führen, dass Nutzer/innen die Bibliothek nur noch aus der Entfernung nutzten und die physische Bibliothek nicht mehr besuchten? Und würden Bibliothekar/innen durch ‚Cybrarians' – Internet-Bibliothekar/innen – ersetzt, wie es in dem deutschen Vortrag *Vom Bibliothekar zum Cybrarian – die Zukunft des Berufs in der virtuellen Bibliothek* (Lux 1995) auf der 61. IFLA-Konferenz vorhergesagt wurde? Mit anderen Worten: Würde sich die physische Bibliothek wie wir sie seit Jahrhunderten kannten im Cyberspace auflösen? Wie wir wissen, ist dies nicht geschehen. Tatsächlich sind heute die Möglichkeiten der physischen Bibliothek durch viele internetbasierte Angebote erweitert worden, während die Informationsressourcen, die Menschen aus der Bequemlichkeit ihres Zuhauses heraus – oder von wo auch immer sie wollen – nutzen können, immer umfangreicher werden. Aber zu genau der gleichen Zeit werden wir Zeugen einer Renaissance der physischen Bibliothek (Hvenegaard-Rasmussen/Jochumsen 2009).

Sowohl große als auch kleinere Städte haben in den letzten Jahren neue und oft schlagzeilenträchtige Bibliotheken gebaut. Die ikonische Öffentliche Bibliothek von Seattle, die ästhetische Hauptbibliothek von Amsterdam und die vom Kolosseum inspirierte Öffentliche Bibliothek von Salt Lake City sind nur einige Beispiele. Und während der nächsten Jahre werden die neue Hauptbibliothek von Birmingham – die größte Öffentliche Bibliothek im Vereinigten Königreich – und der *Multimedia Space* in Arhus – der zweitgrößten Stadt Dänemarks – neue internationale Standards für Bibliotheksgebäude setzen. Gleichzeitig gibt es keine Hinweise darauf, dass Menschen aufgehört haben, die physische Bibliothek zu nutzen – sie nutzen sie lediglich auf neue Weise. Die physische Bibliothek und die Entwicklung neuer Medienformen und -technik sind keine kollidierenden Gegensätze. Tatsächlich verändert sich im Laufe der Jahre die Rolle der physischen Bibliothek. Wie Untersuchungen des dänischen Kommunalverbandes zeigen, verlassen die meisten Nutzer heutzutage die Bibliothek, ohne etwas ausgeliehen zu haben (Kommunernes Landsforening 2004).

Folglich ist die physische Bibliothek keinesfalls tot. Tatsächlich legen die jüngsten Entwicklungen nahe, dass die physische Bibliothek lebendiger ist denn je. Der britische Bibliotheksbau-Experte Brian Edwards drückt es so aus: „IT does not destroy the library but liberates it into providing new kinds of public services, attracting a potential new audience" (Edwards 2009, xiii). Mit anderen Worten: Wir beobachten eine Verwandlung von einer mehr oder weniger passiven Sammlung von Büchern und anderen Medien hin zu einem aktiven Erlebnis- und

Inspirationsraum und zu einem lokalen Treffpunkt. Aber wie die ebenfalls britische Bibliothekswissenschaftlerin Anne Goulding betont, rufen die technische Entwicklung und ihre Auswirkung auf die Öffentliche Bibliothek eine Diskussion über den Raum der Öffentlichen Bibliothek hervor, die sich auf die Fragen konzentriert, wofür dieser genutzt und wie er weiterentwickelt werden soll und wie er eine Reihe von Zielvorgaben lokaler und nationaler Regierungen erfüllen kann (Goulding 2009, 1). Letztere Feststellung trifft sowohl auf die physische als auch auf die digitale Bibliothek zu.

Das Vier-Räume-Modell

Während der vergangenen 10 bis 15 Jahre hat sich das gesellschaftliche Umfeld der Öffentlichen Bibliotheken – und damit auch die gesellschaftliche Legitimation der Bibliotheken – auf entscheidende Weise verändert. Tendenzen zur Globalisierung, De-Traditionalisierung, kulturellen Freizügigkeit und eine Entwicklung hin zu einer zunehmend multikulturellen Gesellschaft sind inzwischen deutlich. Führende Soziologen wie Zygmundt Baumann (1998) und Anthony Giddens (1991) haben Konzepte wie die ‚postmoderne' oder ‚spätmoderne' Gesellschaft veröffentlicht, die nahelegen, dass wir einen radikalen Wandel durchleben oder dass sich wenigstens bestimmte Tendenzen wie das Verschwinden von Traditionen, der Bedarf an individueller und institutioneller Reflektion oder der Mangel an gesellschaftlicher Kohäsion radikalisiert haben (Hvenegaard-Rasmussen/Jochumsen 2007). Das bedeutet, dass wir mehr denn je wissen müssen, wer wir sind, dass wir uns in Bezug auf andere Menschen und die Gesellschaft als Ganzes öffnen müssen, dass wir an unsere eigene Stärke und unseren eigenen Wert glauben müssen und dass wir in der Lage sein müssen, Veränderungen anzunehmen – und auch selber einzuleiten. Dies trifft nicht nur für Bibliotheksnutzer/innen oder Bürger/innen allgemein zu, sondern auch für die Bibliothek als Institution und hier liegt die Substanz hinter einer Phrase wie ‚from collection to connection'. Im Lichte dieser Entwicklung betrachtet wird ein neues Modell der Bibliothek gebraucht, das die Herausforderungen der gesellschaftlichen Entwicklung mit der Bibliothek in Beziehung bringt und das gleichzeitig die Potentiale der zukünftigen Bibliothek herausarbeitet.

Auf der Basis dieser Entwicklung schlagen wir das untenstehende Modell sowohl als Rahmen einer Diskussion über die Werte der Öffentlichen Bibliothek zu Beginn des neuen Jahrtausends als auch als ein konkreteres Werkzeug zur Gestaltung, Entwicklung und (Re)organisation der Bibliothek vor.

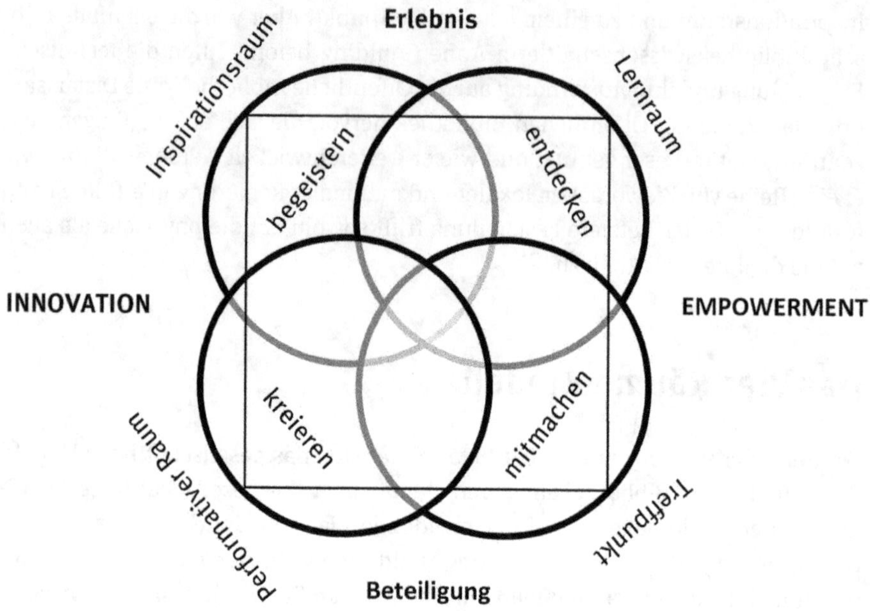

Abb. 1: Die Vier Räume der Öffentlichen Bibliothek.

Dem Modell nach ist es die Hauptaufgabe der Bibliothek, die folgenden Ziele zu verfolgen:

- Erlebnis
- Beteiligung
- Empowerment
- Innovation

Während sich die ersten beiden Ziele besonders auf die Wahrnehmung, Erlebnisse und Beteiligung des Individuums auf seiner Suche nach Bedeutung und Identität in einer komplexen Gesellschaft beziehen, unterstützen die anderen beiden gesellschaftliche Bestrebungen: Empowerment betrifft die Entwicklung von starken und unabhängigen Bürgern/innen, die ihre Alltagsprobleme selbständig lösen können, Innovation hängt mit dem Finden neuer Antworten auf praktische Probleme oder der Entwicklung komplett neuer Konzepte, Methoden oder künstlerischer Ausdrucksformen zusammen. Beides ist für das Überleben von Staaten im globalen Wettbewerb entscheidend. Angesichts dessen ist es insbesondere interessant zu betrachten, wie Bibliotheken Kreativität und Innovation als Wettbewerbskräfte anregen und verstärken können.

Aber Kreativität und Innovation sind auch aus weniger prosaischen Gründen wichtig. In Zukunft brauchen wir nicht nur etwas, wovon wir leben, sondern auch etwas, wofür wir leben. Hierzu können Bibliotheken beitragen, indem sie Räume zum Lernen, für Erlebnisse, zum Abhalten von Treffen und als Möglichkeit des kreativen Ausdrucks anbieten. Diese Dinge sind nicht als isolierte, individuelle, sondern nur als überlappende Funktionen vorstellbar, die sowohl im digitalen als auch im physischen Raum der Bibliothek interagieren. Das Modell weist auf die Möglichkeiten des Erlebnisses, der Entdeckung, der Partizipation und der Kreativität hin, die die neue Bibliothek ihren Nutzern/innen bieten muss. Auf diese Weise dient das Vier-Räume-Modell nicht nur der Analyse, sondern enthält eine Vision für die Bibliothek, die aus vier verschiedenen überlappenden Räumen besteht.

- Inspirationsraum
- Lernraum
- Treffpunkt
- Performativer Raum

Die vier Räume sind nicht als konkreter ‚Raum' im physischen Sinne zu verstehen, sondern eher als Möglichkeiten, die sich sowohl in der physischen Bibliothek als auch im Cyberspace manifestieren können. In einer idealen Bibliothek unterstützen diese vier Räume einander und dadurch gleichzeitig die Ziele der Bibliothek. Die Hauptaufgabe ist es, alle vier Räume in Interaktion zu bringen, indem man sie in die Architektur, die Gestaltung, die Dienstleistungen und Angebote sowie die Partnerschaften der Bibliothek integriert. Im Folgenden werfen wir einen näheren Blick auf die vier Räume.

Inspirationsraum

Dies ist der Raum für bedeutungsvolle Erfahrungen, also solche, die unsere Sichtweisen verändern. Dies kann durch *Storytelling* und andere künstlerischen Ausdrucksformen in allen medialen und kulturellen Formen und Gattungen geschehen. Der Inspirationsraum sollte das Bedürfnis erzeugen, die vertrauten Wege zu verlassen. Dafür muss sich der Raum für das Irrationale, Emotionale und Chaotische öffnen, indem er eine Vielfalt ästhetischer Erfahrungen zulässt. Es muss an dieser Stelle nicht weiter erwähnt werden, dass die Öffentliche Bibliothek schon immer ein Inspirationsraum war, egal, ob dieser mit Bildung, Aufklärung und sozialer Mobilität oder mit Freizeitaktivitäten, Unterhaltungsbedürfnissen und anderen Interessen der Nutzer/innen verbunden war. Aber die Konjunktur des Konzepts der Erlebnisgesellschaft während der letzten zwei Dekaden hat eine Neuinterpretation der Bibliothek als Inspirationsraum offensichtlich notwendig gemacht.

Der Begriff der Erlebnisgesellschaft bezieht sich auf den deutschen Soziologen Gerhard Schulze (1992) und seine These, dass die Dimension des Erlebnisses immer mehr Raum in unserem Alltagsleben einnimmt. Danach sind Erlebnisse und die Suche nach ihnen eine sehr wichtige Komponente im Lebensentwurf, der Identität und nicht zuletzt im Kulturkonsum vieler Menschen geworden. Dies kann mit dem Konzept der Erlebnisökonomie in Verbindung gebracht werden, wonach jedes Unternehmen, das sich in einem Marktumfeld behaupten will, in dem ein harter Wettbewerb um die Aufmerksamkeit der Kunden/innen herrscht und die Möglichkeiten der Konsumenten/innen endlos sind, nicht mehr allein durch das Angebot von Waren und Dienstleistungen überleben kann. Stattdessen muss jede/r einzelne Wettbewerber/in aktiv an neuen Erlebnissen arbeiten und jedes Produkt muss eine Geschichte erzählen können, die deutliche, emotional gefärbte Spuren hinterlässt (Pine/Gilmore 1999). dies gilt auch für die Öffentliche Bibliothek in einer Situation des intensivierten Wettbewerbs. Die Konkurrenz zwischen den Angeboten der Bibliothek und dem neuen Typus von Buchhandlungen mit einem einladenden Café, gemütlichen Sesseln und der Gelegenheit zur Lektüre aktueller Neuerscheinungen und Periodika vor Ort ist größer geworden. Warum sollte man nicht die Buchhandlung aufsuchen, wenn sie insgesamt ein ‚cooleres' Erlebnis verspricht (Hvenegaard-Rasmussen et al. 2008)?

Aus diesem Grund sind ‚Erlebnis', ‚*Storytelling*' und ‚öffentlicher Ausdruck' zu Markenzeichen kultureller Institutionen geworden und damit auch in den Alltag Öffentlicher Bibliotheken vorgedrungen. Sichtbar wird dies zum Beispiel an der Zentralbibliothek im schwedischen Malmö, die ihr Image gerade von einer eher traditionellen Bibliothek zur „Darling Library in the World – your life, your dreams, your library" gewandelt hat. Die *Darling Library in the World* ist eine Strategie, mit der die Bibliothek versucht, durch die Entwicklung neuer Formen der Öffentlichkeit, eine beachtliche Menge an Programmarbeit und Aktivitäten, neue Partnerschaften und eine neue, offene und flexible Gestaltung der Bibliotheksräume die Zahl ihrer Nutzer/innen und Besucher/innen zu erhöhen. Ein anderes Beispiel für eine Bibliothek, die das Konzept der Erlebnisgesellschaft aufgenommen hat, ist die Zentralbibliothek von Cerritos nahe Los Angeles, die sich selbst als ‚Erlebnisbibliothek' darstellt und Themenräume sowie Bühnengestaltungen in den Mittelpunkt stellt. Oder die beinahe weltberühmte Bibliothek im dänischen Hjørring, die für ihre verschiedenen Szenarios in lebendigen Farben bekannt ist, die Verspieltheit, Überraschung und Zufälligkeit fördern sollen und alle durch ein langes rotes Band, das sich durch die gesamte Bibliothek zieht, miteinander verbunden sind. In Bezug auf die vier Hauptziele des Vier-Räume-Modells steht der Inspirationsraum insbesondere für Innovation und Erlebnis.

Lernraum

Der Lernraum steht insbesondere für Erlebnis und *Empowerment*. In diesem Raum können Kinder, Jugendliche und Erwachsene die Welt erkunden und entdecken und dabei durch freien und ungehinderten Zugang zu Information und Wissen ihre Kompetenzen und Möglichkeiten erweitern. Lernen ist in der Bibliothek ein konstantes Angebot. Es geschieht durch Spiel, künstlerische Aktivitäten, Kurse und viele andere Aktivitäten. Die Stärke der Bibliothek ist, dass Lernen als ein dialogorientierter Prozess gesehen wird, der vom persönlichen Erfahrungshintergrund der Nutzer/innen und ihren Wünschen, die eigenen Lernbedürfnisse zu definieren, ausgeht; Lernen findet in der Bibliothek nicht immer in einer informellen Umgebung statt. Aber die heutige Bibliothek muss sich der Herausforderung stellen, die sich insbesondere durch die Bedürfnisse junger Menschen nach einem erlebnisorientierteren Lernen durch spielerische, interaktive und soziale Lernformen ergeben. Neben dem Zugang zu Information und Wissen in analoger und digitaler Form wird Lernen zum Beispiel durch Hausarbeits-Cafés, Arbeitsplätze für das Selbststudium und offene Kurse unterstützt.

Während der letzten Dekade hat sich die Aufmerksamkeit für die Bibliothek als Lernraum erhöht. Dies spiegelt sich in nationalen Strategiepapieren wie dem norwegische Weißbuch zu Bibliotheken (Norwegisches Kultusministerium 2009) und dem Dänischen Bericht zu Bibliotheken in der Wissensgesellschaft (Dänische Agentur für Bibliotheken und Medien 2010) wider. Letzterer geht von der Frage aus, wie Bibliotheken die dänische Globalisierungsstrategie unterstützen können, die Wohlfahrt und Fortschritt durch Innovation und gesellschaftliche Kohäsion sicherstellen will. Mit anderen Worten: Wie kann die Bibliothek eine Bevölkerung unterstützen, die sich in einer globalisierten, postindustriellen Gesellschaft durch Wandel von Information in Wissen und von Wissen in Kreativität – und nicht zuletzt in Innovation – behaupten muss?

Ein gutes Beispiel für Bibliotheken, in denen Lernen eine entscheidende Rolle spielt, sind die *Idea-Stores* in Tower-Hamlets im östlichen Teil London (siehe dazu den Beitrag von Sergio Dogliani in diesem Band, S. 124–137). Tower Hamlets ist einer der diversifiziertesten Bezirke Londons mit einer großen Gruppe von Einwohnern, die aus Bangladesch stammen. Es ist zudem einer der unterprivilegisiertesten Bezirke Londons mit einer hohen Arbeitslosigkeit, Überbevölkerung und einer Bildungsrate, die signifikant unter dem nationalen Durchschnitt liegt. Das Gesamtkonzept der *Idea-Stores* war es, die Bibliothek sowohl neu zu denken als auch neu zu vermarkten, um ihr eine neue, aktivere Rolle bei der Lösung der großen sozialen und ökonomischen Herausforderungen des Bezirks zuzuweisen. Dazu wurden die *Idea-Stores* so gestaltet, dass sie das Beste aus dem Bibliothekswesen und dem Bildungsbereich vereinen und auf neue, aufregende

Weise anbieten können. Zusätzlich zu traditionellen Bibliotheksdienstleistungen, haben die *Idea-Stores* ebenso ein vielfältiges Angebot der Erwachsenenbildung wie Berufsberatung und Lernlabore.

Ein Weg, um dem Bedürfnis junger Menschen nach einem eher erlebnisorientierten Lernen durch spielerische, interaktive und soziale Lernformen entgegenzukommen, könnte ein Projekt wie *Die Kinderbibliothek als Experimentarium* der Region Nordjütland in Dänemark aus dem Jahr 2005 sein. Ziel war es, eine anregend gestaltete Bibliothek zu schaffen, die Kindern neue Erlebnisse ermöglicht. Dahinter stand die Idee, einerseits den Kindern einen haptischeren und körperlicheren Zugang zu Bibliotheksangeboten zu verschaffen und andererseits die Materialien der Bibliothek, insbesondere Bücher, aktiver zu vermitteln. Genauso ist auch die Kinderbibliothek in der Erlebnisbibliothek von Cerritos konzipiert, nämlich als ein Experimentarium, das Lernen und Spielen vereint. Ein ganz neues Beispiel ist der Bereich für Kinder im Alter von 9-12 Jahren in der Zentralbibliothek von Malmö, der *Balangam* (ein hebräisches Wort für Chaos) genannt wird. Hierbei handelt es sich um ein neues Konzept für ein ‚Geschichtenexploratorium', das die Grenzen des physischen Raums aufhebt. Durch verschiedene Workshops, zum Beispiel Film, Schreiben und Internetvermittlung, sollen innovative, experimentelle und spielerische Angebote für Tweens entstehen.

Treffpunkt

Der Treffpunkt ist ein offener, öffentlicher Raum und ein Ort zwischen Arbeit und Zuhause, wo Bürger/innen andere Menschen treffen können, die wie sie selbst oder auch ganz verschieden sind. In einer partikularisierten Gesellschaft brauchen Individuen Plattformen, auf denen sie Menschen begegnen, die unterschiedliche Interessen und Werte haben und wo sie sich mit Meinungen auseinandersetzen müssen, die sie durch Diskussion und Debatte herausfordern. Der Treffpunkt bietet den Rahmen für unverbindliche, zufällige Begegnungen, sowohl in kleinen, intimen Räumen als auch in Loungebereichen mit Zeitungen und Cafés; aber auch für organisierte Treffen, auf denen Themen und Probleme analysiert und diskutiert werden können. Treffen können sowohl vor Ort als auch im Internet über Chats, Blogs oder andere soziale Netzwerke stattfinden. Der Treffpunkt bezieht sich insbesondere auf Empowerment und Beteiligung.

Immer wenn die Bibliothek als Treffpunkt diskutiert wird, hört man auch vom Konzept des ‚Dritten Raums'. Ein Dritter Raum kann als Ort definiert werden, an dem Menschen sich generationenübergreifend und unabhängig von Herkunft oder Kultur begegnen können. Das Konzept lässt sich auf den amerikanischen

Soziologen Ray Oldenburg und sein Buch *The Great Good Place* (1999) zurückführen, in dem er die unterschiedlichen öffentlichen Orte betrachtet, an denen Menschen zusammenkommen und die familiären und geschäftlichen Sorgen ausblenden können. Oldenburg sieht diese Orte als soziales Herz einer Gemeinschaft und Basis der Demokratie. Auf ähnliche Weise argumentiert der norwegischen Bibliothekswissenschaftler Ragnar Audunson, wenn er den Bedarf nach Treffpunkten niedriger Intensität, Foren, in denen wir Menschen mit anderen als unseren eigenen Interessen treffen, feststellt (Audunson 2005). Diese Orte können als Alternative zu Treffpunkten hoher Intensität, die eher Grenzen und Unterschiede konstituieren, gesehen werden:

> A viable local community needs arenas that can provide a minimum community in values, meeting places where people can meet, communicate and be active together across generations and social and ethnic belongings as well as arenas for debate and discussion on social and political issues (Audunson 2005, 435-436).

Ein gutes Beispiel für eine Bibliothek, die solche Treffpunkte anbietet, ist die Zentralbibliothek in Seattle. Diese Bibliothek dient sowohl für Besucher/innen als auch für die Einwohner/innen als riesiges Wohnzimmer mitten in der Stadt, wo man sich treffen, miteinander in Kontakt kommen oder auch nur entspannen kann. Ein weiteres gutes Beispiel für eine Bibliothek als urbaner Treffpunkt ist die neue Zentralbibliothek von Amsterdam, die *Openbaare Bibliotheek*, deren Loungekonzept mehr als 1.500 über das gesamte Gebäude verteilte Sitzmöglichkeiten, ein Café und ein trendiges Restaurant im Obergeschoss umfasst. Raum für Debatten und Diskussionen findet sich in der gerade eben umgebauten Zentralbibliothek von Kopenhagen, an der nicht eine Woche ohne eine Diskussionsveranstaltung zu Themen von öffentlichem Interesse vergeht.

Performativer Raum

Während die drei oben beschriebenen Räume im Kontext Öffentlicher Bibliotheken wohlvertraut sind, kann der performative Raum als etwas Neues gesehen werden. Dieser Raum steht insbesondere mit Beteiligung und Innovation im Zusammenhang. Im performativen Raum können Nutzer/innen in der Interaktion mit anderen und durch die Begegnung mit Kunst und Kultur zu neuen künstlerischen Ausdrucksformen inspiriert werden. Hier haben sie Zugang zu Werkzeugen, die ihre kreativen Aktivitäten durch interaktive Computerspiele, Schreiben, Audio- und Videoproduktion fördern und sie können durch Workshops – zum Beispiel mit professionellen Künstlern/innen, Designern/innen und Multimedia-

Entwicklern/innen – Unterstützung für diese kreativen Aktivitäten erhalten. Schließlich kann der performative Raum den Nutzern/innen als eine Plattform zur Vermittlung ihrer Arbeiten und Produkte durch Verbreitung und Veröffentlichung und durch das Angebot einer Bühne für ihre Aktivitäten dienen.

In ihrem neuen Leitbild *Confronting the Future* (Levien 2011) spricht die *American Library Association* von verschiedenen Dimensionen, die sich jeweils zwischen zwei Polen ansiedeln lassen. Jede Bibliothek muss sich ihren Platz zwischen diesen Polen suchen, um eine Vorstellung davon zu entwickeln, wie sie am besten ihren Nutzern/innen und ihrer Kommune dienen kann. Eine der Dimensionen – ‚collection' und ‚creation' – steht zwischen zwei Polen, von denen der letztere ziemlich genau unserem Konzept vom performativen Raum entspricht. Danach beschreibt ‚creation' eine Bibliothek, die ihre Rolle in Richtung eines Ortes erweitert hat, an dem Medien für Information, Wissen, künstlerischen Ausdruck und Unterhaltung produziert werden. In einer solchen Bibliothek finden sich Ausstattungen und Räume, die Autoren/innen, Redakteuren/innen, Künstlern/innen, und anderen Kreativen helfen, alleine oder in Gruppen neue Arbeiten sowohl zum persönlichen Gebrauch als auch zur Weiterverbreitung in alten und neuen Medienformaten zu produzieren (Levien 2011, 5).

Die Berücksichtigung individueller Fähigkeiten der Nutzer/innen ist besonders wichtig, wenn die Generation der sogenannten ‚Digital Natives' angesprochen wird. Das Konzept der ‚Digital Natives' beschreibt die Generationen, die nach den späten 1960er Jahren geboren wurden, also nach der allgemeinen Einführung digitaler Technik (Palfrey/Gasser 2008). Angehörige dieser Generationen sind es gewohnt, kulturelle Ausdrucksformen nicht nur zu konsumieren, sondern auch zu produzieren. Daher stellen sie an kulturelle Institutionen Anforderungen hinsichtlich der Möglichkeiten der Nutzerbeteiligung und der nutzergesteuerten Veränderung. Wenn die Bibliothek für diese Generationen weiterhin relevant bleiben will, muss sie performative Räume anbieten, in denen Kreativität und kreative Beteiligung ermöglicht werden.

Ein klassischer Weg, performative Räume zu schaffen, ist das Angebot von Orten für Veranstaltungen in der Bibliothek oder auch von verschiedenen Ausstellungsflächen. Aber erst wenn Schlüsselworte wie Machen, Herstellen, Publizieren, Arbeiten und Erleben ins Zentrum der Arbeit rücken, schafft es die Bibliothek wirklich, ihrer Kernidentität etwas hinzuzufügen. Diese Schlüsselworte könnten die Überschrift der neuen Bibliotheken *Treffpunkt* und *Library 10* im finnischen Helsinki sein. Beide Bibliotheken wenden sich an junge, kreative Selbständige. In der *Library 10* können die Nutzer/innen Musik machen und Aufnahmen sowie Videos einspielen und bearbeiten. Zudem befindet sich dort eine Aufführungsmöglichkeit und die Bibliothek hilft bei der Veröffentlichung der Produkte. In Zusammenarbeit mit den Nutzern/innen passt die Bibliothek ihre Aktivitäten und Angebote dauernd an und bleibt damit in einer sich ständig verändernden Medienwelt immer auf dem Laufenden. In Kopenhagen wurde in mehreren Bibliotheken eine *Demothek* eingerichtet. Die *Demothek* wird als ‚Underground Library' vermarktet und wie die *Library 10* ist sie ein Ort, an dem kreative Jugendliche mit Hilfe der Bibliotheken künstlerische Werke produzieren und verbreiten können. Zusammen mit den Jugendlichen organisieren die Bibliotheken Konzerte, Veranstaltungen, Ausstellungen und Workshops und fördern dadurch nicht nur deren Kreativität, sondern positionieren sich selbst als attraktive Partner für eine Zielgruppen, die traditionell schwer zu erreichen ist. Als letztes Beispiel für die Bibliothek als performativer Ort sei noch erwähnt, dass ‚hackerspaces', ‚makerspaces' und ‚Fab-labs' ihren Weg in die Öffentlichen Bibliotheken finden und diese inspirieren. In Dänemark gibt es viele Beispiele für Bibliotheken, die innovative Umgebungen anbieten und für ihre Gemeinde Orte der Kreativität schaffen, an denen Technik auf einem Basislevel vermittelt wird.

Rezeption und Ausblick

In den drei Jahren seit seiner ersten Präsentation wurde das Vier-Räume-Modell auf vielfältige Weise in der Bibliothekswelt der Nordischen Länder rezipiert. Um die unterschiedlichen Verwendungen vorzustellen, möchten wir einige wenige aber anschauliche Beispiele geben. Wie bereits erwähnt war es unsere Hoffnung, dass das Modell sowohl als Ausgangspunkt für Reflektion als auch als Möglichkeit zur Prioritätensetzung und Zielfindung innerhalb der Bibliothek Verwendung finden kann. Genauer gesagt war es unsere Intention, dass das Modell im Rahmen einer Diskussion der übergreifenden Funktion und Legitimation der Bibliothek sowohl im Inneren in Bezug auf die Mitarbeiter/innen aber auch nach außen in Bezug auf Politiker/innen, Nutzer/innen und Partner/innen wirken kann. Ebenfalls wäre es gut, wenn Bibliotheken in der Lage wären, das Modell als ein Instrument der Planung und Gestaltung ihrer physischen Räume, ihrer Dienstleistungen sowie ihrer Kommunikation zu verwenden. Aber gibt es einen Konsens über die vier wesentlichen Ziele, was bedeuten diese überhaupt und sind sie ausreichend und eng gefasst genug, um die Bibliothek und ihre politische Legitimation im neuen Jahrtausend zu beschreiben? Und wären auch kleinere Bibliotheken in der Lage, alle genannten vier Räume auf sich selbst zu beziehen oder wäre dies in Hinsicht auf Größe und verfügbare Ressourcen zu ambitioniert und damit unrealistisch?

Der Blick auf die tatsächliche Verwendung des Vier-Räume-Modells zeigt ein vielfältiges Bild. An unterschiedlichen Orten wurde das Modell als ein sehr konkretes Instrument zur Neuorganisation oder Neugestaltung einer existierenden Bibliothek genutzt. Dies ist zum Beispiel in der Zentralbibliothek der norwegischen Stadt Trondheim geschehen. Gleichzeitig wurde das Modell aber auch in Verbindung mit der Realisierung neuer Bibliotheken wie zum Beispiel der neuen Zentralbibliothek in Oslo verwendet, die 2016 eröffnet werden wird. Auch spielt es eine wichtige Rolle in verschiedenen Entwicklungsplänen wie zum Beispiel dem Projekt *Out of the Box*, das durch die dänische Kulturagentur gefördert wird. Dieses Projekt setzt sich mit dem Bedarf an neuen Partnerschaften zwischen Bibliotheken, dem öffentlichen Sektor, dem Markt und der Zivilgesellschaft auseinander. Unter anderem ist in diesem Projekt eine Empfehlung für die Arbeit mit Partnerschaften entstanden, in der das Vier-Räume-Modell als Rahmen für die Auswahl und Priorisierung möglicher Partner/innen eingeführt wird. Ein umfassenderer Ansatz in der Verwendung des Modells findet sich in einem Projekt, dass von einer dänischen gemeinnützigen Gesellschaft (Realdania) aufgesetzt wurde, die zusammen mit der dänischen Kulturbehörde Projekte im gebauten Umfeld fördert. Hier wird das Modell als Ausgangspunkt für die Entwicklung eines sogenannten Modellprogramms der physischen Bibliothek genutzt. Ziel des Programms ist es, durch das Beispiel wegweisender Bibliotheken und durch Innovationen in Gestaltung und Funktion den Bau neuer Bibliotheken zu fördern.

In verschiedenen Bibliotheken wurde das Vier-Räume-Modell als Ausgangspunkt für die Inspiration und die Zielfindung in der Entwicklung neuer Bibliotheksentwicklungspläne und -richtlinien verwendet. Dies war im norwegischen Bezirk Buskerud und Arendal genauso wie in der dänischen Gemeinde Roskilde der Fall. Letztere ist ein gutes Beispiel für das Potential des Modells als Management- und Kommunikationswerkzeug. Als die Bibliotheken von Roskilde ein neues Bibliotheksleitbild entwickelten, wurde das Modell als umfassendes Rahmenwerk für diesen Prozess genutzt. Die vier Hauptziele – Erlebnis, Beteiligung, Empowerment und Innovation – wurden diskutiert und auf den lokalen Kontext bezogen. Anschließend wurden die vier Räume in Bezug zu den lokalen Gegebenheiten gesetzt und vier neue Bereiche wurden identifiziert: die musikalische Bibliothek (der Inspirationsraum), die Digitale Bibliothek (der Lernraum), die Bibliothek als Ort der Begegnung (Treffpunkt) und die dynamische Bibliothek (der performative Raum). Alle Mitarbeiter/innen wurden an einem Planungsprozess beteiligt, in dem die existierenden Angebote und Dienstleistungen der Bibliothek herausgearbeitet wurden. Hierbei konnte eine Stärken- und Schwächenanalyse der Bibliothek mit dem entstehenden Leitbild abgeglichen werden. Heute dient das Modell als Steuerungsinstrument für die Art und Weise, in der Bibliotheksmitarbeiter/innen, das Management, Politiker/innen und Partner/innen mit den Zielen der Bibliothek arbeiten und über sie sprechen. Als Kuriosität wäre noch zu erwähnen, dass die Bibliotheken in Roskilde auf dieser Grundlage ein Kartenspiel entwickelt haben, das unter anderem als Ausgangspunkt für Vorstellungsgespräche dienen soll.

Zu guter Letzt möchten wir ein Projekt mit dem Namen *From model to effect* vorstellen. In diesem Projekt entwickeln 15 Bibliotheken aus der Region Kopenhagen Konzepte, um Bibliotheken als Institutionen, die wesentlich zum Gelingen des Wohlfahrtsstaates beitragen, zu erhalten und weiterzuentwickeln. Wie sich herausgestellt hat, ergibt sich durch das Vier-Räume-Modell eine Verbindung zwischen den verschiedenen Räumen des Modells und der Förderung und Unterstützung von zum Beispiel Empowerment und Innovation. Demzufolge überschreitet das Modell die enge Verbindung zwischen Bürgern/innen und Bibliothek, indem es die Fähigkeit der Bürger/innen unterstützt, aktiv an der demokratischen Entwicklung der Gesamtgesellschaft teilzuhaben. Es ist die Intention des Projektes, solche Thesen auszuprobieren und zu dokumentieren, da sie von zentraler Bedeutung für die Definition der Rolle der Bibliothek als demokratischer Knotenpunkt und als Plattform für Bildung und den Austausch öffentlicher Meinung sind.

Es ist deutlich geworden, dass das Vier-Räume-Modell heute als ein Instrument für die Organisation, die Gestaltung und die Entwicklung der Öffentlichen Bibliothek dient und gleichzeitig bestimmte – für das Bibliothekswesen wichtige – Werte vermittelt. Auch wenn die breite praktische Verwendung des Modells ein wichtiger Indikator seiner Nützlichkeit ist, ist die enge Verbindung mit übergeordneten Werten ebenfalls von zentraler Bedeutung. Einige dieser Werte sind in der Öffentlichen Bibliothek, wie wir sie seit Jahrzehnten oder sogar Jahrhunderten kennen, sehr vertraut, andere mögen in neue Richtungen weisen. Entscheidend ist, dass Bibliothekare/innen, Politiker/innen und Bibliotheksnutzer/innen dieses Modell verwenden können, um zu diskutieren und zu entscheiden, auf welche Werte die Öffentliche Bibliothek in den nächsten Jahren aufbauen soll. Der Gegenpol ist eine Bibliothek, die nur auf Ausleihzahlen und der Ratio zwischen Angebot und Nachfrage basiert. Aus diesem Grund hoffen wir, dass das Vier-Räume-Modell zusammen mit anderen qualifizierten Konzepten und Ideen als eine Plattform zukünftiger Inspiration, Diskussion und Innovation für die Öffentliche Bibliothek dienen wird.

Übersetzung: Melanie Volk

Literatur

Audunson, R. (2005): „The public library as a meeting place in a multicultural and digital context – the necessity of low intensive meeting places". In: Journal of Documentation 61:3, 429–441.

Baumann, Z. (1998): Globalisation: The Human Consequences. Cambridge: Policy Press.

Edwards, B. (2009): Libraries and Learning Resource Centres. London: Elsevier Architectural Press.

Giddens, A. (1991): Modernity and Self-Identity. Self and Society in the Late Modern Age. Cambridge: Policy Press.

Goulding, A. (2009): „The Rise, Fall and Rise of the British Public Library Building". Vortrag auf dem 17. BOBCATSSS Symposium 28-30 Januar 2009. http://eprints.rclis.org/bitstream/10760/12939/1/73.pdf

Hvenegaard-Rasmussen, C.; Jochumsen, H. (2007): „Problems and Possibilities. The Public Library in the Borderline Between Modernity and Late-Modernity". The Library Quarterly 77: 1, 45–60.

Hvenegaard-Rasmussen, C.; Jochumsen, H.; Skot-Hansen, D. (2008): „Learning from Experience Economy. The Danish Way". Vortrag auf der fünften International Conference on Cultural Policy Research, Yeditepe University, Istanbul.

Hvenegaard-Rasmussen, C.; Jochumsen, H. (2009): „The Fall and Rise of the Physical Library". Vortrag auf dem 17. BOBCATSSS Symposium 28-30 Januar 2009. http://eprints.rclis.org/bitstream/10760/12925/1/40.pdf

Kommunernes Landsforening (2004):Brugernes adfœrd på folkebibliotekerne. Kopenhagen: Kommunernes Landsforening.

Levien, R.E. (2011): Confronting the Future. Strategic Visions for the 21st Century Public Library. ALA Office for Information Technology Policy, Policy Brief No. 4. http://www.ala.org/offices/sites/ala.org.offices/files/content/oitp/publications/policybriefs/confronting_the_futu.pdf

Lux, C. (1995): „Vom Bibliothekar zum Cybrarian. Die Zukunft des Berufs in der Virtuellen Bibliothek". Vortrag auf der 61. IFLA-Konferenz. http://archive.ifla.org/IV/ifla61/61-luxc.htm

Norwegisches Kultusministerium (2009): Libraries. Knowledge Commons, Meeting Place and Cultural Arena in a Digital Age. Report No. 23 to the Storting. Englische Zusammenfassung: http://www.regjeringen.no/pages/2479579/PDFS/STM 200820090023000EN_PDFS.pdf.

Oldenburg, R. (1999): The Great Good Place. Cafés, Coffee Shops, Bookstores, Bars, Hair Salons and other hangouts at the heart of the community. New York: Marlowe and Company.

Palfrey, J.; Gasser, U. (2008): Born Digital. Understanding the First Generation of Digital Natives. New York: Basic Books.

Pine B.J.; Gilmore, J.H. (1999): Experience Economy. Work is a Theatre and Every Business a Stage. Boston: Harvard Business School Press.

Schulze, G. (1992): Die Erlebnisgesellschaft. Kultursoziologie der Gegenwart. Frankfurt: Campus.

Richard Stang

Multifunktionalität als Option: Gestaltung von Lern- und Informationsräumen

Der Raum als Rahmung für Wissensgenerierung

Lernen und die Aneignung von Wissen sind hochkomplexe Prozesse, die stark individualisiert sind, wie dies unter anderem Dohmen formuliert:

> „Lernen ist ein Prozess der relativ voreingenommen-selektiven und subjektiveigenen Auseinandersetzung des Menschen mit seiner Umwelt und einer dadurch ausgelösten persönlichen Erfahrungstransformation und Wissenskonstruktion. Dieses Lernen führt daher auch zur mehr oder weniger persönlich profilierten Entwicklung von Weltbildern, Deutungsmustern und Vorstellungszusammenhängen." (Dohmen 2001, 12)

Lernprozesse finden sowohl im alltäglichen Lebensvollzug als auch in didaktisch gestalteten beziehungsweise inszenierten Lernsettings statt. Dabei ist das lernende Subjekt weitgehend souverän und entzieht sich gegebenenfalls auch Lernzumutungen (Meueler 2011, 975–976). Die Inszenierung von Lernmöglichkeiten, die zum Lernen anregen, wird so zu einer großen Herausforderung bei der Unterstützung von Lernenden (Stang 2001, 25–28). Dabei spielen nicht nur didaktische Konzepte eine bedeutende Rolle, sondern in besonderem Maße auch die räumliche Umgebung. Die sich in Räumen konstituierende Verknüpfung von sozialen und physischen Perspektiven schafft einen Ermöglichungstraum, der offen, aber auch einschränkend sein kann:

> „In der Verschränkung von sozialem und physischem Raum finden Menschen Möglichkeiten und Eingrenzungen ihrer Bildungschancen. Denn wie sie sich bilden können, hängt in nicht geringem Maß davon ab, zu welchen Räumen und zu welchen darin befindlichen sozialen Ressourcen wie zum Beispiel formalen Angeboten, Anerkennung oder zwischenmenschlicher Handlungsmacht sie vorzustoßen in der Lage sind." (Böhmer 2012, 163)

Als sozial gestaltete Räume stellen Lernräume eine Kultur dar, die sehr stark die Lernenden, aber auch die Lehrenden beeinflusst (Ludwig 2012, 26). Loris Malaguzzi, Mitbegründer der Reggio-Pädagogik, sprach vom Raum als dritten Pädagogen, d.h. dass der Raumgestaltung für pädagogische Prozesse eine besondere Rolle zukommt (Märtens 2012, 22). Die Räume, in denen gelernt wird, prägen den Lernprozess nachhaltig. Und wenn man die Perspektive noch im Hinblick auf die Bedeutung von Lernen für die Gesellschaft erweitert, dann prägen diese Räume eben auch Gesellschaft mit. Die Qualität kommunaler Bildungs- und Lernlandschaften (Reutlinger 2012) entsteht eben auch über die Gestaltung der Lern- und Informationsräume und deren konzeptionellen Vernetzung. In diesem Sinne kommt deren Gestaltung eine gesellschaftliche Bedeutung zu (Burgdorff 2012, 30–31).

Die Frage, wie Räume für Lernen und Wissensaneignung zu gestalten sind, ist ein Thema, das derzeit vor allem im schulischen Kontext diskutiert wird (Montag Stiftung 2012). Die Forderung der Entwicklung der Schule vom Haus der Belehrung zum Haus des Lernens ist Ausdruck des veränderten Zugangs (Doberer 2008). Die Überlegungen zur Entwicklung einer fraktalen Schularchitektur machen diese Perspektive besonders deutlich (Buddensiek 2009). Hierbei wird ein besonderer Wert auf flexible und kommunikative Anordnung von Tischen gelegt, die Schülern Team- und Kleingruppenarbeit ermöglicht. Dies erfolgt in einer Raumstruktur, in der sich die Räume und das gesamte Gebäude an der hexagonalen Tischstruktur der Arbeitsplätze orientieren (Buddensiek 2009, 320-324).

Der Verzicht auf eine Hierarchisierung von Tischanordnungen im Sinne eines „Vorne" und „Hinten" schafft eine Raumstruktur, die sich für veränderte Formen des Lernens und der Wissensaneignung öffnet. Nicht mehr die Lehrenden als Wissensvermittler stehen im Mittelpunkt, sondern der Lernprozess der Lernenden im Sinne eines selbstgesteuerten Lernens, bei dem Impulse gesetzt werden, die aber individuell beziehungsweise im Gruppenkontext bearbeitet werden. Betrachtet man allerdings verschiedene Lernzugänge, wird deutlich, welche komplexen Anforderungen sich an offene Räume für Lernen und Wissensgenerierung stellen.

Lernzugänge

Jeder Mensch lernt individuell unterschiedlich und in diesem Sinne auch immer selbst. Dies gilt sowohl für didaktisch hochstrukturierte Lehr-Lern-Settings als auch für alle Aktivitäten, die unter dem Begriff des „informellen Lernens", also dem Lernen en passant außerhalb formaler und nicht formaler Bildungszusammenhänge, zusammengefasst werden (Dohmen 2001). Mitte der 1990er Jahre begann unter anderem in der Erwachsenenbildung eine intensive Debatte über das „selbstgesteuerte Lernen" (Dietrich et al. 1999), das im Zuge der politischen Forderung nach lebenslangem Lernen als strategische Lösung des Problems der Grenzen des Lernens in formalen Bildungskontexten gesehen wurde. Die didaktische Perspektive veränderte sich in diesem Zusammenhang in Richtung Beratung und Begleitung von Lernprozessen (Dietrich 1999).

Vor diesem Hintergrund rückten auch die individuellen Lernzugänge wieder stärker in den Blick. Unter anderen hatte Frederic Vester in den 1970er Jahren im Rahmen seiner Forschungsarbeit herausgefunden, dass nicht jeder Mensch auf dieselbe Art und Weise Informationen aufnehmen und zu Wissen verarbeiten kann. Für ihn kristallisierten sich dabei vier unterschiedliche Lerntypen heraus: der visuelle, der auditive, der haptische und der kognitive Lerntyp (Vester 2004, 127–130). Auch wenn diese Systematisierung eher holzschnittartig vollzogen ist und auch kritisch beurteilt wurde (Looß 2001), weist sie doch darauf hin, dass es unterschiedliche Zugänge der Lernenden gibt, die es bei der räumlichen Gestaltung zu berücksichtigen gilt. Dies ist für die Gestaltung von „Lern"-Räumen sowohl in traditionellen Bildungseinrichtungen wie Schulen, Volkshochschulen und Hochschulen als auch in offenen Lernorten wie zum Beispiel Bibliotheken relevant.

Die Frage, die sich in diesem Zusammenhang stellt, lautet: Wie sehen Raumkonzepte aus, die den unterschiedlichen Anforderungen gerecht werden?

Multioptionale Raumkonzepte

Insgesamt geht es darum, Raumstrukturen zu schaffen, die flexible Zugänge zum Lernen schaffen, wie es Burgdorff und Imhäuser formulieren:

> „Erfolgreiches und nachhaltiges Lernen braucht also variable und individuelle wählbare Zugänge. Es benötigt die Kombination und den Wechsel von konstruktiven und instruktiven Phasen des Lernens und Lehrens, des selbstverantworteten Aneignens von Wissen und der Vermittlung." (Burgdorff/Imhäuser 2012: 234)

In den letzten Jahren wurden vielfältige Konzepte entwickelt, Lernräume flexibler zu gestalten. Im Bereich der Schule wurden neben dem bereits erwähnten Konzept der fraktalen Lernräume (Buddensiek 2009) auch Konzepte wie das der LernLandSchaft (Doberer/Brückner 2013) entwickelt. Dieses Konzept baut darauf auf, dass sowohl Möbel als auch Medien möglichst flexibel in Klassenräumen angeordnet werden. Um die flexiblen Optionen im Rahmen der Klassenräume auch ins Gebäude hinein zu erweitern, werden die Räume um einen „Marktplatz" organisiert, der kommunikationsorientiertes Arbeiten, aber auch Entspannung ermöglicht. Die Kombination verschiedener Aktivitätsbereiche schafft eine vielschichtige Raumstruktur, die flexiblen Lernsettings entgegenkommt.

Doch auch jenseits formaler Bildungsstrukturen wurden in den letzten Jahren Konzepte entwickelt, in deren Rahmen selbstgesteuertes Lernen durch flexible räumliche Angebote unterstützt werden soll. Ein gutes Beispiel hierfür sind die Aktivitäten des Bildungszentrums und der Stadtbibliothek Nürnberg, die seit 2011 im Bildungscampus Nürnberg organisatorisch zusammengeführt sind. Bereits 2009 hat das Bildungszentrum Nürnberg im südpunkt Nürnberg den Lernpunkt eingerichtet, der bis heute als Anlaufstation für Lernende dient, die selbstorganisiert lernen und dabei gegebenenfalls auch Beratung in Anspruch nehmen wollen (Stang 2010, 150). Neben einem Raum, der mit Computern ausgestattet ist, liegt ein Raum, dessen Möblierung vollständig flexibel ist, so dass vom klassischen Kursangebot über Computerspieleworkshops bis hin zu individualisierten Lernszenarien alles umgesetzt werden kann, ohne dass dabei größere Umräumarbeiten erforderlich sind.

Dieses Konzept wurde in der 2012 neueröffneten Nürnberger Zentralbibliothek mit der Lernwelt noch weiterentwickelt (Sträter 2013). Der ca. 100 m^2 große Raum hat flexible Tische, die sich problemlos zusammenklappen lassen, so dass aus dem Raum sehr schnell ein Veranstaltungsraum gemacht werden kann. Die technische Infrastruktur besteht nicht wie im Lernpunkt aus Desktop-Computern, sondern aus Notebooks, die bei Bedarf von den Lernenden ausgeliehen werden können. Damit steht hier eine multioptionale Lernumgebung zur Verfügung, die schnell auf die Bedarfe der Lernenden und auch der Bibliothek angepasst werden kann.

Anfragen an den Forschungsschwerpunkt „Lernwelten" der Hochschule der Medien Stuttgart (HdM) zeigen, dass es in Bibliotheken, Weiterbildungseinrichtungen und Hochschulen einen immensen Bedarf nach multioptionalen Raumkonzepten gibt. Da kaum wissenschaftliche Erkenntnisse vorhanden sind, wie optimale Lernräume für die Zukunft aussehen sollten, wurde im Rahmen des Forschungsschwerpunktes „Lernwelten" der HdM ein Forschungs- und Entwicklungsprojekt initiiert, das flexible Rauminszenierungen für Lernen erforschen und konzipieren soll. Erste Ergebnisse zeigen, dass in einer flexiblen Raumorganisation für Lernen immense Potentiale liegen (Rost/Seguine 2012).

LearnerLab und *Lernwelt* an der Hochschule der Medien

Vom Forschungsschwerpunkt „Lernwelten" wurde 2011 gemeinsam mit der Firma VS Vereinigte Spezialmöbelfabriken aus Tauberbischofsheim im Rahmen einer Forschungskooperation das *LearnerLab* konzipiert. Durch den anstehenden Umzug der Fakultät „Information und Kommunikation" im Jahr 2014 hatte die Bibliothek der HdM am Standort Wolframstraße begonnen, die Bestände zu reduzieren, so dass eine Fläche von ca. 60 m² frei wurde, auf der ein Labor für das Experiment eingerichtet werden konnte.

Erste Überlegungen bezogen sich auf eine möglichst flexible Möblierung, die Tische und Stühle, aber auch auf die Medien berücksichtigte. Ziel war es, alle technischen Unterstützungsmedien wie Pinnwände, White-Boards, Flipcharts, aber auch Bildschirmpräsentationsmöglichkeiten von den Wänden wegzunehmen und flexibel im Raum zu organisieren. So entstand eine erste Planungsskizze, die den Raum in Funktionszonen einteilte.

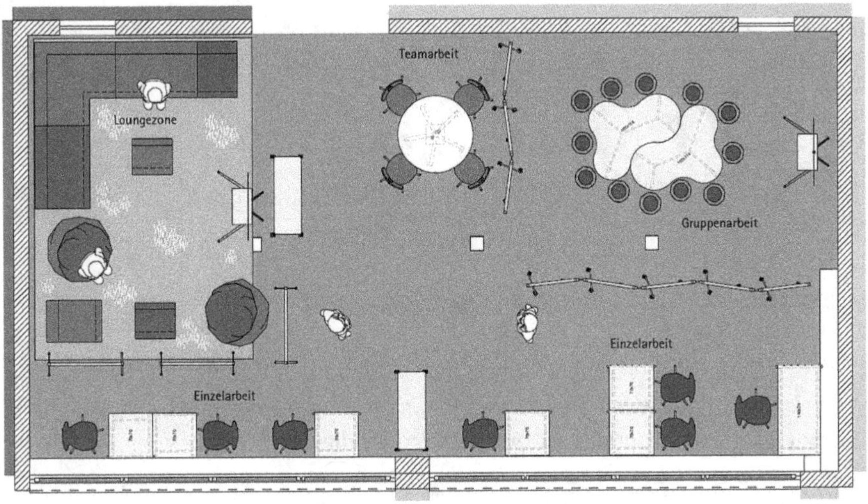

Abb. 1: Planungsskizze LearnerLab (Grafik: VS-Spezialmöbel).

Seit Eröffnung im März 2012 werden hier Lernszenarien gestaltet und wissenschaftlich begleitet. Durch die hohe Mobilität der Einrichtung können äußerst flexibel unterschiedliche Lernszenarien umgesetzt werden. Im Zentrum steht dabei die Unterstützung des selbstgesteuerten Lernens der Studierenden. Die Einrichtung besteht aus unterschiedlichen Tischen und Sitzmöglichkeiten, die sich für Einzelarbeit, Teamarbeit (bis vier Personen) und Gruppenarbeit (bis 8 Personen) eignen, wobei die Gruppenarbeitstische zunächst nicht mobil waren. Ein Loungebereich ermöglicht, auf Sitzsäcken und Loungemöbeln zu entspannen. Unterschiedliche mobile Trennwände, die entweder als Pinnwand oder Whiteboard genutzt werden können, schaffen Optionen für eine flexible Raumteilung. Es stehen auch zwei mobile Monitore zur Verfügung, die zum Beispiel zum gemeinsamen Arbeiten an einem Dokument oder für Präsentationen genutzt werden können.

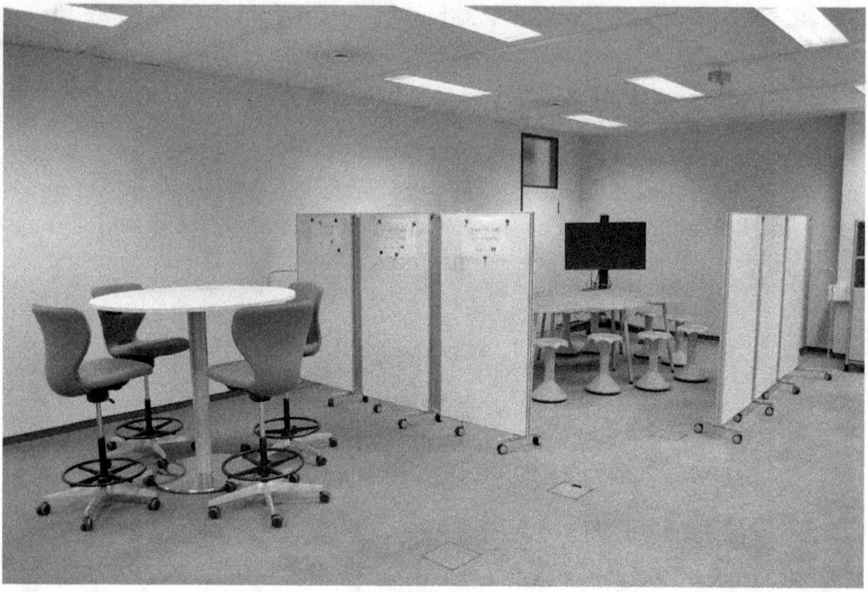

Abb. 2: *LearnerLab*-Einrichtung (Foto: Richard Stang).

Nutzungsinteressen und -gewohnheiten werden mit Hilfe von Befragungen per Fragebogen und Leitfadeninterviews erforscht. Zwei Kameras nehmen jede halbe Stunde Bilder des Raumes auf. Damit können die von Studierenden gestalteten Raum- und Lerninszenierungen im Veränderungsprozess festgehalten werden. 2012 wurden in einer ersten Untersuchungsphase drei Raumstrukturierungsszenarien je vier Wochen untersucht. Die erste Phase war dadurch gekennzeichnet, dass die Möbel nach Schließung der Bibliothek wieder in die ursprünglich geplante Struktur zurückgestellt wurden. In der zweiten Phase blieben die Möbel so stehen, wie sie von den Studierenden arrangiert wurden, so dass die Nutzer/innen das *LearnerLab* am nächsten Tag „unaufgeräumt" vorfanden. Das Storage-Konzept wurde in der dritten Phase realisiert. Hier wurden die Möbel jeden Abend an den Rand gestellt, so dass es für die Studierenden nötig wurde, sich das Lernarrangement selbst zusammenzustellen.

Die Ergebnisse des ersten Untersuchungszyklus zeigen, dass vor allem Lerngruppen dazu tendieren, mit den Trennwänden einen Raum im Raum zu gestalten (siehe Abb. 3). Während zu Beginn des Projekts die Bereitschaft, das Lernarrangement selbst zusammenzustellen, eher gering war, zeigte sich nach mehreren Wochen ein zunehmendes Interesse der Studierenden, den Raum ihren Interessen entsprechend umzugestalten.

Abb. 3: Studentische Rauminszenierung (Foto: Explorationskamera).

Auffallend war im ersten Untersuchungszyklus, dass sich die nicht mobilen Gruppenarbeitstische als stabile Strukturen herausstellten und sich die Rauminszenierungen darum orientierten. Aufgrund dieser Erkenntnisse wurden die Gruppentische von VS als mobile Tische mit Rollen konstruiert. Die beiden vorhandenen Gruppentische wurden durch zwei Prototypen ersetzt und es zeigte sich im zweiten Untersuchungszyklus 2013, dass auch diese Tische in die flexible Rauminszenierungen von den Studierenden integriert wurden, d.h. auch diese wurden im Raum je nach Bedarf verstellt, was im ersten Untersuchungszyklus sehr selten der Fall war. Durch den Vergleich der Untersuchungszyklen zeigt sich eindrucksvoll, wie Mobilität Rauminszenierungen für Lernen verändert.

Das *LearnerLab* wurde von den Studierenden als immenser Gewinn für ihre Lernmöglichkeiten bewertet, dies vor allem vor dem Hintergrund, dass sich durch die Struktur in den Bachelor- und Masterstudiengängen oft Hohlstunden ergeben. Diese Zeit nutzen die Studierenden gerne, um Projektarbeiten vor allem im Rahmen von Gruppenarbeiten zu realisieren.

Das *LearnerLab* schafft aber auch neue Möglichkeiten, im Rahmen von Lehrangeboten und Veranstaltungen eine flexible Raumstruktur zu gestalten.

Der große Vorteil dabei ist, dass eine einzige Person den Raum in kürzester Zeit vollständig umräumen kann. So wurden im *LearnerLab* bereits Veranstaltungen, kleine Messen oder studentische Präsentationen im Rahmen von Lehrangeboten realisiert. Gleichzeitig kann das *LearnerLab* für Arbeitsgruppenphasen in Seminaren genutzt werden.

Abb. 4: Studentische Präsentation (Foto: Richard Stang).

Die multifunktionale Struktur wird von den Studierenden sehr gut angenommen. Sie arrangieren die Möbel entsprechend ihrem Bedarf. Die selbstorganisierte Gestaltung des Lernarrangements ist inzwischen selbstverständlicher Bestandteil des Lernalltags der Studierenden, die das *LearnerLab* nutzen. Im Rahmen der Untersuchung mit Leitfadeninterviews konnte dies gezeigt werden. So haben 96% der befragten Nutzer/innen schon einmal die Möbel im *LearnerLab* umgestellt, um eine angepasste Arbeitsumgebung zu schaffen.

Auffallend war, dass die Studierenden im ersten Untersuchungszyklus deutliche Schwierigkeiten hatten, als sie im Rahmen der Storage-Phase gezwungen waren, sich die Möbel vollständig zu arrangieren. So wurde das *LearnerLab* während dieser Phase nicht so stark genutzt, wie während der beiden anderen Settings. Dies scheint ein Hinweis darauf zu sein, dass sich Studierende mit einem nicht strukturierten Raum zunächst schwer tun. Selbst mit einer teilweise chaotischen Strukturierung, wie sie oft im zweiten Setting vorlag, konnten die

Studierenden doch eher zum Arbeiten und Lernen angeregt werden als mit einem „verstauten" Raum. Allerdings zeigte sich auch, dass die Studierenden im zweiten Untersuchungszyklus sehr viel selbstverständlicher mit dem Storage-Konzept umgingen. Im zweiten Untersuchungszyklus wurden die Studierenden allerdings auch nochmals instruiert, wie sie das *LearnerLab* nutzen können. Im ersten Untersuchungszyklus wurde darauf bewusst verzichtet, um einen Einblick zu bekommen, wie die Studierenden intuitiv mit dem Lernsetting umgehen.

Die Erfahrungen aus den bisherigen Untersuchungen im *LearnerLab* zeigen, dass die Multifunktionalität von Lernräumen vielfältige Möglichkeiten bietet, für Lernende angepasste Strukturen zur Verfügung zu stellen. Bibliotheken, Erwachsenenbildungseinrichtungen und Hochschulen können diese Erkenntnisse nutzen, um zielgerichtet flexible Lern- und Informationsräume zu schaffen.

Die positiven Erfahrungen mit dem *LearnerLab* haben in der Hochschule der Medien dazu geführt, dass im Zuge freiwerdender Flächen durch den Neubau, in den

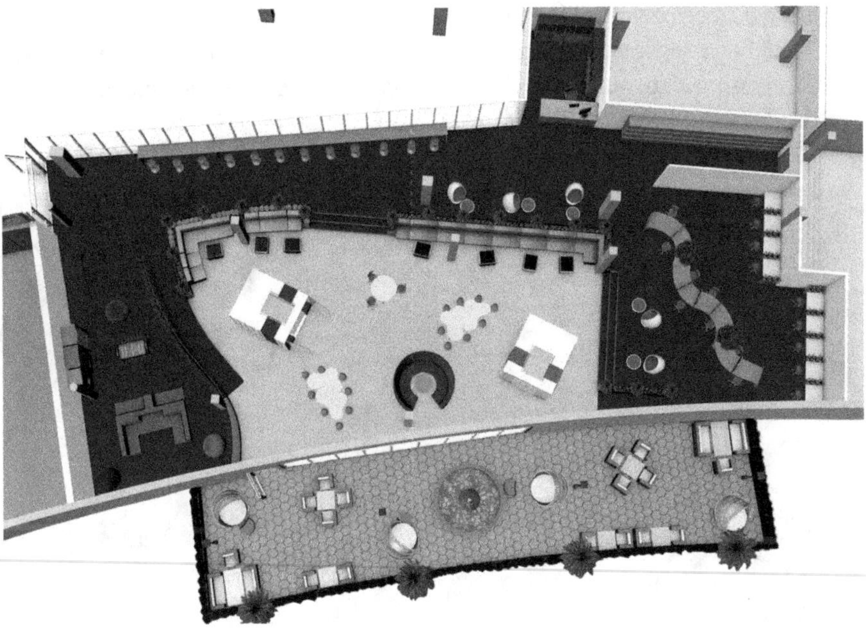

Abb. 5: 3-D-Modell des Entwurfs der *Lernwelt* (Grafik: Simon Kazanli).

auch die Bibliothek einzieht, die derzeitige Fläche der Bibliothek am Standort Nobelstraße für die Entwicklung einer neuen *Lernwelt* für die Studierenden zur Verfügung gestellt wird. Dort sollen ab Anfang 2015 auf einer Fläche von ca. 400 m² neben Arbeits- und Lernmöglichkeiten auch Beratungsangebote der Bibliothek und des Didaktikzentrums angeboten werden.

Aufbauend auf den Erfahrungen und Erkenntnissen bezogen auf das *LearnerLab* wurde im Rahmen der Lehrveranstaltung „Bildungslandschaften gestalten – reale und virtuelle Lernwelten" im Sommersemester 2013 von Studierenden ein erster Entwurf für diese *Lernwelt* entwickelt. Dabei wurde die Zonierung gegenüber dem *LearnerLab* erweitert, neben Gruppenarbeits- und Einzelarbeitsmöglichkeiten wurde noch ein Aktivbereich vorgesehen, in dem Computerspiele gespielt werden können. In einem Servicebereich sollen Informations- und Beratungsangebote zur Verfügung gestellt werden. Geplant ist auch, einen Außenbereich zu gestalten, in dem bei schönem Wetter auch im Freien gelernt werden kann.

Besonderer Wert wird auf Aufenthaltsqualität gelegt. Schon die Untersuchungen zum *LearnerLab* haben gezeigt, dass sich dort viele Gruppen sehr lange, teilweise bis zu acht Stunden, aufhalten. Ein weiteres zentrales Element ist der „LearningCube", der als flexibles Raumelement sowohl für Gruppenarbeit als auch für Beratungsgespräche zur Verfügung stehen soll und durch zusätzliche Funktionen an den Außenwänden als Regal oder Präsentationsfläche genutzt werden kann.

Abb. 6: LearningCube in der *Lernwelt* (Grafik: Simon Kazanli).

Perspektiven

Die Weiterentwicklung des *LearnerLab* zur *Lernwelt* basiert auf den Bedarfen der Nutzer/innen. Ausgehend von den Forschungsergebnissen konnte ein Konzept für eine multifunktionale Raumstruktur entwickelt werden, die einer Breite von Lernzugängen gerecht wird. Entwicklungen, die für den Bereich der Schule seit Jahren diskutiert werden, stehen für Bibliotheken, Erwachsenenbildungseinrichtungen und Hochschulen noch in den Kinderschuhen. Bislang liegen hier kaum Forschungsergebnisse vor, die eine wissenschaftlich fundierte Entwicklung neuer Raumszenarien erlauben. Mit den Forschungen an der Hochschule der Medien sowie innovativen Projekten in der Praxis wurde in den letzten Jahren begonnen, hier zielgerichtet Erkenntnisse zu generieren, die es den Einrichtungen erlauben, neue Wege bei der Gestaltung multifunktionaler Raumkonzepte für Lernen und Wissensgenerierung zu gehen.

Eine der zentralen Erkenntnisse ist allerdings, dass es keine Patentlösungen für solche Raumkonzepte gibt. Diese müssen an die räumlichen Rahmenbedingungen, an die Bedarfe der spezifischen Nutzer/innen und an die konzeptionelle Profilierung der Einrichtungen angepasst werden. Je mehr in diesem Bereich experimentiert wird, desto mehr Erfahrungen werden vorliegen, um strategische Entscheidungen zu treffen. Der Vorteil einer hohen Flexibilität ist dabei, dass konzeptionelle Veränderungen weitgehend unproblematisch umgesetzt werden können, und dies ist nicht nur finanziell ein immenser Gewinn für die Einrichtungen. Die Möglichkeit, auf sich verändernde Nutzungsanforderungen flexibel reagieren zu können, ist sicher ein weiterer positiver Effekt. Doch ganz entscheidend sind die Nutzer/innen. Wenn es durch flexible Rauminszenierungen gelingt, Lernen attraktiv und angenehm zu machen, haben Bildungseinrichtungen schon einen erheblichen Teil ihres Auftrags erfüllt und damit auch zur Existenzsicherung beigetragen.

Für Bibliotheken werden räumliche Lernarrangements eine immer größere Bedeutung erlangen und auch Erwachsenenbildungseinrichtungen und Hochschulen werden im sich abzeichnenden Konkurrenzkampf um Lernende mit attraktiven, multifunktionalen Raumangeboten punkten können. Wenn es dann noch gelingt, reale Lernräume mit virtuellen sinnvoll zu verknüpfen, dann kann eine Lern- und Bildungslandschaft entstehen, die für die jeweils individuellen Zugänge zum Lernen vielfältige Optionsräume schafft. Dies wird in Anbetracht des sich jetzt schon abzeichnenden Ringens um jeden „klugen Kopf" eine der zentralen gesellschaftlichen Herausforderungen sein.

Literatur

Böhmer, A. (2012): „Soziale Ateliers. Räume bilden Ausgegrenzte". In: H. Schröteler-von Brandt et al. (Hrsg.): Raum für Bildung. Ästhetik und Architektur von Lern- und Lebensorten. Bielefeld: transcript, 163-172.

Buddensiek, W. (2009): „Fraktale Schularchitektur". In: J. Böhme (Hrsg.): Schularchitektur im interdisziplinären Diskurs. Territorialisierungskrise und Gestaltungsperspektiven des schulischen Bildungsraums. Wiesbaden: VS Verlag für Sozialwissenschaften, 315–329.

Burgdorff, F. (2012): „Bildungsbau: Im Kern eine inhaltliche Herausforderung. Inspirationen aus der Schularchitektur". In: DIE Zeitschrift für Erwachsenenbildung. 19:3, 30–33.

Burgdorff, F.; Imhäuser, K. (2012): „Zukunftsfähiger Schulbau. Von der Herausforderung zur Umsetzung". In: H. Schröteler-von Brandt et al. (Hrsg.): Raum für Bildung. Ästhetik und Architektur von Lern- und Lebensorten. Bielefeld: transcript, S. 233–240.

Dietrich, S. (1999): „Selbstgesteuertes Lernen. Eine neue Lernkultur für die institutionelle Erwachsenenbildung?" In: S. Dietrich et al.: Selbstgesteuertes Lernen. Auf dem Weg zu einer neuen Lernkultur. Frankfurt a. M.: Deutsches Institut für Erwachsenenbildung, 14–23.

Dietrich, S.; Fuchs-Brünninghof, E. (1999): Selbstgesteuertes Lernen. Auf dem Weg zu einer neuen Lernkultur. Frankfurt a. M.: Deutsches Institut für Erwachsenenbildung.

Doberer, K. (2008): „Schulklima und neue Lernkultur. Differenziertes Lernen und Lehren durch optimierte Raumbedingungen". In: L.A. Multimedia. 12:2, 10–12.

Doberer, K.; Brückner, J. (2008): „Gebäudearchitektur, die pädagogische Architektur unterstützt! Der Planungsprozess, erläutert anhand der Beruflichen Schulen Witzenhausen". In: W. Schönig; C. Schmidtlein-Mauderer (Hrsg.): Gestaltung des Schulraums. Neue Kulturen des Lernens und Lebens. Bern: hep Verlag, 199–218.

Dohmen, G. (2001): Das informelle Lernen. Bonn/Berlin: Bundesministerium für Bildung und Forschung.

Looß, M. (2001): „Lerntypen? Ein pädagogisches Konstrukt auf dem Prüfstand". In: Die Deutsche Schule. 93:2, S.186-189.

Ludwig, J. (2012): „Architektur aus Sicht der Bildungstheorie. Anforderungen an Bildungsräume". In: DIE Zeitschrift für Erwachsenenbildung. 19:3, 26–29.

Märtens, F. (2012): „Gestaltung des Klassenraums als Lernraum". In: Pädagogik. Heft 3, 22–25.

Meueler, E. (2011): „Didaktik der Erwachsenenbildung". In: R. Tippelt; A. von Hippel (Hrsg.): Handbuch Erwachsenenbildung/Weiterbildung. 5. Aufl. Wiesbaden: VS Verlag für Sozialwissenschaften, 973–987.

Montag Stiftung (Hrsg.) (2012): Schulen planen und bauen. Grundlagen und Prozesse. Berlin: Jovis Verlag.

Reutlinger, C. (2012): „Bildungslandschaften. Eine raumtheoretische Betrachtung." In: J. Böhme (Hrsg.): Schularchitektur im interdisziplinären Diskurs. Territorialisierungskrise und Gestaltungsperspektiven des schulischen Bildungsraums. Wiesbaden: VS Verlag für Sozialwissenschaften, 119–139.

Rost, C.; Seguine, J. (2012): Optionen für Selbstlernzentren in Bibliotheken. Stuttgart (unveröffentlichte Masterarbeit).

Stang, R. (2001): „Anforderungen an zukünftige Lernarrangements". In: R. Stang; A. Puhl (Hrsg.): Bibliotheken und lebenslanges Lernen. Lernarrangements in Bildungs- und Kultureinrichtungen. Bielefeld: W. Bertelsmann, 24–31.

Stang, R. (2010): „Lernzentren als Option für Bibliotheken. Herausforderungen für Lernarchitekturen und Organisationskulturen“. In: Bibliothek. Forschung und Praxis. 34:2, 148–152.

Sträter, E. (2013): „Ein Jahrhundertbau. Die neue Nürnberger Zentralbibliothek“. In: Bibliotheksforum Bayern. 7:2, 124–129.

Vester, F. (2004): Denken, Lernen, Vergessen. was geht in unserem Kopf vor, wie lernt das Gehirn und wann lässt es uns im Stich? München: dtv.

Damon E. Jaggars, Robert Wolven

Handlungsspielräume durch Anpassung von Raumstrukturen: Konzepte der Columbia University New York

Einleitung

Wissenschaftliche Bibliotheken in den Vereinigten Staaten bewegen sich in einem komplexen, sich schnell verändernden Umfeld, das Forschung, Lehre und Lernaktivitäten in den jeweiligen Universitäten und Institutionen wesentlich beeinflusst. Wirtschaftliche, technische und soziale Faktoren verändern in ständig wechselnden Bezügen die Bedürfnisse von Hochschulangehörigen, Forschern/innen und Studierenden genauso wie die Perspektiven hinsichtlich der zukünftigen Erwartungen von Wissenschaftlern/innen. Um in einem solchen Umfeld erfolgreich arbeiten zu können, müssen sich Wissenschaftliche Bibliotheken aktiv einmischen: die verschiedenen Dynamiken der Veränderung direkt beobachten, nach Sinn im Chaos suchen und die richtigen Wege erkunden, die sowohl nachhaltig sind als auch den Forschungs- und Bildungsleitbildern der jeweiligen Institution entsprechen. Diese komplexen Herausforderungen werden durch nichts besser repräsentiert als durch die radikalen Veränderungen in der Raumnutzung, die Wissenschaftliche Bibliotheken in den letzten Jahren initiiert haben.

Für die *Columbia University Libraries/Information Services* (CUL/IS), eine hybride Organisationseinheit, die Funktionen einer Wissenschaftlichen Bibliothek mit Basisdienstleistungen der wissenschaftlichen Informationstechnik verbindet, bedeutet erfolgreiches Arbeiten, sowohl die drängenden Veränderungen des Hochschulwesens als auch das lokale Arbeitsumfeld an der Columbia University wahrzunehmen und auf sie zu reagieren. Vor allem ist CUL/IS aber durch die Schwankungen in der Weltwirtschaft, durch den Einfluss digitaler Technik auf die Praxis in Lehre und Forschung sowie durch grundlegende Veränderungen in der wissenschaftlichen Publikationsstruktur und Informationsversorgung gezwungen, nach neuen, dynamischeren Organisationsstrukturen und Geschäftspraktiken zu suchen und Gelegenheiten für Zusammenarbeit und Beteiligung zu nutzen. Das lokale Arbeitsumfeld – eine große, forschungsintensive Universität in New York City, die sich auf einem der wertvollsten Grundstücke Nordamerikas befindet – bedeutet zusätzliche Herausforderungen und Möglichkeiten. Es geht dabei unter anderem um eine ständige und intensive Konkurrenz um Flächen sowie in den nächsten zehn Jahren um die Errichtung eines zweiten Campus, der zwei neue Bibliothekseinrichtungen umfasst.

In diesem Umfeld ist CUL/IS bestrebt, die von ihr angebotenen Dienstleistungen zur Unterstützung von Lehre und Forschung, unter anderem die Bereitstellung und Ausstattung von Räumen, mit gegenwärtigen und zukünftigen Bedürfnissen von Studierenden und Lehrenden in Einklang zu bringen. Dazu wurde ein gut ausgestattetes Projekt zur Evaluation und Verbesserung der Dienstleistungsqualität aufgelegt. Die systematische Sammlung, Analyse und aktive Verwendung belastbarer Daten ermöglicht CUL/IS empirisch gestützte Entscheidungsprozesse hinsichtlich ihrer Dienstleistungen, Personalentwicklung und Bauplanung. Diese reichen vom regelmäßigen Einsatz von *LibQUAL+®* (Association of Research Libraries 2013) – einem marktgerechten Evaluationsinstrument, das Nutzer/innenzufriedenheit mit Bibliotheksbeständen, -dienstleistungen und -räumen mit Hilfe von Umfragen, Fokusgruppen, Interviews, Usability-Studien misst – bis hin zu anderen quantitativen und qualitativen Methoden, die auf spezifische Planungsprozesse von Dienstleistungen und Einrichtungen zugeschnitten sind.

Diese Anstrengungen, das eigene Umfeld zu beobachten und zu bewerten, haben es CUL/IS ermöglicht, sich von einem Konzept der Wissenschaftlichen Bibliothek als passiver Versorgerin der Wissenschaft in Richtung einer aktiveren Einmischung in Prozesse der Lehre und Forschung weiterzuentwickeln. Dieses Umsteuern in der Herangehensweise kann in der Entwicklung neuer Dienstleistungen für Forschung, Lehre und Lernen, in einer Veränderung der Qualifizierung und Fortbildung des Bibliothekspersonals und, vielleicht am sichtbarsten, in der Transformation der in der Universität für bibliotheksbezogene Zwecke zur Verfügung gestellten Flächen beobachtet werden. Diese Veränderungen auf lokaler Ebene spiegeln ähnliche Prozesse, die im gesamten wissenschaftlichen Bibliothekswesen vor sich gehen – Bibliotheken, die sich offensichtlich verändern, aber „rather than going into decline [...] are taking on different roles to support new patterns of learning, teaching, and research" (Latimer 2011, 124). An der Columbia University wird die räumliche Anpassung der Bibliothek an sich verändernde wissenschaftliche Arbeitskulturen durch die bewusste Umwandlung oder Verlagerung von Bibliotheksflächen, die früher für die Magazinierung und Bearbeitung von gedruckten Beständen genutzt wurden, charakterisiert. Die so geschaffenen Flächen können für neu entstehende, strategisch wichtige Prioritäten, Partnerschaften und Möglichkeiten genutzt werden.

Flexible Flächenplanung ermöglichen

Die Konkurrenz um Flächen auf dem Campus der Columbia University wird heftig und unerbittlich ausgetragen. Der Bedarf nach Bibliotheksflächen steht im Wettbewerb mit dem wachsenden Bedarf an Seminarräumen, Laboren, Büros und anderen Nutzungen auf dem Campus. Unter dem Eindruck der deutlichen Nutzungsänderung von gedruckten zu elektronischen Materialien (ein 48-prozentiger Rückgang des Umlaufs gedruckter Materialien in der letzten Dekade) muss CUL/IS den Erhalt der bisher zum Beispiel für die Magazinierung der gedruckten Bestände genutzten Flächen zu Bibliothekszwecken rechtfertigen. Als Reaktion auf diesen Druck hat sich die Columbia University mit der Princeton University und der New York Public Library zusammengetan. Mit diesen Partnern wurde das *Research Collection and Preservation Consortium* (ReCAP) gegründet, um ein außerhalb gelegenes Speichermagazin zur hoch verdichteten Aufbewahrung wenig genutzter Materialien zu bauen und zu betreiben (Neal 2005, 25). Diese Einrichtung eröffnete 2001 in Princeton, New Jersey, in den Jahren 2005 und 2008 wurden weitere Module ergänzt. Im Jahr 2013 wurden zwei weitere Bauabschnitte mit einer prognostizierten Speicherkapazität bis 2020 fertiggestellt. In ReCAP werden derzeit zehn Millionen Medien, davon vier Millionen aus den Beständen der Columbia University, aufbewahrt. Damit handelt es sich wahrscheinlich um die größte Einrichtung ihrer Art in Nordamerika.

Sowohl die Wissenschaftler/innen als auch die Studierenden haben auf die von ReCAP angebotenen Dienstleistungen positiv reagiert. Medien aus den Beständen der Columbia University, die in das Speichermagazin gebracht wurden, sind im Online-Katalog gekennzeichnet und können direkt zur Lieferung an jede Bibliothek auf dem Campus innerhalb von zwei Arbeitstagen bestellt werden. Aufsätze aus Zeitschriften und Büchern, die von den Nutzern/innen bestellt wurden, werden gescannt und elektronisch ausgeliefert, es sei denn, der/die Nutzer/in verlangt ausdrücklich den Band. Im Jahr 2012 wurden beinahe 75.000 Bestellungen für Medien und elektronische Lieferungen abgegeben. Zudem bietet ReCAP ideale Bedingungen für die Bestandserhaltung. Die Medien werden bei niedrigen Temperaturen und niedriger Luftfeuchte aufbewahrt, was die Lebensdauer von zerfallenden, fragilen Materialien wie Druckwerken, Filmen und Fotos verlängert.

Einfach gesagt ermöglicht ReCAP die Neukonzeption, Wiederverwendung und Umnutzung von Bibliotheksflächen. ReCAP bietet den notwendigen Raum für wachsende Bestände, ohne neue Magazine auf teuren Flächen in New York City zu bauen. Die Möglichkeit, weniger genutzte Bestände in das ReCAP auszulagern und sie dann bereitzustellen, wenn sie von den Wissenschaftlern/innen gebraucht werden, erlaubt es zudem, bisher für Regale genutzte Flächen für andere Nutzungen umzuwidmen. Seit 2003 hat CUL/IS über 6.000 m² über den ganzen Campus verteilte Fläche für eine Vielzahl an Nutzungen umgewandelt. Darunter die Vergrößerung und Verbesserung von studentischen Arbeitsplätzen in den Bibliotheken, aber auch die Schaffung neuer Seminarräume, Laboratorien und Büros. Weniger genutzte und nicht einzigartige Bestände in das ReCAP zu verlagern hat zudem die Vergrößerung des Stellraums für seltene und einzigartige Bestände auf dem Campus ermöglicht. Der ständige Erwerb von großen archivalischen Sammlungen, die für die zukünftige Forschung von Bedeutung sind, erzeugt weiteren Druck auf die bibliotheksbezogenen Flächen und unterstreicht die Bedeutung der Speichermagazinkapazität des ReCAP.

Neue Modelle aktiver Beteiligung

In den vergangenen Jahren hat eine neu ausgerichtete Flächenbedarfsplanung die Veränderung in der Dienstleistungsphilosophie widergespiegelt. Dies bedeutet, dass die Hauptaktivitäten von einer mehr oder weniger passiven Informationsbereitstellung zu einer eher aktiven, transparenten Beteiligung im Bereich der Lehre und Forschung verlagert wurden. Diese Veränderung zeigt sich auf struktureller Ebene in den Gründungen des *Center for Digital Research and Scholarship*, das messbare, nachhaltige Dienstleistungen in der Unterstützung der Forschung und des Publikationsprozesses anbietet und des *Copyright Advisory Office*, das den Zusammenhang von Urheberrecht und Forschung in den Fokus rückt, sowie in der Integration des *Center for New Media Teaching and Learning* in das CUL/IS, das Lehre und Lernen durch die gezielte Nutzung neuer Technologien fördern soll (Renfro/Neal 2012, 166-171). Die Veränderung lässt sich aber auch in der Arbeit der Mitarbeiter/innen der gesamten Organisation ablesen, die zusammen mit einzelnen Mitgliedern des Lehrkörpers, mit Instituten und mit Verwaltungseinheiten Initiativen voranbringen, die den Erfolg von Lehre und Forschung zum Ziel haben. Mit Hilfe dieser intensiven Beteiligung werden neue Dienstleistungen eingeführt, wie sie von Bennett vorausgesagt wurden: „When libraries cease to think of their mission as primarily one of supporting the academic work of others [and join] with students and faculty as collaborators in enacting the learning missions of our institutions“ (Bennett 2009, 194). Das wachsende Engagement der Mitarbeiter/innen des CUL/IS im akademischen Betrieb der Universität reicht vom Unterricht in neuen Forschungsmethoden der digitalen Geisteswissenschaften und effizienter Wissenschaftskommunikation in den Naturwissenschaften bis zur Mitarbeit in Kommissionen zur Vergabe von Doktorandenprojekten an der *Graduate School of Architecture, Planning, and Preservation.*

James G. Neal, Vizepräsident für Informationsdienstleistungen und Leiter der Universitätsbibliothek an der Columbia University fordert die Integration dieser neuen Formen der Beteiligung in die Planung von Bibliotheksflächen, indem er Führungskräfte aus dem Bibliothekswesen ermutigt,

> „to bring the classroom and the academy into the library [and to] advance from the *trompe l'oeil* library facilities we currently maintain to new strategies for learning, intellectual, social, and collaborative spaces characterized by flexibility, adaptability, and usability" (Neal 2011, 11).

So bestimmen in zunehmendem Maße die beiden Ziele, die Aufgaben der Universität sowohl bezogen auf Lehre als auch auf Forschung in die Arbeit der Bibliothek zu integrieren sowie nutzerzentrierte, anpassungsfähige Gestaltungsprinzipien anzuwenden, Entscheidungen zur Flächenverteilung und Planungen für Bibliotheksflächen.

Umnutzung von Flächen und strategische Partnerschaften

Während in anderen Wissenschaftlichen Bibliotheken in Nordamerika in den letzten Jahren Schwankungen der Nutzerzahlen festzustellen sind, ist die Nutzung der Einrichtungen von CUL/IS in der letzten Dekade um ungefähr 25 Prozent angestiegen. Diese Steigerung der Nutzerzahlen ist vor allem auf die erfolgreiche Renovierung mehrerer Bibliotheken zurückzuführen, inklusive einer zehnjährigen Renovierung der *Butler Library*, der wichtigsten Bibliothek der Geisteswissenschaften, einiger Bereiche der *Lehmann Social Sciences Library* und der *Business and Economics Libraries* sowie der Eröffnung der neuen *Science & Engineering Library* im Jahr 2011. Als Reaktion auf den Bedarf nach Arbeitsplätzen hat CUL/IS seit 2003 knapp 1.700 m² Magazin- und Buchbearbeitungsflächen in Publikumsflächen umgewandelt und dadurch 1.000 neue studentische Arbeitsplätze verschiedener Art geschaffen, was einer 27-prozentigen Steigerung der insgesamt verfügbaren Bibliotheksarbeitsplätze entspricht.

Seit 2003 hat CUL/IS knapp 4.400 m²Fläche an die Universität zurückgegeben, um dringend benötigte Labore, Büros und Seminarräume zu schaffen. Unter den Projekten, die diese Umwidmung ermöglichten, war die Schließung von vier naturwissenschaftlichen Zweigbibliotheken im Jahr 2010, die der Eröffnung der neuen *Science & Engineering Library* im darauffolgenden Jahr vorherging. Im Jahr 2003 wurde die Fläche der *Engineering Library* um 50 Prozent reduziert, um die

Abb. 1: Gruppenarbeitsflächen in der *Lehman Social Sciences Library*, Columbia University.

verfügbaren Laborflächen für Wissenschaftler/innen und Studierende zu vergrößern und 2012 übergab CUL/IS 550 m² an die *Columbia Business School* für neue Büroflächen. Im gleichen Jahr arbeitete CUL/IS mit der *School of International and Public Affairs* zusammen, um ungefähr 150 m² wenig genutzter Flächen zur Medienbearbeitung in dringend notwendige Seminarräume umzuwandeln. Wie bereits erwähnt, waren alle diese Umwandlungen von Flächen nur möglich, weil weniger genutzte Bestände in das Speichermagazin ReCAP umgesetzt werden konnten. Viele dieser Projekte wurden in engen Absprachen mit den Instituten realisiert und beruhten auf einem Handel, bei dem im Austausch gegen die Umwidmung von Bibliotheksflächen finanzielle Mittel für die Renovierung und Weiterentwicklung von Arbeitsplätzen für Studierende, Forscher/innen und Mitarbeiter/innen in den Bibliotheken bereitgestellt wurden.

Zwei strategische Partnerschaften mit akademischen Einrichtungen – die eine bereits etabliert, die andere im Aufbau – verdeutlichen die Anstrengungen, die universitäre Lehre direkt in die Räume der Bibliothek zu holen. Die erste ist eine bewährte Zusammenarbeit mit dem *University Writing Center*[1], sie bringt die Schreibberatung in der *Butler Library* mit der von den Fachreferenten/innen

1 http://www.college.columbia.edu/core/uwp/writing-center

angebotenen Beratung zur wissenschaftlichen Recherche zusammen. Diese enge Zusammenarbeit ermöglicht eine bessere Dienstleistung für die Studierenden. Grundlage ist die intensive Kommunikation und effiziente Bezugnahme zwischen Bibliothekaren/innen und Schreibberatern/innen. Bibliothekare/innen und andere Mitarbeiter/innen arbeiten außerdem mit den Dozenten/innen der Schreibtrainings zusammen, um in den Schulungsräumen der Bibliothek spezifische Kurse für bestimmte Forschungsfelder anbieten zu können. Mit Blick in die Zukunft ist die Schaffung besserer Räume für die Schreibberatung Teil der Planungen für ein erweitertes *Digital Humanities Center*.

In einem zweiten Beispiel wurde 2012 im Rahmen einer relativ neuen Zusammenarbeit mit der *Graduate School of Arts and Sciences* das *Teaching Center* in die *Butler Library* integriert. Das *Teaching Center* bietet in der Bibliothek wöchentliche Workshops und offene Sprechstunden für graduierte Studierende und Tutoren/innen an. Dabei arbeitet es mit Fachreferenten/innen sowie Mitarbeitern/innen von verschiedenen CUL/IS Abteilungen – unter anderem dem *Center for New Media Teaching and Learning*, dem *Center for Digital Research and Scholarship* sowie den *Digital Centers* (siehe dazu das nächste Unterkapitel) – sowie von anderen Partnern/innen an der Universität zusammen.[2] CUL/IS und die Graduate School arbeiten auch bei einem dreijährigen, von der *Teagle Foundation* geförderten Programm zur Schulung graduierter Studierender in der Verwendung geeigneter Techniken in der Lehre zusammen. Um die Dienstleistungen und die Sichtbarkeit des *Teaching Centers* zu verbessern, wurde im August 2013 *Studio@Butler*, eine frisch renovierte, mit dem *Digital Humanities Center* gemeinsam genutzte und vom *Graduate Center* mitfinanzierte Fläche eröffnet. Auf der Grundlage dieses schnellen Erfolges der Zusammenarbeit arbeiten die Partner derzeit an einem Antrag an die Universität für ein neudefiniertes, erweitertes *Teaching Center*, das zur Unterstützung von Lehre und Lernen offiziell mit CUL/IS verschmelzen soll.

In der Zukunft werden die Planungen der Universität für einen neuen Campus in Manhattanville[3], einem Stadtteil, der eine halbe Meile nördlich des zentralen Campus liegt, neue Herausforderungen und Möglichkeiten bieten, Bibliotheksdienstleistungen für räumlich weiter verteilte Nutzer/innen zu erbringen. CUL/IS wird sowohl mit der *Columbia Business School* als auch mit der *School of International and Public Affairs* zusammenarbeiten, um in den jeweiligen Gebäuden auf dem neuen Campus Bibliotheken zu integrieren. Die Gestaltung dieser neuen Einrichtungen wird dienstleistungs- anstatt bestandsbasiert sein und das kom-

2 http://teachingcenter.wikischolars.columbia.edu
3 http://neighbors.columbia.edu/pages/manplanning

plette Angebot zur Unterstützung von Forschung und Lehre in kleineren räumlichen Einheiten anbieten, als dies in den derzeitigen Bibliotheken der Institute der Fall ist. Die vor Ort verfügbaren gedruckten Bestände werden auf die von den Dozenten/innen eingerichteten Semesterapparate reduziert und es wird eine tägliche Lieferung von Materialien aus der Speichereinheit und von anderen Campusbibliotheken sowie eine elektronische Lieferung von Aufsätzen aus Büchern und Zeitschriften geben, wozu der existierende Lieferdienst ausgebaut wird. Die Architektur der neuen Bereiche wird sich auf die Unterstützung der sich verändernden Aktivitäten in Forschung und Lehre konzentrieren und sich an den Bedürfnissen von Wissenschaftlern/innen und Studierenden orientieren.

Digital Centers

Im Laufe der vergangenen Jahre hat CUL/IS erfolgreich verschiedene fachspezifische *Digital Centers* geplant und etabliert – das *Digital Humanities Center*, das *Digital Music Lab*, das *Digital Science Center* und das *Digital Social Science Center*. Jedes davon dient der Unterstützung der sich verändernden wissenschaftlichen Arbeitskulturen in den jeweiligen Fächern. Die *Digital Centers* bieten herausragende IT-Arbeitsumgebungen, fachspezifische Software, spezialisiertes Zubehör und Beratung durch Bibliothekare/innen und Technikspezialisten/innen. Alle diese Einrichtungen bieten einladende Arbeitsumgebungen für Einzel- und Gruppenarbeit und sind entsprechend stark genutzt (etwa 18.000 Nutzer/innen wurden 2012 an den Computerarbeitsplätzen gezählt). Der Erfolg des Konzepts hat zum Einsatz derselben technischen Infrastruktur auch in anderen Einrichtungen und zur Diskussion über die Errichtung weiterer *Digital Centers* auch für andere Fachrichtungen wie zum Beispiel Kunst und Architektur, Betriebswirtschaft und Theologie geführt. Die *Digital Centers* werden sowohl innerhalb der Universität als auch im Bibliothekswesen sehr stark wahrgenommen. Insbesondere das *Digital Science Center* in der *Science & Engineering Library* hat 2012 durch eine besondere Erwähnung in den *New Landmark Library Awards* des *Library Journal* nationale Beachtung erfahren (Schaper 2012). Die neue Einrichtung wurde für ihre Neudefinition von Bibliotheksflächen für das 21. Jahrhundert, ihre Einbeziehung von Gruppenarbeitsbereichen sowie für die persönlichen und elektronischen Beratungsangebote ausgezeichnet.

In vielerlei Hinsicht bieten die *Digital Centers* sowohl eine räumliche Plattform als auch ein Organisationprinzip für die neuen Arten von Beteiligung, wie sie oben beschrieben wurden. Bibliothekare/innen und IT-Spezialisten/innen

Abb. 2: *Science & Engineering Library*, Columbia University.

tung, Zugang zu und Bearbeitung von Medien sowie Datenerfassung, -analyse und -verwaltung.[4] Studierende und Wissenschaftler/innen finden die Werkzeuge und Informationen, die sie zur Lösung ihrer Aufgaben und zur Bearbeitung ihrer wissenschaftlichen Projekte brauchen, und werden dabei von Mitarbeitern/innen unterstützt, die denselben fachlichen Hintergrund haben. Um die Hilfestellung für das digitale wissenschaftliche Arbeiten in den Geistes-, den Natur- und den Sozialwissenschaften zu stärken, wurden Stellen geschaffen, die durch spezielle Programme für Studierende und Wissenschaftler/innen neue digitale Werkzeuge und Methoden anbieten. Die Mitarbeiter/innen, die auf diesen Stellen eingestellt wurden, sind alle Fachexperten/innen – sie alle sind gerade promoviert und bringen fachspezifisches Wissen über die in Entwicklung befindlichen Methoden in Forschung und Lehre mit. Diese Stellen zeigen das Engagement bei der Neuausrichtung von Personalressourcen weg von weniger relevanten Dienstleistungen hin zu den sich neu entwickelnden Prioritäten.

Mit zwei innovativen Fortbildungsinitiativen wird versucht, Wissenslücken bei den Mitarbeitern/innen der *Digital Centers* zu identifizieren und geeignete

4 http://library.columbia.edu/dhc, http://library.columbia.edu/music/music_lab, http://library.columbia.edu/dsc, and http://library.columbia.edu/dssc

Schulungen anzubieten, die den individuell bevorzugten Lernmethoden und -interessen entgegenkommen. Die Mitarbeiter/innen des *Digital Science Center* nehmen an einem Weiterbildungsprogramm teil, das darauf ausgerichtet ist, ihre Kompetenzen zu erkennen und unter Berücksichtigung ihrer individuellen Interessen verschiedene Softwareanwendungen zu schulen. Das Ziel ist es, die notwendigen technischen Kenntnisse unter den Mitarbeitern/innen zusammen mit einer unterstützenden Veränderung der Arbeitskultur zu verbreiten (Cartolano et al. 2013). Die Mitarbeiter/innen des *Digital Humanities Center* gehen in der Verbesserung ihrer Kenntnisse einen anderen Weg und haben ein zweijähriges Schulungsprogramm für Bibliothekare/innen und andere Mitarbeiter/innen auf den Weg gebracht, um neue Kenntnisse und Methoden bei der Unterstützung der digitalen Geisteswissenschaften zu erlernen.[5] Das Programm basiert auf der Idee, dass Lernprozesse dort am ehesten erfolgreich sind, wo sie in die Umgebung eingebettet werden, in der sie auch Verwendung finden. Daher finden die Schulungsaktivitäten um ein Forschungsprojekt aus dem Bereich der digitalen Geisteswissenschaften herum statt, das die Mitarbeiter/innen als Team gemeinsam aufbauen. Ziel ist es, die Teilnehmer/innen zu befähigen, nachhaltig neue Kenntnisse zu erwerben, die der möglichen Herangehensweise von Wissenschaftlern/innen an ein Projekt aus den digitalen Geisteswissenschaften entsprechen.

Mitarbeiter/innen der *Digital Centers* arbeiten mit Mitgliedern des Lehrkörpers in Projekten der Forschung und Lehre in den verschiedenen Fachrichtungen zusammen. Mitarbeiter/innen des *Digital Humanities Center* treten für das Institut für Englische und Vergleichende Literaturwissenschaften, das Institut für Geschichte sowie die *School of Continuing Education* als Dozenten/innen oder Zweitdozenten/innen in Kursen zu Forschungsmethoden und zu verschiedenen Aspekten digitaler Wissenschaft auf, während ein Mitarbeiter des *Digital Science Center* graduierte Studierende des Instituts für Chemie in erfolgreicher wissenschaftlicher Kommunikation und Datenmanagement unterrichtet. Auch in verschiedenen Forschungsprojekten arbeiten Mitarbeiter/innen der *Digital Centers* mit Wissenschaftlern/innen zusammen. Darunter befindet sich ein stipendienfinanziertes Projekt im *Spatial Information Design Lab*[6] der *Graduate School of Architecture, Planning and Preservation*, in dem versucht wird, mit Hilfe von Daten aus der Bibliothek und neuesten Visualisierungstechniken die Nutzung heutiger Wissenschaftlicher Bibliotheken zu kartieren. Das institutsübergreifende *Open Syllabus Project*[7] unter Leitung eines Wissenschaftlers aus dem Ins-

5 http://www.columbia.edu/cgi-bin/cul/resolve?developinglibrarian

6 http://www.spatialinformationdesignlab.org

7 http://opensyllabusproject.org

titut für Englische und Vergleichende Literaturwissenschaften hat zum Ziel, die erste umfangreiche, Open-Source-Volltextdatenbank von Universitätscurricula zu entwickeln. In einem von der *Alfred P. Sloan Foundation* finanzierten Gemeinschaftsprojekt mit *Mendeley* wird ein *Open-Source Citation Style Language* (CSL) Editor programmiert, der zusammen mit verschiedenen Literaturverwaltungsprogrammen genutzt werden kann.[8] In Zusammenarbeit mit der *Graduate School of Arts and Sciences* wurde das *Digital Center Internship Program* geschaffen, um einerseits graduierte Studierende bei der Verbesserung ihrer Technikkenntnisse und ihrer Karriereaussichten innerhalb und außerhalb der akademischen Welt zu unterstützen und andererseits Schulungen, Peer-to-Peer-Schulungen und experimentelles Lernen im Bereich der digitalen Wissenschaft anzubieten.[9] Der erste Stipendiatenjahrgang produzierte einige interessante Projekte, wie zum Beispiel die Programmierung eines Open-Source Index oder die Digitalisierung und Beschreibung einer Sammlung römischer Grabsteine.[10]

Die *Digital Centers* sind aber auch als Testumgebung für Innovationen in der Gesamtorganisation gedacht – Räume, in denen neue Technik und Dienstleistungen getestet und dann standardisiert oder verworfen werden können, je nachdem, ob sie in der begrenzten Testumgebung erfolgreich waren oder nicht. So werden derzeit zum Beispiel im *Digital Science Center* 3D-Drucker auf ihre Anwendbarkeit und Nachhaltigkeit als Standardangebot hin getestet.[11] Aus den *Digital Centers* sollen zwei Innovation- oder Maker-Spaces hervorgehen, der erste öffnete im August 2013. *Studio@Butler*, die bereits erwähnte Kooperation zwischen dem *Digital Humanities Center* und dem *Teaching Center* der *Graduate School of Arts and Sciences* wird Studierenden, Lehrenden, Bibliothekaren/innen und Technikspezialisten/innen erlauben, auf formelle und informelle Weise intellektuelle Erkenntnisse, interdisziplinäre Zusammenarbeit und Weiterbildung in einer interaktiven Umgebung aufzubauen.[12] Einrichtung und Technik werden auf Flexibilität und Veränderung hin gestaltet, so dass Nutzer/innen den Raum einfach und schnell ihren jeweiligen Gruppenbedürfnissen entsprechend anpassen können. Sowohl Wissenschaftler/innen als auch Studierende sind von der Aussicht, den neuen Raum nutzen zu dürfen, begeistert und haben bereits Aktivitäten wie Programmiermarathons, Recherchemarathons in Bezug auf eine bestimmte Forschungsfrage, digitale Labore für geisteswissenschaftliche Semi-

---

8 http://csleditor.wordpress.com
9 ttp://library.columbia.edu/technology/specialized-technologies/digital_internship.html
10 https://blogs.cul.columbia.edu/dcip
11 http://3dprint.cul.columbia.edu
12 http://library.columbia.edu/butler/studio.html

nare und auf spezifische Forschungsmethoden oder -werkzeuge ausgerichtete Thementage vorgeschlagen. Ein ähnlicher Raum wird in Zusammenarbeit mit der *School of Engineering and Applied Sciences* geplant. Dieser wird einen eher traditionellen Bibliotheksbereich ersetzen, der demnächst einem neuen Informatikinstitut weichen soll. Einer der nächsten Schritte ist die Entwicklung digitaler Umgebungen, die die im physischen Raum bereits gut ausgebauten Software- und Unterstützungsdienstleistungen im Netzwerk zur Verfügung stellen, wo sie mit Computern und mobilen Endgeräten von den Studierenden und den Wissenschaftlern/innen abgerufen werden können. Diese Digitalisierung der Dienstleistungen wird interessante Implikationen für die Planung von Bibliotheksräumen haben, da Dienstleistungen und Ressourcen dann entkoppelt von einem spezifischen Ort angeboten werden können.

Fazit

Die Entwicklung der Nutzung von Bibliotheksräumen an der Columbia University war in den letzten zehn Jahren vor allem durch die Anpassung an sich verändernde Bedingungen in Forschung und Lehre gekennzeichnet. Flächen wurden bewusst von Bereichen zur Magazinierung und Bearbeitung gedruckter Bestände in Richtung neuer, strategisch wichtiger Nutzungen entwickelt. Diese Entwicklung kann auch als eine Serie strategisch geführter Verhandlungen gesehen wer den. Handlungsspielräume für vielerlei Ziele mit wechselnden Partnern/innen wurden eröffnet, immer auf den aktiven und sinnvollen Austausch mit den Aktivitäten der Wissenschaftler/innen und Studierenden in Forschung und Lehre ausgerichtet. Dies kann die Umwandlung von Flächen für Bestände zur Vergrößerung oder Verbesserung studentischer Arbeitsplätze oder zur Schaffung neuer Seminarräume und Labore sein, oder es können auch Anreize für die Unterstützung neuer Partnerschaften sein oder es geht um finanzielle Ressourcen zur Förderung organisatorischer Veränderung. Ein bewusster und flexibler Zugang zur Planung von Bibliotheksflächen ist notwendig für die zukünftige Lebensfähigkeit Wissenschaftlicher Bibliotheken und die Dienstleistungen, die sie den Institutionen, für die sie arbeiten, anbieten.

Übersetzung: Melanie Volk, Olaf Eigenbrodt

Literatur

Association of Research Libraries (2013): LibQUAL+®: Charting Library Service Quality. http://www.libqual.org

Bennett, S. (2009): „Libraries and Learning: A History of Paradigm Change".In: portal: Libraries and the Academy 9, 181–197.

Cartolano, R. et al. (2013): Building the Future: Leveraging Facilities Projects as Platforms for Organizational Change. Panel presentation at the Association of College and Research Libraries conference, Indianapolis, Indiana, April 10-13. http://hdl.handle.net/10022/AC:P:20260

Latimer, K. (2011): „Collections to Connections: Changing Spaces and New Challenges in Academic Library Buildings". In: Library Trends 60, 112–133.

Neal, J. G. (2011): „Prospects for Systemic Change Across Academic Libraries". In: EDUCAUSE Review 46, 10–11.

Neal, James G. (2004): „The ReCAP Artifactual Repository Planning Project". In: Library Collections, Acquisitions, & Technical Services 28, 25–28.

Renfro, P.; Neal, J. G (2012): „The Integration of Libraries and Academic Computing at Columbia: New Opportunities for Internal and External Collaboration". In: Journal of Library Administration 52, 162–171.

Schaper, L. (2012): „New Landmark Libraries 2012: Academic Library Winners and Honorable Mentions". In: Library Journal. http://lj.libraryjournal.com/2012/06/buildings/national-landmark-libraries-academic-library-winners-and-honorable-mentions/

Oliver Kohl-Frey

Die Universitätsbibliothek als neuer Lernraum: Konzepte der Universität Konstanz

Einführung

Die Bibliothek der Universität Konstanz befindet sich derzeit in der größten Sanierungsphase ihrer – noch jungen – Geschichte. Nach unvorhergesehenen Asbestfunden im Herbst 2010 werden seit Mitte 2012 circa drei Viertel der Bibliotheksbereiche komplett saniert. Was als Krise begann wurde rasch zu einer enormen Chance für die Hochschule und ihre Bibliothek: Wenn die Sanierung im Wintersemester 2014/15 abgeschlossen sein wird, wird sich die Bibliothek der Universität Konstanz konzeptionell, räumlich und technisch auf der Höhe der Zeit präsentieren.

Im Folgenden werden zunächst die spezifischen Konstanzer Rahmenbedingungen erläutert. Anschließend werden die der Konzeption zugrundeliegenden Ideen – Bibliothek als Raum für Medien, als Raum zum Lernen und als sozialer Raum – hergeleitet, bevor abschließend die konkrete Umsetzung dieser Ideen im Rahmen der Sanierung dargestellt wird. Dabei wird insbesondere auch die Verbindung von realem Bibliotheksraum und digitalem Content unter dem Begriff *Blended Library* thematisiert.

Historische und aktuelle Rahmenbedingungen

Die Bibliothek der Universität Konstanz wurde in den 1960er Jahren als Idealtypus einer streng einschichtigen Bibliothek mit ausschließlich systematischer Freihandaufstellung gegründet. Dem Reformimpuls der Universitätsgründung 1966 folgend stellte dieses unter dem Gründungsdirektor Joachim Stoltzenburg umgesetzte Konzept ein Novum in der deutschen Bibliothekslandschaft dar (Stoltzenburg 1970).

Die Buchbereiche der Bibliothek sind in mehrere Gebäudeteile unterteilt, wobei der größte Teil davon einen zusammenhängenden Bibliothekskomplex bildet (Informationszentrum, Buchbereiche G, S und J mit zusammen circa 21.500 m^2) und lediglich der naturwissenschaftliche Buchbereich N (circa 3.500 m^2) davon getrennt nahe den naturwissenschaftlichen Laborgebäuden liegt. Die

Bereiche G, S und J (zusammen circa 17.000m²) sind mit einer selbsttragenden Stahlregalanlage ausgestattet, die baulich kaum Veränderungen zulässt. Frei veränderbare Flächen finden sich – neben dem Buchbereich N – lediglich im Informationszentrum sowie auf vier Etagen in den Übergängen zwischen G und S (zusammen circa 4.500 m²). Die Darstellung der Universität mit den Buchbereichen (Abb. 1) zeigt auch die vollständige Integration der Bibliotheksbereiche in den Gebäudekomplex der Universität. Von einem eigenständigen Bibliotheksgebäude kann nicht gesprochen werden; die Buchbereiche liegen – quasi als Zentrum der Universität – in der baulichen Mitte der Hochschule (Fuhlrott 1983).

Die Bibliothek der Universität Konstanz umfasst heute circa 2,1 Mio. physisch vorhandene Medieneinheiten (vorwiegend gedruckte Bände und audiovisuelle Medien), die für die Nutzer/innen frei zugänglich und feinsystematisch aufgestellt zur Verfügung stehen. Dabei wurde von Beginn an die Leitlinie verfolgt, Arbeitsplätze jeweils nahe bei den Beständen zu schaffen, um den Nutzern/innen Plätze direkt bei der von ihnen verwendeten Literatur zur Verfügung zu stellen. Bestand und Arbeitsplätze sind also nicht voneinander getrennt – wie in der klassischen Dreiteilung in Magazin, Lesesaal und Verwaltung üblich –, sondern Bestand und Arbeitsplätze wurden schon immer zusammen gedacht.

An der Bibliothek der Universität Konstanz wurde von Beginn an mit IT-Unterstützung gearbeitet (Stoltzenburg 1974) – die Bibliothek ist also streng genommen schon immer auch eine digitale Bibliothek. Seit Ende der 1990er Jahre wächst zudem stetig die elektronische Volltextversorgung, so dass die Bibliothek heute selbstverständlich eine hybride, in einigen Wissenschaftsgebieten sogar eine fast ausschließlich digitale Bibliothek ist. Dafür stehen exemplarisch das Online-Repositorium KOPS (Konstanzer Online Publikations-Server, seit 1999) oder die Literatursuchmaschine *KonSearch* (auf der Basis des *Resource Discovery Systems Summon* von *Serials Solutions*, seit 2011). Im Jahr 2012 stieg der Ausgabenanteil für elektronische Medien am Erwerbungsetat erstmals auf über 50 Prozent.

Die Bibliothek der Universität Konstanz hat in den Jahren 2008 bis 2011 jeweils Platz 1 unter den einschichtigen Universitätsbibliotheken im Bibliotheksindex BIX belegt; im Jahr 2010 erhielt sie die Auszeichnung „Bibliothek des Jahres“. Die Universität Konstanz ist mit circa 10.000 Studierenden eine mittelgroße, forschungsstarke Universität, die seit 2007 im Rahmen der Exzellenzinitiative den Titel einer Exzellenzuniversität trägt.

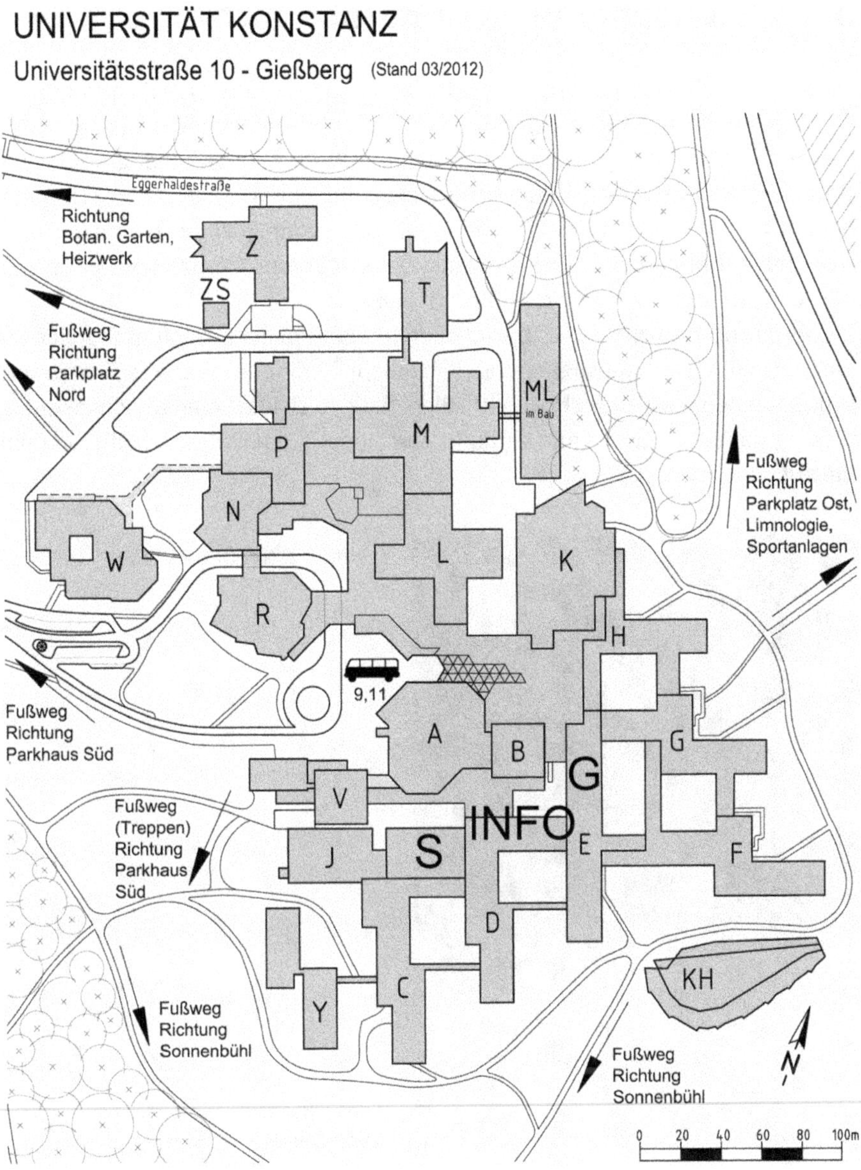

Abb. 1: Schematische Darstellung der Universität Konstanz mit den Buchbereichen Info, S und G (Grafik: Universität Konstanz).

Schadstoffsanierung der Buchbereiche

Mit Ausnahmen des Neubaus der beiden neueren Gebäude N (1982) und J (2003) wurden die Buchbereiche seit Gründung der Universität nicht erweitert; die gesamten Bibliotheksbereiche wurden seit den 1970er Jahren nicht grundlegend verändert. Die Schadstoffsanierung, die aufgrund von Asbestfunden im November 2010 notwendig wurde (Hätscher et al. 2011), ermöglicht nun eine Renovierung und darüber hinaus die Anpassung des bewährten Konstanzer Konzepts an die heutigen und zukünftigen Anforderungen.

Aufgrund der vollständigen baulichen Integration der Bibliotheksbereiche in die Universität sind dabei gravierende bauliche Veränderungen wie Erweiterungen, Anbauten oder Ähnliches nicht möglich. Da es sich um eine 1:1-Schadstoffsanierung handelt, müssen alle Veränderungen im Rahmen dieser Baumaßnahme umgesetzt werden.

Abb. 2: Rohbauzustand nach Asbestrückbau (Foto: Michael Frank).

Die Sanierung wird durch den Landesbetrieb Vermögen und Bau Baden-Württemberg, Amt Konstanz, gemeinsam mit den Architekten von Ernst² / MB Frank durchgeführt. Die Universität mit ihrer Bibliothek ist als Nutzerin an der Sanierung beteiligt.

Die eigentliche Sanierung begann mit der Auswahl der Architekten im Herbst 2011. Der Rückbau aller asbesthaltigen Bauteile konnte im Sommer 2012 beginnen und wurde im Sommer 2013 abgeschlossen (siehe Abb. 2). Die Wiedereröffnung ist für das Wintersemester 2014/15 geplant.

Leitideen der Neukonzeption

Die gesamte Sanierungskonzeption beruht aus Sicht der Bibliothek auf der festen Überzeugung, dass die Bibliothek als Raum auch künftig eine wichtige Rolle in Studium, Lehre und Forschung spielen wird. Diese Überzeugung bezieht sich nicht nur auf die Bibliothek als (1) Raum für den gedruckten Bestand, sondern zunehmend (2) als Raum für das Lernen und (3) als sozialem Raum. Die Bibliothek wird künftig nur noch teilweise ein „Ort der Bücher" (Jochum 1996) sein. Diese drei Aspekte sollen zunächst allgemein hergeleitet, danach auf die konkrete Neukonzeption der Konstanzer Bibliothek bezogen dargestellt werden.

(1) Die an der Universität Konstanz sehr starken Geistes- und ein Teil der Sozialwissenschaften werden auch künftig auf *Medien in gedruckter Form* angewiesen sein, so dass das der Konstanzer Bibliothek zugrundeliegende Konzept der systematischen Freihandaufstellung der Printbestände auch in Zukunft seine Bedeutung behalten wird. Allerdings wird, wie in den Natur- und Teilen der Sozialwissenschaften bereits geschehen, die Literaturversorgung zunehmend digital stattfinden. Die Geisteswissenschaftler/innen wünschen sich vermehrt seriöse elektronische Angebote (Krähling 2010) und die Verlage gehen – wenn auch teils zögerlich – auf diese Wünsche ein. Für die Konzeption der Sanierung bedeutet das, dass für diese noch eher papierorientierten Wissenschaften ausreichend Stellfläche einzuplanen ist. Der gedruckte Bibliotheksbestand, wird über die Jahre zwar immer langsamer zunehmen beziehungsweise nach und nach aufgrund von Aussonderungen sogar abnehmen.[1] Aber dennoch muss ein Bestand von zwei Millionen gedruckten Einheiten auch nach einer Sanierung seinen Platz finden.

In den bereits stark digitalen Wissenschaftsfächern hat zwar die systematische Freihandaufstellung ebenfalls weiterhin ihre Berechtigung, und sie wird in der Konstanzer Freihandsystematik weitergeführt werden. Sie ist aber aufgrund der abnehmenden Bedeutung des gedruckten Bestands unvollständig, weil sich die digitalen Medien im Regal nicht angemessen darstellen lassen oder dort

1 Während der Sanierungsphase von circa vier Jahren werden große Anstrengungen unternommen, nicht mehr benötigte Literatur auszusondern, um Flächen für flexible Nutzung zu gewinnen. In den Jahren 2011, 2012 und 2013 überstieg die Zahl der ausgesonderten Bände jeweils die Zahl der neu erworbenen, so dass für diese beiden Jahre ein Bestandsabbau verzeichnet werden kann.

gleich gar nicht gesucht werden. Die Herausforderung ist deshalb die Integration der digitalen und der gedruckten Bestände einerseits in *einem Suchraum*, andererseits auch im realen *Lern- und Arbeitsraum* Bibliothek. Dieser Aspekt wird im Abschnitt *Gedruckter und elektronischer Bestand im Raum Bibliothek* weiter ausgeführt werden (siehe dazu auch den Beitrag von Janin Taubert in diesem Band S. 164–182).

(2) Die Bibliothek als *Raum für das Lernen* hat in Konstanz schon seit jeher eine große Rolle gespielt. Die Anordnung der Lese- und Arbeitsplätze in den systematisch aufgestellten Freihandbeständen – und nicht in einem Lesesaal, in den man sich Material aus einem geschlossenen Magazin bestellen muss – hat diese Idee von Anfang an unterstützt. Vor der asbestbedingten Schließung konnte die Bibliothek den circa 10.000 Studierenden ungefähr 1.150 Arbeitsplätze anbieten, was die im DIN-Fachbericht 13 (Deutsches Institut für Normung 2009) geforderten Relationen sogar übertrifft. Auch diese Tradition wird im Rahmen der Sanierungsplanung fortgeführt und an die aktuellen und zukünftigen Bedürfnisse angepasst: Arbeitsplätze müssen in ausreichender Zahl verfügbar sein, sie müssen für individuelle Lerngewohnheiten ausreichend differenziert sein, sie müssen sowohl Einzel- als auch Gruppenarbeit unterstützen, sie müssen den von den Benutzern/innen gewohnten aktuellen technischen Stand abbilden, sie müssen auch zukünftig flexible Nutzungen ermöglichen, sie müssen zu einer angenehmen Lernatmosphäre beitragen – diese Anforderungen sind in den letzten Jahren ausreichend dargelegt und begründet worden (McDonald 2006; Wiestler 2009). Das Hauptaugenmerk bei der Sanierung aus Sicht der Bibliothek liegt deshalb auf dem Ausbau und der Optimierung des Arbeitsplatzangebots.

(3) Zunehmend werden Bibliotheken zum *sozialen Raum* innerhalb der Hochschulen. Gefragt sind nicht mehr nur Einzelarbeitsplätze zum stillen Studieren, sondern seit längerem auch Gruppenarbeitsräume, flexible Begegnungszonen und auch Beratungsangebote durch universitäre und andere Einrichtungen. Die Stichworte *Information commons* und *Learning resource centres* stehen für diese Entwicklung. Auch in der Konstanzer Sanierungskonzeption nimmt die Idee der Bibliothek als sozialer Raum eine zentrale Rolle ein. Dies hat vor dem Hintergrund des enormen Platzmangels an der Universität eine besondere Bedeutung, denn in den vergangenen Jahren fielen an verschiedenen Stellen der Universität außerhalb der Bibliothek freie Flächen zur studentischen Nutzung Überbauungen zum Opfer, so dass die Bibliothek letztlich als einziger studentischer Lernraum verblieben ist.

Baulicher Leitgedanke der Sanierung war die Anpassung des bestehenden Gebäudes an heutige Anforderungen etwa in Bezug auf Brandschutz, Medientechnik oder energetische Nachhaltigkeit, ohne dabei den Charakter innerhalb des Bibliotheksteils im gesamten, vorwiegend aus den siebziger Jahren stammenden Universitäts-Ensemble zu verändern. So wurde eine Form der sanften Modernisierung gewählt, die mit Farben und Formen den Geist der Bauzeit in einer aktuellen Version wieder aufzugreifen versucht.

Konkrete Umsetzung im Rahmen der Sanierung[2]

Was bedeutet das nun für die tatsächlichen Planungen im Rahmen der Möglichkeiten einer Schadstoffsanierung? Auf den im vorangegangenen Abschnitt grundlegend beschriebenen Überlegungen basieren die folgenden Planungen für die teilweise neu konzipierte Konstanzer Bibliothek.

(1) Gedruckter und elektronischer Bestand im Raum Bibliothek

Der vorhandene Printbestand der Bibliothek mit etwa zwei Millionen Einheiten soll wiederum in systematischer Freihandaufstellung zur Verfügung gestellt werden; eine Magazinierung in einem geschlossenen Magazin wäre für die Universität keine Alternative. Da die selbsttragende Stahlregalanlage im größten Teil der Bibliothek im Rahmen der aktuellen Sanierung nicht zur Disposition steht und erhalten bleiben wird, soll die Präsentation der Printbestände weitgehend auf diese Bereiche konzentriert werden. Räumliche Veränderungen müssen sich deshalb auf die flexiblen Zonen beschränken, von denen das Informationszentrum die größte ist. Während der Sanierung wird der gesamte Medienbestand mit RFID ausgestattet werden, um nach der Wiedereröffnung eine benutzerfreundliche Selbstausleihe und -rückgabe während der gesamten Bibliotheksöffnungszeiten (geplant ist weiterhin eine Öffnung rund um die Uhr, also 24/7) zu ermöglichen.[3]

Die bereits benannte Herausforderung der Verknüpfung von gedrucktem und elektronischem Bestand wurde von vielen Bibliotheken in den vergangenen Jahren mit dem Einsatz von modernen Katalogen (OPAC 2.0) oder Literatursuch-

---

2 Der Aufsatz entstand im Jahr 2013 und damit zu einem Zeitpunkt, zu dem sich die konkrete Ausgestaltung noch in der Werk- beziehungsweise Detailplanungsphase befand. Beschrieben werden hier also noch nicht bestehende Umsetzungen, sondern weitgehend durchgeplante, aber noch nicht realisierte Schritte.

3 Schon jetzt ist eine Selbstausleihe (allerdings über Barcode) möglich. Insgesamt werden damit die Selbstbedienungsfunktionen gestärkt, nachdem schon 2011 die elektronische Bezahlung von Bibliotheksgebühren mittels EC-Lastschrift oder Kreditkarte eingeführt wurde.

maschinen (Resource Discovery Systemen) zu lösen versucht. Auch an der Universität Konstanz wurde mit KonSearch als Literatursuchmaschine – auf der Basis des Produkts Summon – dieser Weg beschritten. In KonSearch sind mittlerweile weit über 200 Millionen Einheiten indexiert, darunter neben den aus dem Bibliothekssystem eingespielten Printbeständen auch die Titel aus den eingekauften eBook-Paketen sowie der größte Teil der Aufsätze aus den lizenzierten eJournals (Kohl-Frey 2012). Damit ist auf der Seite der elektronischen *Nachweisinstrumente* die Zusammenführung von gedrucktem und elektronischem Bestand weitgehend erreicht, so dass eine Recherche über den gesamten von der Bibliothek angebotenen Content möglich ist. Wie aber werden digitale Ressourcen auf geeignete Art und Weise im *Lernraum* Bibliothek präsentiert?

Die Präsentation der gedruckten Bestände am Ort Bibliothek wird seit jeher sehr unterschiedlich gelöst; in Wissenschaftlichen Bibliotheken aber hat sich erst in den vergangenen zwei Jahrzehnten eine Freihandpräsentation – zumindest als Wunschziel – weitgehend durchgesetzt. In Konstanz wurde seit den 1960er Jahren konsequent auf systematische Freihandaufstellung gesetzt und dieses Prinzip soll auch zukünftig die Basis für die Präsentation des gedruckten Bestands sein. Gleichzeitig wurde im Jahr 2012 erstmals mehr als die Hälfte des Literaturetats für elektronische Medien aufgewendet. Auf diese wird vermutlich größtenteils über elektronische Zugangswege wie KonSearch, die Elektronische Zeitschriftenbibliothek oder Google zugegriffen. Aber es stellt sich die grundsätzliche Frage, wie diese digitalen Ressourcen am Ort Bibliothek in den Fokus des Literatursuchenden kommen können – denn sonst nehmen die Benutzer/innen dort wahrscheinlich nur den gedruckten Bestand wahr, und damit gibt es eine weitere Form von *Digital divide*, die nicht im Sinne der Bibliothek und ihrer Nutzer/innen sein kann: Gedrucktes am Ort, Elektronisches im Netz.

Gerade öffentliche Bibliotheken haben in den letzten Jahren Mittel und Wege gesucht und gefunden, um die elektronischen Bestände auch im realen Raum Bibliothek zu präsentieren (vgl. Taubert 2013). Einige dieser Ideen werden mittlerweile auch in wissenschaftlichen Bibliotheken eingesetzt und sollen auch nach der Neueröffnungen der Konstanzer Bibliothek zum Einsatz kommen: So wird zum Beispiel mit Hilfe von QR-Codes eine Verknüpfung von inhaltlich zusammengehörigen gedruckten und digitalen Beständen erreicht werden. Denkbar ist dies etwa bei Zeitschriftentiteln, die nur noch zum Teil als Printbestand im Regal stehen, da die neueren Jahrgänge nur noch elektronisch lizenziert wurden. Oder am Ort der gedruckten Zeitschriften eines Faches kann mit Hilfe eines QR-Codes auf ein Gesamtverzeichnis des gesamten Zeitschriftenbestands des Faches – sowohl in Print als auch eJournals – verlinkt werden. Durch den Scan des QR-Codes mit einem Smartphone oder einem Tablet kann dann die entsprechende Seite im Browser aufgerufen werden.

Eine thematische Suche im Rahmen der systematischen Aufstellung kann auf diese Art und Weise erweitert werden, indem QR-Codes am systematischen Standort zu einem Thema – also zum Beispiel am Regal – direkt auf die Ergebnisse einer systematischen Recherche zu diesem Thema verlinken und dabei im besten Fall sowohl gedruckte als auch elektronische Bestände zusammen darstellen. Der Einsatz von QR-Codes ist mittlerweile schon fast ein Standard bei der Verbindung von realem Ort und digitalen Angeboten geworden (vgl. Pfeifenberger 2010).

Auch der Einsatz von digitalen Bilderrahmen oder Displays zur Anzeige elektronischer Angebote ist im Bereich vor allem öffentlicher Bibliotheken mittlerweile verbreitet (vgl. Taubert 2013). An der Universität Konstanz wird derzeit jedoch in einem gemeinsamen Projekt zwischen dem Fachbereich Informatik – hier vor allem der Arbeitsgruppe Mensch-Computer-Interaktion – und der Bibliothek im Projekt *Blended Library* an der Erprobung neuer, weitergehender Formen der „Verschneidung" von realer und digitaler Bibliothek gearbeitet.[4]

Ein besonders vielversprechendes Projekt ist dabei das *Blended Shelf*. Hier werden mit Hilfe eines Multitouch-Displays der gedruckte und der digitale Bestand der Bibliothek in einem virtuellen Regal dargestellt. Durch dieses virtuelle Regal lässt sich mit Hilfe der üblichen Gestensteuerung browsen, es lassen sich einzelne Titel aufrufen, beim Vorhandensein von elektronischen Texten (ToC, Volltext und ähnliches) lassen sich diese direkt aufrufen. Idealerweise würde bei einem gedruckten Exemplar direkt der Ausleihstatus angezeigt, der/die Benutzer/in kann die bibliographischen Daten auf das Smartphone laden und zum Regal gehen (oder sich – noch ein Schritt weiter gedacht – mit dem Smartphone dorthin navigieren lassen). Im Juni 2013 wurde im Rahmen einer Masterarbeit mit einem Prototyp des *Blended Shelf* eine Nutzungsstudie in der Bibliothek durchgeführt; auf dieser Basis soll der Service weiterentwickelt werden.[5]

Neben der Fortführung der bewährten systematischen Freihandaufstellung für gedruckte Bestände wird demnach in den nächsten Jahren der sinnvollen Verbindung des realen Orts mit dem digitalen Content ein besonderes Augenmerk gelten.

---

4 http://hci.uni-konstanz.de/

5 Auf dem 102. Deutschen Bibliothekartag in Leipzig 2013 gab es zum Blended Shelf einen Vortrag von Eike Kleiner, Roman Rädle und Harald Reiterer: http://www.opus-bayern.de/bib-info/volltexte/2013/1410/

Abb. 3: Nutzungsstudie zum *Blended Shelf* im Juni 2013 in der Bibliothek (Foto: Universität Konstanz).

(2) Bibliothek als Raum für das Lernen

Die Bibliothek der Universität Konstanz hat sich schon immer auch als Ort des Arbeitens und Lernens verstanden (Stoltzenburg 1970, 87). Bereits in den vergangenen Jahren wurde im Rahmen der vorhandenen Möglichkeiten auf die sich verändernden Bedürfnisse vor allem der Studierenden reagiert. So wurden zum Beispiel beim Neubau des Buchbereichs J, der im Jahr 2003 eröffnet wurde, 54 Arbeitsräume eingeplant, die sowohl für Einzelarbeit als auch für Gruppenarbeiten nutzbar sind. Im Buchbereich N wurde nach der Makulierung zahlreicher Zeitschriftenbände 2009 ein großer Gruppenarbeitsbereich für naturwissenschaftliche Studierende geschaffen. Im Rahmen der laufenden Sanierung aber hat das Thema Arbeitsplätze eine nochmals deutlich höhere Priorität:

Es werden mehr Arbeitsplätze als bisher geschaffen. Vor der asbestbedingten Schließung der Bibliothek im November 2010 konnten etwa 1.150 Plätze angeboten werden. Während der Sanierungsphase, in der lediglich circa 7.000 von 25.000 m^{2}zu Verfügung stehen, konnten nur knapp 800 Plätze eingerichtet werden. Dies führt vor allem in den Prüfungsphasen – trotz 24-Stunden-Öffnung – zu einer extremen Überlastung der Lernmöglichkeiten. Auch vor der Sanierung waren die Kapazitäten häufig ausgeschöpft; eine Aufstockung über das vorherige Maß hinaus ist deshalb dringend notwendig.

Es werden sehr viele verschiedene Arten von Arbeitsplätzen in verschiedenen Arbeitsplatzzonen geschaffen. Es gibt vermutlich so viele Lerntypen wie es Studierende an einer Universität gibt, die vermutlich nie alle zufriedenzustellen sind. Mit einer breiten Vielfalt an verschiedensten Plätzen aber lässt sich vermutlich der größte Teil der Bedürfnisse abdecken. Dabei bleibt das bewährte Modell des *Einzelarbeitsplatzes* mitten im Buchbereich – direkt bei den interessierenden Beständen also – der weiterhin am meisten vorkommende Typus. An den zahlreichen Brüstungen entlang der Lufträume der Buchbereiche werden wieder zahlreiche dieser Plätze entstehen. Daneben wird gezielt ein Bereich geschaffen, der für ruhiges Einzelarbeiten gedacht ist, was in den insgesamt eher offenen und daher akustisch nicht optimalen Buchbereichen besonders notwendig scheint. In einem *Lesesaal*, der für Konstanz ein absolutes Novum darstellt, werden circa 60 Arbeitsplätze geschaffen, die für wirklich absolutes Still-Arbeiten vorgesehen sind. In diesem Raum wird vor allem ein großes Studiermöbel, angelehnt an den Stil angelsächsischer Bibliotheken, die Atmosphäre prägen, die auch sonst – konstanzuntypisch – eher gediegen sein wird. Auch in zwei weiteren mehr am Rande liegenden Zonen werden separate ruhige Bereiche geschaffen, die mit speziellen Möbeln ausgestattet werden. Doch nicht nur das Arbeiten alleine, sondern auch das Arbeiten in der Gruppe, wurde bereits in den vergangenen Jahren zunehmend wichtiger, und dieser Tatsache wird mit der Schaffung von sechs zusätzlichen neuen *Gruppenräumen* Rechnung getragen. Diese werden circa 25 m² groß und mit aktuellster Technik ausgestattet sein (siehe unten). Flexibilität ist bekanntermaßen eine der wichtigsten Anforderungen an eine moderne Bibliothek (McDonald 2006). Diesem Grundsatz folgend werden vor allem im Informationszentrum Zonen belassen, in denen Bibliotheksbenutzer/innen *anpassbare und veränderbare Bedingungen* vorfinden werden. Dazu gehört das Mediodeck, eine circa einen Meter höher liegende Ebene, die mit flexiblen Sitzmöbeln ausgestattet sein wird. Auch im Bibliothekscafé wird ein Großteil der Möbel verschieb- und zusammenstellbar sein, so dass auch hier – wie in einem Café eben – Einzelarbeit neben gemeinsamem Arbeiten möglich sein wird.

Es werden sehr viel besser ausgestattete Arbeitsplätze geschaffen. Als die Bibliothek in den 1970er Jahren gebaut wurde, reichten zum Arbeiten mit gedruckten Beständen letztlich ein Tisch und ein Stuhl. Diese Situation hat sich bekanntlich drastisch geändert und ein Hauptwunsch der Studierenden in den letzten Jahren war dementsprechend auch immer der nach mehr Steckdosen und besserer WLAN-Abdeckung. Diesem Wunsch wird nun rundum Rechnung getragen:

Fast alle festen Arbeitsplätze werden mit Doppelsteckdosen ausgestattet werden. Das WLAN wird so engmaschig ausgebaut, dass grundsätzlich die Ortung von Geräten wie Smartphones und dadurch eine Navigation in der Bibliothek möglich wäre.[6] Und ein großer Teil der festen Plätze erhält einen LAN-Zugang.[7] Gerade die letzte Entscheidung wurde mit den Projektbeteiligten länger diskutiert, weil in Zeiten der zunehmenden Verbreitung smarter *Mobile devices* ohne LAN-Eingang die Sinnhaftigkeit einer solchen Investition durchaus hinterfragt werden kann. Allerdings zeigt sich ein weiterer Trend, nämlich der zu zunehmend größeren Datenmengen, die Studierende heute downloaden und nutzen, zum Beispiel Vorlesungsmitschnitte, medienwissenschaftlich relevante Filme und Ähnliches. Aus Sicht der Bibliothek scheint es deshalb notwendig, auch eine kabelgebundene Infrastruktur zum Netz zu ermöglichen, was dadurch umgesetzt wird.

Selbstverständlich wird es eine große Anzahl an *Spezialarbeitsplätzen* geben. Dazu zählen klassische Bibliotheksarbeitsplätze wie Mikrofilmscanner, Readerprinter oder ein Leseraum unter Aufsicht (etwa für Rara-Bestände), aber auch Videoschnittplätze oder zwei Filmsichtungsräume, zum Beispiel für historische oder medienwissenschaftliche Seminargruppen, die gemeinsam Filme schauen und besprechen wollen.

Darüber hinaus wird es zwei sogenannte *Labs* geben. Ein *Media Lab* im Informationszentrum wird als Experimentierfeld für den Einsatz neuer Technik dienen, die für Einzel- und Gruppenarbeiten im Bibliotheksumfeld an Bedeutung gewinnen. Derzeit sind dafür zum Beispiel Multitouch-Tische geplant, mit denen auch kollaboratives Arbeiten möglich sein wird. Das *Teaching Lab* soll, als spezielles Angebot für die Universität, neuen Lehr- und Lernformen einen Raum bieten. Dozenten/innen der Universität werden diesen Raum nach Reservierung für Lehrveranstaltungen nutzen können, um mit dem dort verfügbaren Equipment zu arbeiten.

---

6 Das analoge Leit- und Orientierungssystem der Bibliothek wird komplett überarbeitet und an das Design der Universität angepasst. Digital Signage wird an mehreren Stellen in den Buchbereichen zum Einsatz kommen, um tagesaktuell Informationen etc. verbreiten zu können. Die Einführung eines erweiterten Gebäudenavigationssystems befindet sich in der Planungsphase.

7 Durch den Einsatz von Bodenkanälen zur Kabelführung kann die Flächennutzung auch künftig recht einfach neuen technologischen Anforderungen angepasst werden.

(3) Bibliothek als sozialer Raum

Seit einigen Jahren ist zunehmend anerkannt, dass Bibliotheken nicht mehr nur Orte zum stillen Studieren sind, sondern auch Orte der Begegnung, des sozialen Austauschs und des gemeinsamen Arbeitens. Wissenschaftliche Bibliotheken haben in dieser Beziehung vieles von ihren öffentlichen Pendants gelernt. Einige Aspekte der Bologna-Reform seit Beginn des Jahrtausends – wie zum Beispiel mehr verpflichtende Lehrveranstaltungen und straffere Stundenpläne, höherer Anteil von Gruppenarbeiten – haben auch direkte Auswirkungen auf die Nutzung von Hochschulbibliotheken.

Im Rahmen der Sanierung wird deshalb eine weitere *Gruppenarbeitszone* mit sechs zusätzlichen Gruppenräumen geschaffen. Die Räume haben alle zwischen 20 und 30 m² und lassen sich deshalb sowohl von einer größeren als auch von mehreren kleineren Gruppen belegen. Diese Planung von größeren und damit flexibleren Zonen hat sich andernorts an der Universität bereits bewährt und soll deshalb an dieser Stelle weiter umgesetzt werden. Diese Ausstattung soll mit flexiblen, klappbaren Tischen erfolgen, um Studierenden die Möglichkeit zu geben, die Räume nach ihrem Bedarf umzumöblieren. Große interaktive Touch-Displays werden es den Nutzern/innen in jedem Raum individuell ermöglichen, mobile Geräte (Notebooks etc.) zum gemeinsamen Arbeiten anzuschließen und vor Ort zu nutzen. An diesen Displays gemeinsam erarbeitete Inhalte können wiederum verändert und gespeichert werden.

Diese für gemeinsames Arbeiten und Reden angelegte Zone wird in einem Übergangsbereich zwischen den beiden Buchbereichen S und G angelegt, was zu einer geringeren Lärmbelastung dieser anderen, leisen Arbeitszonen führen wird.

Im Informationszentrum wird ein circa 250 m² großes *Bibliotheks-Café* entstehen. Das Informationszentrum als die zentrale Begegnungs- und Verkehrsfläche der Bibliothek wird dadurch nochmals aufgewertet und zu einer zentralen Zone der Universität. Das Konzept des Cafés sieht eine durchgehende Öffnung während der Bibliotheks-Öffnungszeiten (also in der Regel 24/7) vor, wobei nur tagsüber eine Bewirtschaftung stattfindet und die Versorgung mit Getränken und kleinen Snacks in der Nacht über Automaten erfolgt. Benutzer/innen werden aber durchgehend ihre eigenen Speisen und Getränke mitbringen dürfen, was mit dem Studentenwerk als Vertragspartner so vereinbart werden konnte. Damit gibt es erstmals einen Bereich in der Bibliothek, in dem nicht nur getrunken, sondern auch gegessen werden darf.[8]

---

8 Schon seit über zehn Jahren dürfen Benutzer/innen Getränke mit in die Bibliothek bringen, was rege genutzt wird, aber den Wunsch nach sich zieht, in der Bibliothek auch essen zu dürfen.

Studierende mit Kindern sind schon seit langem keine Ausnahme mehr an Hochschulen. Im Bereich des Cafés wird deshalb eine separate *Eltern-Kind-Zone* eingerichtet, in die Studierende ihre Kinder mitbringen und dann dort arbeiten können. Der circa 100 m² große Bereich wird *kindersicher* (u.a. abgetrennt vom Rest des Cafés und damit von der Bibliothek) und *kinderfreundlich* (geeignete Sitz- und Spielmöbel, kindergerechte Ausstattung) gestaltet sein. Die Ausgestaltung wurde mit dem Gleichstellungsreferat der Universität diskutiert und ist ein weiterer Beitrag zur zertifizierten familiengerechten Universität.

Das Café ist grundsätzlich von der Möblierung und Medienausstattung so angelegt, dass dort auch kulturelle Veranstaltungen wie Lesungen, *Science slams* oder Vorträge stattfinden können. Damit erfährt das Informationszentrum der Bibliothek eine weitere Aufwertung.

Abb. 4: Bibliothekscafé im Informationszentrum (Grafik: Ernst² / MB Frank).

Zu den sozialen Funktionen einer Bibliothek gehört auch die *Beratung* der Benutzer/innen. Neben der klassischen bibliothekarischen *Informationstheke* wird künftig auch der *Support* der universitären IT-Dienste im Informationszentrum der Bibliothek angesiedelt sein. Schon vor der Schließung gab es eine IT-Unterstützung der Auskunfts-Bibliothekare/innen am Vormittag. Neu ist aber die vollständige Integration des IT-Support für Studierende an einer gemeinsamen Theke für Bibliotheks- und IT-Services über den ganzen Tag. Zusätzlich werden

Von der Einführung einer Zone, in der Essen gestattet sein wird, verspricht sich die Bibliothek eine Entspannung dieser Situation.

in einem gemeinsamen Glas-Bürowürfel hinter der gemeinsamen Theke sowohl separate bibliothekarische Beratungsplätze als auch ein circa 30 m² großes Büro für den *2nd level support* des IT-Services entstehen, womit Studierende zu allen auftauchenden Fragen (Datenbankzugriffe, WLAN-Probleme, Datensicherung und -wiederherstellung) *eine gemeinsame* Beratungsstelle finden.

Abb. 5: Theke und dahinterliegende Büros für bibliothekarische Information und IT-Services (Grafik: Ernst² / MB Frank).

Ideen, Wünsche und Möglichkeiten: Kommunikation nach innen und außen

Ideen für Veränderungen hin zu einem zeitgemäßeren Raumkonzept waren in Konstanz schon seit Längerem diskutiert worden, so dass zu Beginn der Planungsphase bereits ein Grundkonzept vorgelegt werden konnte. Mit den Architekten von Ernst² und insbesondere MB Frank wurden die Ideen und Anforderungen konstruktiv diskutiert und weiterentwickelt. Durch Vermögen und Bau, Amt Konstanz, wird das ganze Projekt höchst professionell vorangetrieben und vom universitären *Facility management* sachkundig begleitet.

Innerhalb der Universität konnte die Wahrnehmung der Bibliothekssanierung und -teilschließung relativ schnell von einer Krise hin zu einer großen Chance für die Hochschule gewandelt werden. Dazu war eine breit aufgestellte Öffentlichkeitsarbeit nötig, die in die universitäre Konstanzer Diskussionskultur gut ein-

Abb. 6: Kommentarwand zur Wunschbibliothek (vor der Beschriftung durch die Studierenden) (Foto: Universität Konstanz).

gepasst werden konnte. So wurde mit den zentralen Gremien (Universitätsrat, Rektorat, Senat sowie dem Senatsausschuss für Kommunikation und Information) intensiv die Frage diskutiert, wie viel *Bibliothek grundsätzlich* und *speziell wie viel Bibliotheksfläche* denn an der Universität Konstanz derzeit und zukünftig nötig sei. Die grundsätzliche Notwendigkeit einer Bibliothek wurde dabei niemals in Frage gestellt, und auch die Beibehaltung der bisherigen Nutzfläche unter Veränderung des Nutzungskonzepts entlang der drei hier benannten Leitideen traf auf viel Zustimmung. Mit einzelnen Sektionen und Fachbereichen wurden konkrete Nutzungswünsche besprochen und auch die Studierendenvertretungen wurden intensiv an der Diskussion beteiligt und lieferten viele nützliche Anregungen. Zahlreiche interessante Beiträge wurden auch an einer etwa 20 Meter langen Kommentarwand unter dem Motto „Für die sanierte Bibliothek wünsche ich mir ...“ hinterlassen, die im Dezember 2012 auf einer die Baustelle abgrenzenden Bauwand angebracht wurde.

Bibliotheksintern wird die gesamte Sanierung und Umgestaltung von einer internen Arbeitsgruppe mit kundigen Kollegen/innen aus verschiedenen betroffenen Bereichen der Bibliothek begleitet. Mit dieser kommunikativen Abstimmung wird gewährleistet, dass der Bedarf der verschiedenen Nutzungsgruppen berücksichtigt und die Expertise aller Beteiligten in den Sanierungsprozess einbezogen werden kann. Maßstab für das Gelingen dieser Strategie wird die sanierte und umgestaltete Bibliothek der Universität Konstanz sein.

Literatur

Deutsches Institut für Normung (2009): Bau- und Nutzungsplanung von Bibliotheken und Archiven. Berlin: Beuth (DIN-Fachbericht, 13).

Fuhlrott, R. (Hrsg.) (1983): Bibliotheksneubauten in der Bundesrepublik Deutschland. 1968 – 1983. Frankfurt am Main: Klostermann (Zeitschrift für Bibliothekswesen und Bibliographie: Sonderheft 39).

Hätscher, P.; Kohl-Frey, O.; Wandt, J. (2011): „Asbest? Asbest!" In: Bibliothek aktuell 92, 2a-8a. https://ojs.ub.uni-konstanz.de/ba/article/view/4688.

Jochum, U. (Hrsg.) (1996): Der Ort der Bücher. Festschrift für Joachim Stoltzenburg zum 75. Geburtstag. Konstanz: UVK.

Kohl-Frey, O. (2012): „Make the Library Look More Like Google! Die Einführung eines Discovery-Systems an der Universität Konstanz". In: B.I.T. Online 15:3, 247–250. http://kops.ub.uni-konstanz.de/handle/urn:nbn:de:bsz:352-193723.

Krähling, M. (2010): Wie wird geisteswissenschaftliches Wissen gemacht? Arbeitsprozesse in den Geisteswissenschaften. Ergebnisse einer qualitativen Studie. Konstanz: Bibliothek der Universität Konstanz. http://kops.ub.uni-konstanz.de/volltexte/2010/10704.

McDonald, A. (2006): The Ten Commandments revisited: The Qualities of Good Library Space. In: LIBER Quarterly 16 (2). http://liber.library.uu.nl/index.php/lq/article/view/7840/0.

Pfeifenberger, R. (2010): Pocket Library. Bibliothekarische Dienstleistungen für Smartphones. Masterarbeit. Humboldt-Universität, Berlin. Wiesbaden: Dinges & Frick.

Stoltzenburg, J. (1970): „Die Bibliothek als Literaturversorgungssystem der Universität Konstanz". In: Konstanzer Blätter für Hochschulfragen 8:29, 74–93.

Stoltzenburg, J. (1974): Automatisierte Datenverarbeitung (ADV) in der Bibliothek der Universität Konstanz 1965–1974. Konstanz: Bibliothek der Universität Konstanz (Bibliothek aktuell : Sonderheft 3).

Taubert, J. (2013): Absentia in Praesentia? Zur Präsentation und Vermittlung digitaler Medien im physischen Raum. Masterarbeit. Humboldt-Universität, Berlin. Wiesbaden: Dinges & Frick.

Wiestler, S. (2009): Lernzentren in wissenschaftlichen Bibliotheken. Entwicklung eines neuen Konzepts für das Informationszentrum der Bibliothek der Universität Konstanz. Masterarbeit. Hochschule der Medien, Stuttgart. http://kops.ub.uni-konstanz.de/volltexte/2009/8849.

Sergio Dogliani

Innovation an den Bedürfnissen der Bevölkerung orientieren: Die Idea Stores in London

Hintergrund

Stellen Sie sich diese Situation vor: 1998 im Herzen Londons, Direktoren/innen eines Bibliotheksdezernats mit mehr Bibliotheken pro Kopf als irgendwo sonst in der Hauptstadt warten auf die Ergebnisse der jährlichen Nutzungsstatistik. Die Bevölkerung dieses Stadtbezirks gehört zu den bedürftigsten, aber die Überraschung bleibt aus: Wieder am Tabellenende. Wie kann das sein? Es handelt sich eine der ärmsten Gegenden im Land mit Rekord-Analphabeten- und -Arbeitslosenquoten, ein Ort, dessen Bevölkerung sich eigentlich in besonderem Maße mit Lesen, Lernen und Selbstentwicklung beschäftigen sollte, weil dies die einzige Hoffnung wäre, dem Teufelskreis von Armut und Erfolglosigkeit zu entkommen. Es scheint hoffnungslos. Während im Rest des Vereinigten Königreichs 50 Prozent der Bevölkerung die Bibliotheken besuchte, waren es dort, in Tower Hamlets, nur 18 Prozent. Etwas musste geschehen oder es würde in dem Bezirk für kommende Generationen keine Bibliothek mehr geben.

Eine Gruppe von Menschen machte sich daran, diese schreckliche Situation zu verändern, und sie starteten vom offensichtlichsten Punkt – sie stellten den Menschen vor Ort eine Frage: Warum? Warum nutzen Sie Ihre Bibliotheken nicht in gleicher Weise wie der Rest des Landes? Warum halten Sie Lesen nicht für wichtig? Was hält Sie davon ab, ein kostenloses Angebot in Anspruch zu nehmen, das Ihr Leben verändern könnte? Mit diesen Fragen begann der Prozess, an dessen Ende die Idea Stores standen, ein innovatives Konzept, das die Bibliothek, Erwachsenenbildung und Informationsangebote über ein ganzes Netzwerk von Treffpunkten im Londoner Bezirk Tower Hamlets hinweg verbindet – ein Prozess, der die Art und Weise, in der Bibliotheksdienstleistungen angeboten werden, veränderte.

Das Umfeld

Tower Hamlets ist einer der 32 Stadtbezirke Londons, östlich der Innenstadt-gelegen, mit 235.000 Einwohnern/innen, von denen 50 Prozent nichteuropäischer Herkunft sind, von denen wiederum 33 Prozent aus Bangladesch stammen und der Rest einen somalischen, chinesischen, vietnamesischen, afrikanischen oder karibischen Hintergrund hat. Der Stadtbezirk wird durch eine große Vielfalt und zwei Extreme geprägt: Auf der einen Seite handelt es sich um die unterprivilegierteste Gegend im Vereinigten Königreich mit einer hohen Arbeitslosenquote und einer niedrigen Rate an sprachlicher und mathematischer Alphabetisierung, auf der anderen Seite liegt die Canary Wharf im Bezirk, in der viele multinationale Konzerne angesiedelt sind und in die täglich 100.000 Arbeitnehmer/innen kommen, von denen nicht wenige sehr hohe Einkommen haben. Ein derartig diversifizierter Ort wie Tower Hamlets verbirgt viele Wahrheiten und macht es riskant, Annahmen zu treffen. Der einzige Weg, diese Wahrheiten aufzudecken, vor allem natürlich, warum die Menschen vor Ort die gut eingeführten und kostenlosen Bibliotheksangebote nicht zu ihrem Vorteil verwendeten, war, sie direkt zu fragen. Dies ist der Grund, warum wir die umfassendste öffentliche Befragung zum Angebot Öffentlicher Bibliotheken durchführten, die jemals unternommen wurde. Aber anstatt uns auf unsere (zweifelhafte) hausgemachte Kompetenz zu verlassen und eine großangelegte Umfrage ohne ausreichende Ressourcen zu beginnen, beauftragten wir eines der größten Marktforschungsinstitute Großbritanniens, dies für uns zu übernehmen. Dazu gehörten die Bildung von Fokusgruppen, die Kontaktaufnahme zu Interessengruppen und die Durchführung von ‚Roadshows'. Die Ergebnisse stellten uns vor eine Herausforderung: Natürlich erwarteten die Menschen das, was viele von uns vorhergesagt hatten (neue Gebäude, zeitgemäße Technik, einen aktuellen und größeren Buchbestand), aber damit nicht genug – der wichtigste Punkt war für viele Befragte der einfachere Zugang zu den Angeboten der Bibliothek. Relativ schnell wurde uns klar, dass wir die Bibliotheksgebäude in die Haupteinkaufsstraßen bringen und länger öffnen mussten, so dass die Menschen den Besuch der Bibliothek in ihren Alltag integrieren konnten und ihn nicht als etwas betrachteten, das man gelegentlich tut und das Planung und Vorbereitung erfordert. Uns wurde auch deutlich, dass wir auf einem sehr niedrigen Niveau anfangen mussten: Alte Gebäude in sehr schlechtem Zustand, ein heruntergekommener Buchbestand, Dienstleistungen, die den Anschluss an eine sehr anspruchsvolle Zielgruppe längst verloren hatten und ein chronisches Defizit an Investitionen in das Bibliotheksangebot. Wie konnten wir ohne ausreichende Finanzierung und eine langfristige Strategie überhaupt anfangen?

Der Auftrag

Wir gingen vom Ziel aus, unsere Bibliotheken umzuwandeln und in den Lebensmittelpunkt der Menschen zu rücken, denn das war der Auftrag, den wir von den Bewohnern/innen von Tower Hamlets erhalten hatten. Wie konnten wir dies erreichen? Zunächst einmal durch die enge Zusammenarbeit mit ähnlich denkenden Architekten/innen aus London, wie Bisset Adams, die wir vom ersten Tag an in ein neues Konzept – und nicht nur ein neues Gebäude – einbezogen. Diese Verbindung verwandter Geister war aus unserer Sicht die Voraussetzung für solch ein innovatives Projekt. Danach begannen wir, die Bibliotheken dort neu anzusiedeln, wo die Menschen sich aufhielten, in den Haupteinkaufsstraßen und Einkaufzentren, denn wir konnten von den Menschen nicht erwarten, dass sie ihre gewohnten Pfade verließen und sich auf den Weg zu uns machten. Schließlich investierten wir in Bücher und Informationstechnik.

Die Zeitläufte waren auf unserer Seite: 1999, als die öffentliche Umfrage abgeschlossen war, befanden wir uns in einer Periode umfangreicher Innovationen und Investitionen für den öffentlichen Sektor. Als wir die Idee für ein innovatives Programm vorstellten, konnten wir auf nationale Politiker/innen zählen, die sowohl die Vision als auch die notwendigen Ressourcen zur Verfügung hatten, um uns zu unterstützen. Zu dieser Zeit kamen auch lokale Politiker/innen hinzu, die das Problem mangelnder Partizipation ein für alle Mal lösen wollten – zusammen waren sie in der Lage, uns bei der Umsetzung unseres ambitionierten Plans zu helfen. Das Projekt wird ausschließlich durch öffentliche Gelder finanziert und benötigte anfängliche Investitionskosten von 30 Millionen Pfund (von denen zwei Drittel aus Mitteln der Regierung und der Rest vom Tower Hamlets Council kamen); die jährlichen Betriebskosten belaufen sich auf sieben Millionen Pfund und werden ebenfalls von Tower Hamlets zur Verfügung gestellt.

Das Konzept

Das neue Angebot konnte selbstverständlich nicht nur aus der Errichtung neuer Gebäude bestehen: Wir wussten, dass wir etwas radikal Neues anbieten mussten, um alle Bevölkerungsgruppen zu erreichen und die Partizipation tatsächlich zu erweitern. Wir unterzogen die Bibliothek einem *Re-branding*, denn die Menschen hatten sehr deutlich gemacht, dass sie kein städtisches Angebot, sondern etwas Neuartiges und Frisches suchten. Also stellten wir neue Grundsätze auf:

- Beteiligen
- Stärken
- Bereichern

Beim ‚Beteiligen' (engage) ging es darum, neue Wege zu finden, die Aufmerksamkeit von Nutzern/innen auf sich zu ziehen und an sich zu binden, die immer mehr von den Verlockungen des modernen Lebens abgelenkt waren – dies sollte vor allem dadurch geschehen, dass neue Wege gesucht wurden, etwas zu kommunizieren und anzubieten, das sich von traditionellen Bibliotheksdienstleistungen unterscheidet.

Beim ‚Stärken' (empower) ging es vor allem um aktives Zuhören – es ging darum, unseren Kunden/innen eine Stimme zu geben, die Dinge für sie einfacher zu machen, Dienstleistungen anzubieten, die näher an ihren Bedürfnissen waren, sei es durch Selbstbedienung, durch gute Online-Materialien oder durch einen intensivierten, entgegenkommenden Kundendienst.

Das ‚Bereichern' (enrich) kam dadurch zustande, dass wir die verschiedenen Elemente unseres Angebots zusammenbrachten, um das Gesamterlebnis des Idea Stores durch die Mischung und gegenseitige Befruchtung verschiedener Dienstleistungen zu bereichern. Dies wurde umgesetzt, indem eine immer breitere Angebotspalette für ein immer breiteres Publikum aufgestellt wurde. Zum Beispiel konzentrieren wir uns heute auf die Themen Arbeitsfähigkeit und Gesundheit als Basis einer besseren Lebensqualität in Tower Hamlets und nutzen dafür Möglichkeiten des Lesens und Lernens. Letztendlich bieten wir jährlich 1.000 Kurse an: Lesen, Yoga, ganzheitliche Gesundheit, Kochen, Computer, Mathematik, Sprachen, Fitness, Gestaltung, Nähen, Tanzen, Fotografie, Buchhaltung – diese Liste lässt sich beliebig fortsetzen. Für alles bieten wir Bücher und Online-Lernmaterialien an, so dass das Lernen wirklich unterstützt wird.

Unsere Grundsätze gelten aber nicht nur für unsere Kunden/innen, sondern für alle Mitarbeiter/innen: Wir leben alle nach diesen Grundsätzen, wir teilen eine gemeinsame Philosophie und die gleichen Werte – es ist unsere *raison d'être*. Die Mitarbeiter/innen werden darin geschult, den ‚Idea Store Way' zu gehen, und sind begeistert; wir stellen sehr oft fest, dass es für sie, wenn sie uns verlassen, schwierig wird, sich an neuen Arbeitsplätzen ohne diese Grundsätze zurecht zu finden. Aber wir denken auch, dass es wichtig ist, sich ständig zu prüfen und die Grundannahmen zu hinterfragen, um bessere Wege zu finden, anstatt zu denken: ‚so haben wir es schon immer gemacht'.

Was unsere Version einer modernen Bibliothek von anderen unterscheidet, ist die nahtlose Integration verschiedener Dienstleistungen. Zwar bleiben Bibliothek und Information das Kerngeschäft, aber die formellen und informellen Lernmöglichkeiten sind für die übrigen Angebote zentral – und inzwischen genauso wichtig. Da viele Bewohner/innen zu einer der neueren Einwanderergruppen gehören, mussten wir einen Ort erschaffen, an dem sich die Nutzer/innen sicher fühlen, einen neutralen und trotzdem für alle anregenden Ort, einen Treffpunkt für jedermann – mit dem Ergebnis, dass soziale Kohäsion in den Idea Stores Wirklichkeit geworden ist. Man muss sich nur wenige Minuten in einem Idea Store aufhalten, um das zu verstehen.

Barrieren abbauen – die ‚keine Regeln'-Regel

Sobald wir das Grundgerüst eines neuen Angebots aufgestellt hatten, entwickelten wir es weiter, indem wir die gewohnte Praxis kritisch begutachteten und begannen, Dinge aus einem anderen Blickwinkel zu betrachten. Wir begannen die Regeln, die in vielen Bibliotheken und Bildungseinrichtungen die Norm sind, zu hinterfragen, und fragten uns zum Beispiel: Warum haben Bibliotheken überall Schilder ‚kein Essen' und ‚keine Getränke', wenn man in vielen Fällen ein Café im Haus findet? Wollen wir wirklich behaupten, dass wir den Menschen vertrauen, wenn wir ihnen die Bücher für drei Wochen mit nach Hause geben (wo niemand kontrollieren kann, was sie mit ihnen tun), aber ihnen misstrauen, wenn sie sich eine Tasse Kaffee mitnehmen, während sie für eine halbe Stunde im Idea Store die Neuerscheinungen durchblättern? Die meisten unserer Bücher sind Taschenbücher und wenn jemand versehentlich einen Cappuccino über sie schüttet, ist dies nicht das Ende der Welt – dasselbe gilt für Computer. Es ist extrem selten, dass jemand einen Computer durch ein Getränk beschädigt, und selbst dann handelt es sich in der Regel nur um eine Tastatur oder eine Maus, die normalerweise ohne großen finanziellen Aufwand gereinigt und wieder genutzt werden können. Ähnlich sieht es mit der Nutzung von Mobiltelefonen aus: Wir erwarten von Menschen, dass sie sich für andere interessieren, haben aber ein Problem damit, unseren Nutzern/innen zu erlauben, den Anruf eines Freundes zu beantworten, der zu spät zu einer Verabredung kommt, oder zu Hause anzurufen, um zu fragen, ob man das neueste Buch von Zadie Smith mitbringen solle, das gerade im Neuerscheinungsregal eingetroffen sei.

Dasselbe gilt für die Lautstärke – will wirklich jeder einen Ort, an dem es immer totenstill ist, oder verändert sich die Welt vielleicht und die Menschen, vor allem solche in städtischen Gebieten, sind das ununterbrochene, anregende Brummen des modernen Lebens mehr und mehr gewohnt? Und sollten Kinder (die auch Kunden/innen sind) sich nicht nach stundenlanger Disziplin in der Schule auch entspannen, bei Lern- und Spielaktivitäten Spaß haben oder einfach Freunde treffen können? Sicher, Kinder mögen etwas lauter sein, aber normalerweise sind sie spätestens zum Abendessen zu Hause, was bedeutet, dass es zwei bis drei Stunden am Tag geben mag, an denen es in den Idea Stores wenige Dezibel lauter ist. Aber an einem Ort, der pro Woche 71 Stunden geöffnet ist, werden auch diejenigen, die nach Ruhe suchen, einen geeigneten Ort finden und lernen, im Geist der Toleranz zu leben. Wir sind mit der Einführung dieser liberalen Herangehensweise einige kalkulierte Risiken eingegangen und das Ergebnis ist ein Ort, an dem Menschen aus allen Lebenslagen sich genauso wohl fühlen wie zu Hause, egal welchen Hintergrund sie haben. Dies bedeutet das Ende der einschüchternden Atmosphäre in einigen der altehrwürdigen Bibliotheken, in denen eine Minderheit der Menschen, unterstützt von eingefahrenen Mitarbeitern/innen, die absurde Regel absoluter Stille für jeden durchsetzen konnten – in allen Bereichen der Bibliothek zu jeder Zeit – und dadurch ‚nicht traditionellen Bibliotheksbenutzern/innen' deutlich signalisierten, dass dieser Ort nicht für sie gedacht war. Führt die entspannte Umgebung nun zu totaler Anarchie und asozialem Verhalten? Ganz und gar nicht. Tower Hamlets hat bewiesen, dass eine sensible Herangehensweise an das Zusammenleben zu einer zivilisierteren Welt führen kann, die auf gegenseitigem Respekt basiert. Wir wollten beweisen, dass Respekt gegenseitig ist, wenn die Mitarbeiter/innen die Nutzer/innen respektieren, dann werden diese auch eher die Mitarbeiter/innen respektieren, und wir waren damit erfolgreich.

Das Einzelhandelsmodell

Eine andere Kernbotschaft aus der öffentlichen Befragung: Wenn Interviewten nach den Orten gefragt wurden, in denen Menschen gerne ihre Zeit verbringen wollten, sagten sie uns, dass sie die hässlichen, städtischen, altmodischen Gebäude nicht mehr sehen konnten – sie bevorzugten das hochwertige Design, das sie an Orten wie Restaurants, Kinos und Kaufhäusern vorfanden. Wir mussten uns also einige Methoden des Einzelhandels aneignen, aus dem einfachen Grund, dass kommerzielle Anbieter wissen, wie man Menschen erreicht. Daher schufen wir in allen unseren Gebäuden eine Atmosphäre, die sich an Prinzipien des Einzelhandels orientiert. Aussehen und Atmosphäre unterscheiden sich radikal von traditionellen Bibliotheken und unsere Öffnungszeiten verlängerten wir von 46 Stunden pro Woche auf 71, an sieben Tagen in der Woche und 357 Tagen im Jahr (wie in den meisten Supermärkten) – und dies in allen Idea Stores, nicht nur in einer Zentralbibliothek.

Diese Strategie versetzte Traditionalisten/innen und einige (bequeme) Intellektuelle in Bestürzung, die sofort den Schluss zogen, dass wir durch unsere

Anlehnung an den kommerziellen Sektor, unseren eigenen Ausverkauf betrieben – in Wahrheit sind wir stolz darauf, ein öffentliches Angebot zu bleiben, wir nutzen die uns zur Verfügung gestellten Ressourcen effizient, aber wir wollen definitiv keinen Profit erwirtschaften. Wir haben uns lediglich die besten Ideen angeeignet, die der kommerzielle Sektor bietet – hochwertige Gestaltung, effektive Kommunikation, exzellenter Kundendienst – und diese auf eine öffentliche Dienstleistungsinfrastruktur übertragen, ohne dabei unseren Ethos als öffentliche Einrichtung zu opfern.

Auf unserem Weg zur Innovation haben wir auch einige Kernbotschaften aus dem Buchhandel aufgenommen, der uns die Bedeutung einer attraktiven Umgebung und die Umwandlung von Flächen als Antwort auf sich verändernde Trends und Bedürfnisse gelehrt hat. In der ersten Planung für den Whitechapel Idea Store haben wir zum Beispiel die Belletristik (die am meisten ausgeliehen wird) in den oberen Etagen angesiedelt, während wir das Erdgeschoss und den ersten Stock für einen wenig genutzten Empfangsbereich und öffentliche Internetarbeitsplätze verplant haben. Tim Coates, ehemaliger Geschäftsführer von *Waterstone's* (der größten Buchhandelskette Großbritanniens), hat uns gezeigt, warum wir dies radikal verändern und die populärsten Bücher in den offensten Bereich des Gebäudes (das Erdgeschoss) bringen mussten. Genauso wird es auch in Buchhandlungen gemacht – dadurch waren wir in der Lage, den neuesten Büchern den prominentesten Platz zuzuordnen, denen in traditionellen Bibliotheken keine so wichtige Position eingeräumt wird. Außerdem haben wir eine neue Bestandsgruppe geschaffen – die ‚core collection' – die vielgelesene und klassische Titel aus dem Literatur- und Sachbuchbereich enthält. Ursprünglich nur als Maßnahme der In-House-Schulung für die Mitarbeiter/innen gedacht, erwies sich diese Bestandsgruppe als so nützlich, dass die Mitarbeiter/innen aufgrund dieser Anregung begannen, eine Präsentation auf der Grundlage dieser Bestände zu gestalten – unser Publikum war davon so begeistert, dass es begann, aus dieser Bestandsgruppe mehr Bücher auszuleihen, daher haben wir jetzt eine ‚core collection' in jeder Zweigstelle und wir wenden dasselbe Prinzip auch auf Film und Musik, Kinderbücher und die bengalischen Bücher an. Davon ausgehend nutzen die Mitarbeiter/innen ihre Kreativität, um die meisten Beständen zugänglich zu machen, ohne sich dabei auf zentral organisierte Kampagnen zu stützen, sie erfinden ständig neue, spannende Präsentationen – was in den meisten Bibliotheken des Vereinigten Königreichs ungewöhnlich ist.

Das Lernangebot

Angebote zur Erwachsenenbildung beziehungsweise zum lebenslangen Lernen sind in Großbritannien fest verwurzelt, es gibt hunderte von Volkshochschulen und Bildungsinstitutionen, die für tausende von Menschen Lernmöglichkeiten anbieten. Aber wo an anderer Stelle Volkshochschulen und Bibliotheken nebeneinanderher existieren und sich ihre Wege niemals kreuzen, haben wir die beiden in Tower Hamlets zusammengebracht, da uns deutlich geworden ist, dass Lernen und Lesen zwei Seiten derselben Medaille sind, denn Menschen, die lesen, tun dies sehr oft, um sich auf die ein oder andere Weise weiterzuentwickeln und Menschen, die lernen, benötigen oft Studienliteratur. Wir denken, dass die Verbindung dieser beiden Angebote einzigartige Synergien hervorbringen kann. Heutzutage findet man häufiger Bibliotheken, die eigene Bildungsprogramme anbieten, etwa durch Kurse im Bereich EDV, Kunst, Geschichte und so weiter, aber diese Angebote sind normalerweise additiv und werden in der Regel von externen Anbietern abgehalten. Für die Idea Stores gehören sie dagegen zum Kernbereich ihrer Arbeit. Die jährlich mehr als 1.000 Kurse in Yoga, Gestaltung, Tanz, Sprachen, Kochen, Schneiderei, EDV, Betriebswirtschaft, bildender Kunst und so weiter (alle von qualifizierten Dozenten/innen angeboten) und unsere Lernräume sind voll in das Netzwerk unserer Einrichtungen eingegliedert, anstatt nur ein Anhang zu sein.

Multifunktionale Gebäude

Vor kurzem haben wir unseren fünften Idea Store eröffnet und es ist interessant, dass die Architekten, mit denen wir zusammengearbeitet haben – Bisset Adams für Bow (2002) und Watney Market (2013), David Adjaye für Chrisp Street (2004) und Whitechapel (2005), Derle & Henderson für Canary Wharf (2006) – jeweils in anderer Weise zum Projekt beigetragen haben und, egal ob es sich um einen Umbau, einen Neubau oder ein Ausstattungsprojekt handelte, die Stärke unseres Konzepts unter Beweis stellten. Die Gebäude bieten Flächen für Galerien, Cafés und Veranstaltungen für alle Altersgruppen und alle verfügen über flexible Flächen – das bedeutet, dass zum Beispiel unsere *Learning Labs* (Seminarräume) primär für formelles Lernen genutzt werden, aber außerhalb des Semesters lassen wir sie offen und sie können für Treffen oder als Lese- und Arbeitsbereiche dienen; unsere Kunstgalerien können auch für Veranstaltungen mit Autoren/innen oder Aufführungen verwendet werden.

Abb. 1: Idea Store Watney Market, Erdgeschoss.

Abb. 2: Idea Store Watney Market, Fassade.

Der Idea Store Watney Market schlägt noch einmal eine neue Richtung ein, er bietet nämlich nicht nur die gleiche Kombination aus Lese- und Lernflächen an, sondern bietet auch einen *One-Stop-Shop*, ein Bürgerbüro, das Anfragen zu Themen wie Wohnen und Fürsorge bearbeitet. Als im Jahr 2000 das Idea Stores Programm aufgelegt wurde, wurde auch überlegt, Flächen für *One-Stop-Shops* vorzusehen, aber damals konzentrierte man sich darauf, eine Marke (Idea Store) zu kreieren, die nicht mit anderen städtischen Dienstleistungen in Verbindung gebracht werden sollte, da wir bei den Bewohnern/innen keine Unklarheit in Bezug auf das Ziel der Idea Stores aufkommen lassen wollten. In der Regel besuchen die Menschen die *One-Stop-Shops* nicht freiwillig, sondern müssen dorthin gehen, weil es notwendig ist, und die Orte sind oft negativ assoziiert, da hier wichtige Fragen, zum Beispiel die Prüfung von Fürsorgeansprüchen, verhandelt werden und oft führt die Entscheidung des Bezirksamts oder der Regierungsbehörde, einer Familie oder einem Individuum die finanzielle Zuwendung zu streichen, zu Enttäuschung oder sogar Ärger. Auf der anderen Seite waren Idea Stores immer als Orte gedacht, zu denen die Bewohner/innen freiwillig gehen – sie müssen nicht kommen, wenn sie es nicht wollen und der Besuch sollte immer ein positives Erlebnis sein. Aber die Zeiten haben sich geändert und da die Budgets knapper sind als vor der Finanzkrise, mussten wir überlegen, wie wir die Nutzung unserer öffentlichen Gebäude vergrößern, daher entstand die Idee, einen *One-Stop-Shop* in den Idea Store zu integrieren. Die Marke Idea Store ist inzwischen etabliert, daher war es einfach, ihre Identität zu erhalten und trotzdem den *One-Stop-Shop* hinzuzufügen, dessen Besucher/innen jetzt davon profitieren können, dass sie ein neues, vielfältiges Angebot erwartet.

Die Menschen

Ein Hauptgrund für den Erfolg der Idea Stores ist unser Personal. Unser Personal in der ersten Reihe (Idea Store Co-ordinators) besitzt eine Vielzahl allgemeiner Kenntnisse und Fähigkeiten, daher ist es überall auf die verschiedenen Bereiche unserer Gebäude verteilt und rotiert im stündlichen Turnus. Wir sind folglich nicht von spezialisiertem Personal abhängig, das während unserer gesamten langen Öffnungszeit von wöchentlich 71 Stunden in speziellen Bereichen eingesetzt werden muss – jeder kann an der Auskunft, bei der Belletristik, in der Sachbuchabteilung, der Kinderbibliothek und so weiter arbeiten. Mitarbeiter/innen können sich auch Zeit außerhalb des Publikumsbereichs nehmen, um sich auf die Aufgaben innerhalb ihres Verantwortungsbereichs zu konzentrieren oder an speziellen Projekten zu arbeiten. Im Ergebnis trainieren alle ständig ihre Fähigkeiten, so dass wir uns beispielsweise keine Sorgen machen müssen, wenn der/die Auskunftsbibliothekar/in einmal nicht da ist. Die Mitarbeiter/innen genießen diese Abwechslung und die Zeit vergeht für sie durch den dynamischen Einsatz schneller, als wenn sie den ganzen Tag hinter demselben Tresen sitzen müssen. Sie werden in ihrer Arbeit im Hintergrund durch ein Kernteam von spezialisierten Mitarbeitern/innen unterstützt, die für komplexere Auskunftsfragen, Leitungsaufgaben oder den Bestandsaufbau im Erwachsenen- und Kinderbereich zuständig sind. Unser Personal ist sehr kreativ und vielseitig, was wir unter anderem einer flachen Struktur zu verdanken haben, die wesentlich weniger hierarchisch (und dadurch mehr motivierend) ist, als in den meisten anderen Bibliotheken.

Unsere Idea Store Co-ordinators stellen die Bedürfnisse der Nutzer/innen in den Mittelpunkt ihrer Tätigkeiten, diese sind der wesentliche Antrieb für ihre Arbeit. Ihnen fällt es leicht, mit unserer breiten Nutzerschaft umzugehen, nicht nur mit denjenigen, die sich sowieso schon für Literatur interessieren. Sie brauchen keine Autorität, sondern vermitteln ihre Kompetenz auf zurückhaltende Weise, eher als Vermittler/innen denn als Aufseher/innen der Kultur für eine Elite. Die idealen Mitarbeiter/innen sind für uns Teamplayer, die genau wissen, was es bedeutet, in einem sozialen Umfeld zu arbeiten, in dem wir es tun, insbesondere, weil es auch ihr eigener Hintergrund ist. Es sind Menschen, die ihre eigenen Ideen in die Arbeit einbringen und nicht zu viel Wert auf ihre Stellenbeschreibung legen, sondern auf flexible Weise genau das tun, was im Moment notwendig ist. Sie erwarten, dass ihr Beitrag gewürdigt wird und haben den Mut, es uns wissen zu lassen, wenn dem nicht so ist. Sie sitzen nicht hinter einem Schalter und warten darauf, dass Nutzer/innen zu ihnen kommen – stattdessen sind sie in allen Bereichen der Bibliothek präsent und Umherlaufen gehört zu ihren Kernkompetenzen. Sie schicken die Nutzer/innen auf der Suche nach einem Buch nicht weg, sondern versuchen, wenn es gerade möglich ist, immer, sie zu dessen Standort zu begleiten. Diese Qualitäten sind uns wichtiger als zum Beispiel Katalogisierungskenntnisse, aus dem einfachen Grund, dass alle unsere Bücher von unseren Lieferanten regalfertig und nach internationalen Standards katalogisiert geliefert werden.

Wir denken, dass einer der Gründe, warum wir in unseren Vierteln fest verwurzelt sind, unser Grundsatz ist, dass unser Personal die lokale Bevölkerung widerspiegelt. Das bedeutet, dass wir versuchen, unsere Mitarbeiter/innen in der ersten Reihe in der Umgebung zu rekrutieren – wir machen hinsichtlich der Qualität keine Kompromisse, aber wir beginnen mit der Suche immer bei den Menschen aus der Nachbarschaft. Im Ergebnis spiegelt unser Personal annähernd die Gemeinde wider, für die wir arbeiten, und auf diese Weise haben wir eine der Barrieren für Beteiligung ausgeräumt.

Weiterentwicklung

Zehn Jahre nach dem ersten Strategiepapier hat der *Idea Store Strategy Review* von 2009 die Errungenschaften der ersten zehn Jahre bestätigt und uns geholfen, die Leitlinie der nächsten zehn Jahre zu bestimmen. Lesen und Lernen sind immer unsere Hauptaktivitäten, aber die Idea Stores sind jetzt viel tiefer in der Gemeinde verwurzelt und bieten eine vergrößerte Angebotspalette, haben ein gutes Preis-Leistungsverhältnis und konzentrieren sich auf zwei Prioritäten: Gesundheit und Arbeitsfähigkeit. Tower Hamlets hält einen Negativrekord bei der Arbeitslosigkeit und dem schlechten Gesundheitszustand und wir sehen die Idea Stores als einen Schlüssel, um Menschen zu helfen, Arbeit zu finden und einen gesünderen Lebensstil zu wählen.

‚Medicine for the soul' ist der Name des gegenwärtigen Gesundheitsprogramms (2012), das die Rolle festlegt, die die Idea Stores für die Gesundheit des Bezirks spielen sollen. Dies zeigt, wie ein breites Programm formeller und informeller Erwachsenenbildung zum Wohlbefinden von Menschen beitragen kann. Die Gebäude bieten einen offenen Raum für die Gemeinde, der von allen örtlichen Gemeinschaften wertgeschätzt wird; die Bibliothek bietet Unterstützung bei der Lektüre für alle Altersgruppen und Fähigkeiten an; und der Idea Store Informationsservice ist die umfassendste Quelle für Informationen zu Gesundheitsthemen im Bezirk. Die lokalen Gesundheitsberufe werden sich jetzt der Rolle, die wir spielen, bewusst und die Idea Stores sind jetzt fester Bestandteil lokaler strategischer Partnerschaften zur Gesundheitsvorsorge.

Durch eine Reihe von privilegierten Partnerschaften fördern die Idea Stores auch das Ziel, die Beschäftigungssituation der örtlichen Bevölkerung zu verbessern: Zusammenarbeit mit staatlich finanzierten Agenturen wie *Exchange Group*, lokalen Maßnahmen wie *Skillsmatch*, aber auch durch unsere eigenen breit angelegten ‚Preparation for Life and Work'-Kurse. Alle diese Initiativen sind darauf ausgerichtet, Individuen zu helfen, Arbeit zu finden oder auch sich selbständig zu machen.

Das Geheimnis unseres Erfolges

Die jährlichen Besuche sind seit 2001 um 224 Prozent gestiegen und liegen jetzt bei 2,1 Millionen; die Ausleihen haben sich (gegen den landesweiten Trend) seit 2006 um 27 Prozent gesteigert und die Nutzerzufriedenheit liegt jetzt bei 92 Prozent (2006 bei 88 Prozent). Die Einschreibung für Kurse hat sich genauso beeindruckend entwickelt, sie hat sich seit 2001 auf 11.000 jährlich verdoppelt. Diese Indikatoren haben Tower Hamlets innerhalb Londons in die Spitzengruppe gebracht, nachdem es einige Jahre zuvor Schlusslicht war – das ist insbesondere vor dem Hintergrund des andauernden Rückgangs der meisten Bibliotheksangebote in Großbritannien bemerkenswert. Viele fragen uns: Was ist das Geheimnis eurer geheimnisvollen Formel? Wenn wir einen einzigen Faktor auswählen müssten, würden wir sagen, dass es die Aufmerksamkeit ist, die wir immer den Menschen (Kunden/innen, Personal) und nicht nur den Dingen (Gebäude, Bücher) geschenkt haben. Herausragende Gebäude sind sicherlich wichtig und man muss genug Bücher haben, um die Regale zu füllen, aber wir denken, dass ein wirklich gutes Bibliotheksangebot immer die Kunden/innen an die erste Stelle stellt und sich auf die Beseitigung aller Barrieren für deren Beteiligung konzentriert.

Für uns bedeutet Haltung alles, egal wie großartig die Gebäude sind, egal wie umfassend der Buchbestand ist, man braucht Personal mit der richtigen Einstellung, das in der Lage ist, die Fähigkeiten fantastischer Menschen mit den notwendigen Kenntnissen zu verbinden, die man benötigt, um gute Lese-, Lern- und Informationsangebote machen zu können. Viel zu oft sehen wir (sowohl in Großbritannien als auch im Ausland) nur die kurzfristigen Strategien, bei denen lokale Entscheider denken, sie könnten sinkenden Nutzerzahlen durch einen Neubau für die Bibliothek begegnen und nach der ersten Begeisterung, wenn die Flitterwochen vorbei sind, wird das Angebot wieder dünner, weil es nicht durch ein solides Konzept, eine Langzeitstrategie, getragen wird – im Falle der Idea Stores sind wir den ganzen Weg gegangen und haben die Menschen und die Dinge nahtlos einbezogen, denn man kann das eine nicht ohne das andere haben.

Nach zehn Jahren empfangen wir immer noch viele Delegationen aus dem Ausland, die unser Modell studieren und wir selbst werden eingeladen, zu weit entfernten Orten zu fahren, um zu erläutern, wie der ‚Idea-Store-Weg' funktioniert. Die Tatsache, dass das meiste Interesse aus Skandinavien kommt, wo es wahrscheinlich die besten Bibliotheken der Welt gibt, erfüllt uns mit Stolz. Aber warum sind wir in Trondheim, Tokio und Tarragona so populär, aber weniger in unserem eigenen Land? Kann die Bibliothekswelt in Großbritannien das zukunftssichere Idea Store-Modell wirklich weitere zehn Jahre ignorieren, während überall im Land dutzende von Bibliotheken schließen oder ihr Angebot deutlich einschränken müssen? Wir wünschten, die Bibliothekare/innen in Großbritannien würden aufhören, den Namen ‚Idea Store' zu diskutieren, weil sie denken, wir würden ein gutes Bibliotheksangebot nicht wertschätzen, und sich von diesem abstrakten Argument abzuwenden, um zu erkennen, dass ein innovatives Bibliotheks-, Lern- und Informationsangebot mehr ist als die Summe seiner Teile.

Tim Coates, der ein Protagonist der literarischen Szene im Vereinigten Königreich geworden ist, hat seine Ansichten zum Idea Store gut zusammengefasst:

„In the late nineteen nineties the one thing certain about the public library service in Britain was that it needed to change, to move on and to offer services that were modern and relevant to the generation it served. That required two quite distinct elements: a clear vision and the management ability to make that vision come true. No council in the whole country achieved those two things in any way approaching the style and conviction of Tower Hamlets. For those of us who watched from the outside, it was not just the originality with which the brand and the architecture that went with it were created, but it was the sheer ability of the management team to deliver its objects that was an astonishing breath of fresh air in the library community.

Such management skill is never likely to rest. We can be certain that constant pursuit of improvement and honest ability to analyse results against the needs of customers, will be as much a feature of the Idea Store project in the future as it has been in the past. The Stores will develop and refine themselves as time requires, in a way that we are unlikely to see elsewhere. This team has proven itself to be right up with the best library management operations in the world. They have my admiration, and it is a great pleasure and an honour to work with them." Tim Coates (March 2009)

Übersetzung: Olaf Eigenbrodt

Birgit Rabofski, Andre Gülzow, Petra Buntzoll, Friederike Jörke

Information Innovation Inspiration: Das Bildungshaus in Wolfsburg als neuer Prototyp eines Zentrums für lebenslanges Lernen

Wolfsburg auf dem Weg zur Bildungsstadt

Die Stadt Wolfsburg stellt sich schon seit geraumer Zeit aktiv den Herausforderungen, die durch die Wissensgesellschaft entstehen. Sie forciert die Entwicklung und Vernetzung der Akteure ihrer Bildungslandschaft, um den Menschen entlang ihrer Bildungsbiografie optimale Möglichkeiten zum lebenslangen Lernen bereitzustellen. Das bedeutet aber auch, vielfältige niedrigschwellige Wege zu ebnen, um allen Zugang und Teilhabe zu und an Information und Wissen zu ermöglichen.

Der Schlüssel zum Erfolg liegt darin, dass alle zentralen Akteure/innen sich ihrer gemeinsamen Verantwortung für lebenslanges Lernen bewusst sind: Kindertagesstätten, Schulen, Verwaltung, Jugendarbeit, Institutionen der Erwachsenenbildung, Kultureinrichtungen, Organisationen, Vereine und Verbände sowie – natürlich – die Bürger/innen selbst. Gemeinsames Ziel ist es, eine Bildungslandschaft zu entwickeln, in der jede/r die Möglichkeit hat, das eigene Potenzial voll zu entfalten, unabhängig von Herkunft, Geschlecht und Alter.

Hintergrund und Perspektiven der Wolfsburger Agenda ‚Bildungslandschaft' und ‚Bildungshaus'

Bereits seit dem Jahr 2000 ist die Neugestaltung des Areals am Klieversberg im Süden des Stadtzentrums ein kontinuierliches Thema im kommunalpolitischen Diskurs. Sie drückt den Wunsch aus, dort ein attraktives Einfahrtstor für die Stadt zu gestalten und sich dort durch Architektur und Funktion als Bildungsstadt nachhaltig aufzustellen.

Der Rat der Stadt Wolfsburg hat seit 2009 in mehreren aufeinander aufbauenden Beschlüssen festgelegt, dass künftig an diesem Standort neben den dort bereits angesiedelten Institutionen (Theater, Planetarium, CongressPark, Sportverein TV Jahn) auch die Neue Schule Wolfsburg, die Volkshochschule, die Stadtbibliothek und das Medienzentrum als Teil der Wolfsburger Bildungslandschaft verortet sein sollen. Zielsetzung ist darüber hinaus die inhaltliche und räumliche Zusammenführung von Volkshochschule, Stadtbibliothek, des Medienzentrums der Stadt und der Sekundarstufe II der Neuen Schule Wolfsburg in einem Neubau, dem sog. Bildungshaus (Arbeitstitel). Eine weitere Herausforderung besteht darin, das Bildungshaus mit den anderen Akteuren/innen am Klieversberg und der Wolfsburger Bildungslandschaft dauerhaft zu vernetzen und so eine lebendige gesamtstädtische und zukunftsweisende Bildungslandschaft zu entwickeln.

Es geht also um viel mehr, als durch einen geplanten gemeinsamen Neubau für die Volkshochschule, die Stadtbibliothek, das Medienzentrum und die Sekundarstufe II der Neuen Schule Wolfsburg auf dem Areal räumliche Synergien zu schaffen und gemeinsame Lernorte zu nutzen. Es geht zusätzlich darum, auch architektonisch und inhaltlich ein neues visionäres Angebot von Erlebnislernen, Lernen, Leben und Selbstlernen im Sinne der Anforderungen an das Lernen der Zukunft, im Sinne neuer Lernkulturen und innovativer Weiterbildungsformate in der Verbindung von formalem, non-formalem und informellem Lernen zu schaffen. Eine besondere Bedeutung kommt dabei den Neuen Medien zu: Die rasante Entwicklung in diesem Segment und die Bedeutung für (Selbst-)Lernprozesse sind ein entscheidender Faktor für zukunftsweisende pädagogische Konzepte.

Im Sommer 2010 begann ein umfassender Beteiligungsprozess zur aktiven Vernetzung und Entwicklung der Wolfsburger Bildungslandschaft. Durch diesen Prozess wurde dem politischen Wunsch entsprochen, das Thema ‚Bildung' innovativ und positiv mit den Wolfsburger Bürgern/innen für diese – das Motto lautet ‚Menschen bilden Wolfsburg' – zu entwickeln und zu etablieren. Beteiligte aus unterschiedlichen Bereichen (Jugend, Kultur, Schule, Hochbau, Planer, Integrationsreferat, Volkshochschule, Musikschule, Planetarium, Theater, Seniorenring, Stadtelternrat, Wohnungsbaugenossenschaft, Familienbildung, Sport etc.) diskutieren und bearbeiten seither kontinuierlich diesen bildungspolitischen Themenkomplex. So soll eine neuartige und innovative Bildungslandschaft zur Schaffung neuer Lernkulturen und Weiterbildungsformate in gemeinsamer Verantwortung aller Bildungsakteure gestaltet werden.

In der Folge entstand ein Bildungssalon als zentrale Informations- und Anlaufstelle für Bürger/innen sowie die Vernetzung und Kooperation zahlreicher Bildungseinrichtungen. Mit regelmäßigen Treffen, dem Jour fixe, wird den teilnehmenden Institutionen eine Plattform geboten, um Interessen zu bündeln, Aktionen zu sondieren und Synergien zu schaffen.

Im Jahr 2011 begannen die zukünftigen Nutzer/innen des Bildungshauses in einem beteiligungsorientierten Prozess die Planungen des pädagogischen Konzeptes für das Bildungshaus als Basis einer zukunftsorientierten Architektur sowie der dazugehörigen Freiraumgestaltung. Er hat für den Realisierungsprozess des geplanten Neubaus eine herausragende Bedeutung.

Parallel dazu wird in einem kontinuierlichen Diskurs mit Politik und Verwaltung der Stadt Wolfsburg, Vertreter/innen unterschiedlicher Zielgruppen (Jugend, Senioren/innen, Kinder, Familien, Eltern, Migrant/innen), Schulen und Eltern die Entwicklung des Bildungshauses und seine Verzahnung mit der Wolfsburger Bildungslandschaft diskutiert. Neue Erkenntnisse und Entwicklungen werden aus der Konzeptionierung des Bildungshauses in die Bildungslandschaft transferiert; umgekehrt werden Impulse aus der Bildungslandschaft aufgenommen. Zeitgleich wird im Rahmen der Wolfsburger Schulmodernisierung (200 Millionen €-Programm) eine engere Kooperation zwischen Schulen, Stadtbibliothek, Medienzentrum und Volkshochschule geplant und unter anderem durch innovative innenarchitektonische Gestaltung umgesetzt (siehe unten zum Piloten im Schulzentrum Vorsfelde). Im weiteren Verlauf des Prozesses werden Beteiligungsformen unter Berücksichtigung Neuer Medien entwickelt und insbesondere angemessene Beteiligungsformen für Jugendliche implementiert.

Besondere Bedeutung für das Gesamtvorhaben bildete die Auseinandersetzung mit der Zukunft des Lernens unter Begleitung von Gerhard de Haan, der an der Freien Universität Berlin einen Lehrstuhl für Zukunfts- und Bildungsforschung innehat. Es wurde von der Projektgruppe ein inspirierendes, innovatives und in die Zukunft ausgerichtetes Bildungsverständnis entwickelt.

Unabhängig von institutionenbezogenen Interessen und in Hinblick auf den bildungsbiografischen Ansatz des lebenslangen Lernens wurden zukunftsgerichtete Thesen/Leitideen zum Verständnis vom lernenden Menschen, zur Lernkultur, zu Lernprozessen, zur Bedeutung der Social Media und zu Räumen des Lernens als Wolfsburger Bildungsleitbild erarbeitet, das in der Folge institutionsbezogen heruntergebrochen werden kann. Das Wolfsburger Bildungsverständnis wurde vom Rat der Stadt im Mai 2013 verabschiedet und dient nun den Akteuren als Grundlage für die pädagogische Arbeit in ihren Einrichtungen und in der Vernetzung.

Das Konzept des Wolfsburger Bildungshauses

Durch die Planungen eines gemeinsamen Neubaus für die Sekundarstufe II der Neuen Schule, der Volkshochschule, der Stadtbibliothek und des Medienzentrums werden inhaltliche und räumliche Synergieeffekte generiert. Das Bildungshaus wird ein Ort für moderne Bildung und zeitgemäße Information, für individuelles Lernen und Anwenden von Wissen. Ein Ort, der Menschen animiert und inspiriert, ihre Kreativität und Kompetenz zu entdecken und zu entwickeln. Ein Treffpunkt für die Wolfsburger Bürger/innen.

Die Konzeptentwicklung begleitet Richard Stang, der bereits andere Kommunen in der Konzeption unterstützt hat. Gemeinsam mit ihm, den Institutionen und der Verwaltung der Stadt Wolfsburg wird seit 2010 an dem Konzept für das Bildungshaus gearbeitet. Zunächst wurde ein Leitbild für das gemeinsame Vorhaben entworfen, um dann in der Vorbereitung auf den Planungswettbewerb konkret das Raum- und Funktionsprogramm des Gebäudes zu entwerfen. Auf Basis der inhaltlichen Konzepte wurden die jeweiligen Flächenbedarfe und funktionalen Erwartungen aufgestellt und die gemeinsame Nutzung von Funktionen und Räumlichkeiten identifiziert. Ein wesentlicher Faktor für das Gelingen war die intensive Zusammenarbeit der Institutionen. In institutionsübergreifenden Arbeitsgruppen konzipierten die Mitarbeiter/innen inhaltliche und räumliche Rahmenbedingungen, die Grundlage für das Raum- und Funktionsprogramm noch vor den eigentlichen architektonischen Planungen waren. Wesentliche Themen der AGs waren die Planung zum Einsatz eines modernen Medienverleihsystems, die Initiierung eines Lernzentrums im Bildungshaus und die thematische Zonierung des Hauses. Alle Arbeitsgruppen legten die gemeinsam erarbeiteten Leitideen zu Grunde: Kommunikation, Kreativität, Chancengerechtigkeit, Offenheit für alle Bürger/innen, Barrierefreiheit und Inklusion, Kompetenz, Wachstum und Ganzheitlichkeit – der Mensch steht im Mittelpunkt.

Neben der inhaltlichen Erarbeitung wurde gemeinsam mit einem Planungsbüro der zweiphasige, europaweit ausgeschriebene Architekturwettbewerb organi- organisiert, den ein breit angelegter Bürgerbeteiligungsprozess begleitet. Bei Werkstattgesprächen wird informiert und konstruktiv diskutiert, die Planungsentwürfe der teilnehmenden Architekturbüros werden öffentlich ausgestellt und dürfen kommentiert werden und über eine Website[1], Social Media und vor Ort besteht die Möglichkeit, sich auszutauschen und die Details des Projekts kennen zu lernen. Ziel ist es, das Bildungshaus positiv in der Region zu positionieren, in der Bevölkerung Begeisterung und Vorfreude zu stiften und die Wolfsburger Bildungseinrichtungen zu neuen Lern- und Veranstaltungsvorhaben zu inspirieren. Eine große Stärke des geplanten Bildungshauses sind neben der intensiven Kooperation vier moderner Bildungseinrichtungen die in vielen Workshops erarbeiteten inhaltlichen und räumlichen Synergien. Das Bildungshaus ist nicht nach Institutionen aufgeteilt, sondern strukturiert sich nach thematischen Zonen, die sowohl organisationsbezogen als auch inhaltlich definiert sind (Abb. 1). Lediglich die Oberstufe der Neuen Schule wird als eine Einheit abgebildet, die sich zu den inhaltlichen Zonen des Bildungshauses öffnet. Die Volkshochschule, die Stadtbibliothek und das Medienzentrum bespielen die Zonen gemeinsam. Die

1 www.wolfsburg.de/wirwollenwissen

Funktionsbereiche sind eng miteinander verwoben, damit sich das umfangreiche Angebot für die Besucher/innen optimal entfalten kann. Die Bibliotheksbestände und die Angebote der Volkshochschule und des Medienzentrums bilden die inhaltlichen Zonen, welche die Atmosphäre des Hauses prägen (Abb. 2).

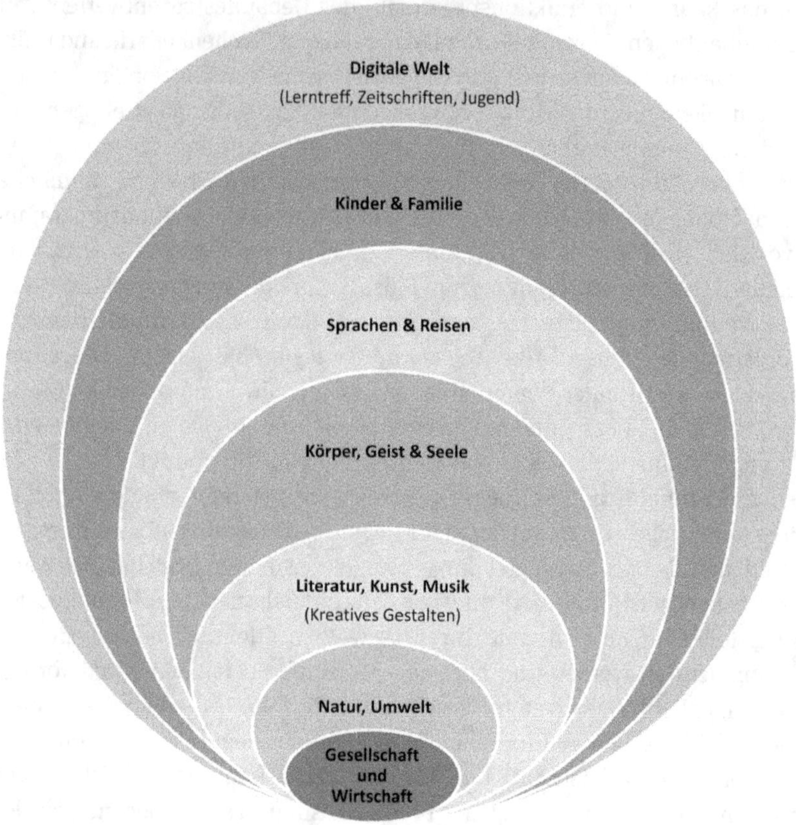

Abb. 1: Bildungshaus Zonenringe (Eigene Grafik).

Eingang und Publikumsmagnet ist der sogenannte Marktplatz. Hier befinden sich unter anderem der Service- und Informationsbereich, das Café, angeschlossen an den Zeitschriftenlesebereich, Veranstaltungsflächen und als Herz des Bildungshauses der Lerntreff. Es gibt ein Film- und Tonstudio, Musikübungsräume und einen großen Bereich rund um das Thema ‚Digitale Welt' mit Computerarbeitsplätzen und Gaming-Zone. Multifunktions-, Seminar-, Fach- und Kreativräume sind zunächst einer Institution zugeordnet, können aber je nach Belegungsplan von allen Nutzern/innen und auch Dritten genutzt werden. Die Bibliotheksflächen

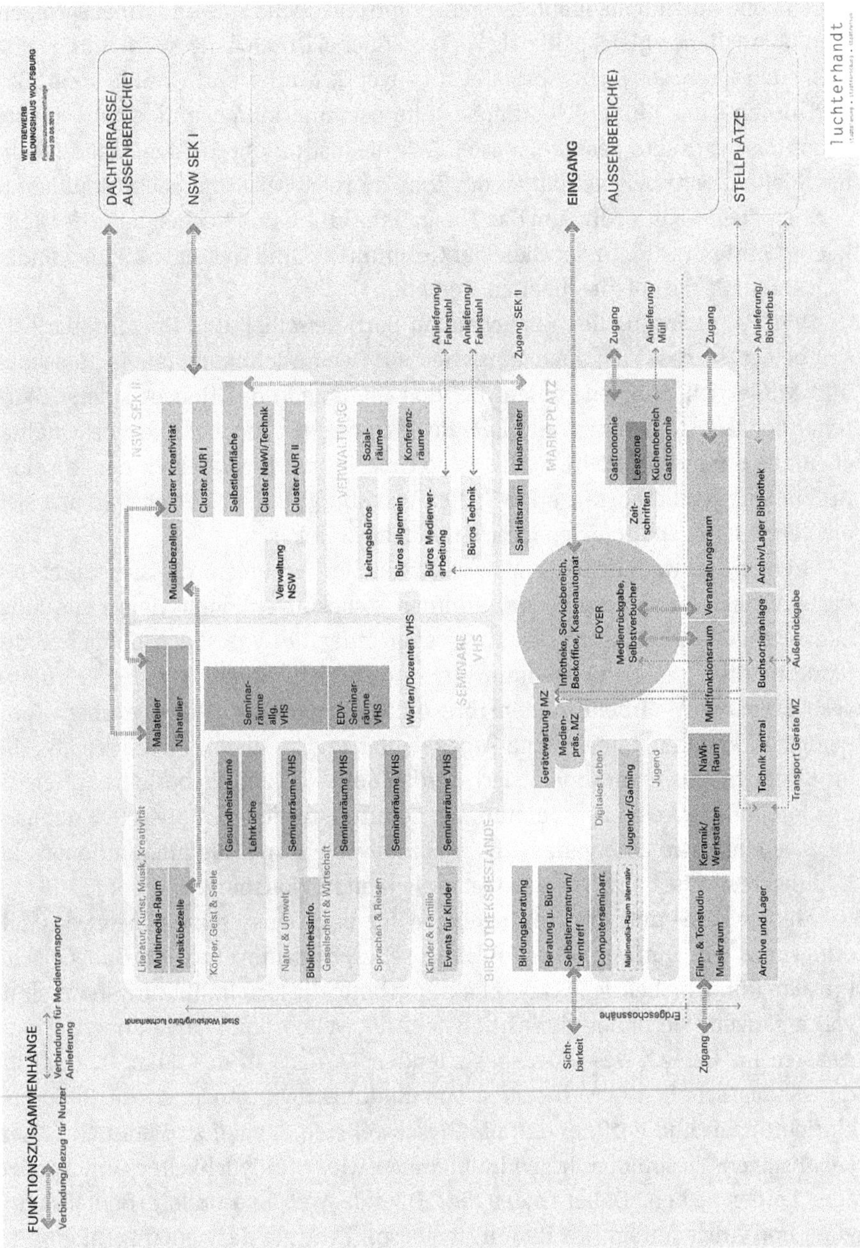

Abb. 2: Funktionszusammenhänge (Eigene Grafik).

haben hohe Aufenthaltsqualität, bieten unterschiedliche Sitz- und Arbeitsgelegenheiten und dienen gleichzeitig als Verkehrsfläche. Durch neue Ausrichtungsmöglichkeiten kann der Medienbestand für Jugend, Kinder und Familie vergrößert und durch eine Kinder-Eventfläche, Elternseminarräume und einen eigenen Jugendraum attraktiv gestaltet werden. Wie die Institutionen in den Zonen zusammenfließen, wird beispielhaft an der Zone ‚Körper, Geist und Seele' deutlich, in der sich die Literatur rund um das Thema Ernährung und Kochen nahe der Lehrküche befinden wird. In der Nähe der Gesundheits- und Gymnastikräume finden sich ebenfalls die entsprechenden Medien.

Viel Wert wird in allen Bereichen auf Barrierefreiheit und Nutzerfreundlichkeit gelegt, so dass sich auch Menschen mit Beeinträchtigung, ältere Menschen und Kinder willkommen fühlen. Bei den Planungen des Hauses spielen Wirtschaftlichkeit, Nachhaltigkeit, Energieeffizienz und architektonische Qualität ebenfalls eine wesentliche Rolle. Es soll ein Prototyp entstehen, der in seiner Architektur den herausragenden Bauten Wolfsburgs in nichts nachsteht und sich mit vergleichbaren Projekten international messen kann.

Neben den räumlichen und wirtschaftlichen Vorteilen, die sich durch ein gemeinsames Gebäude ergeben, eröffnen sich konzeptionell viele neue Möglichkeiten. Seit 2012 lassen sich Mitarbeiter/innen der Volkshochschule und der Stadtbibliothek zu Lernbegleitern/innen ausbilden. Bereits vor der Eröffnung verbinden die Mitarbeiter/innen ihre didaktischen und pädagogischen Kompetenzen, kreieren gemeinsame Arbeitsfelder und initiieren erste Projekte, die im Bildungshaus institutionalisiert werden sollen. Das Angebot einer professionellen, individuellen Lernberatung im Lerntreff, die jeder in Anspruch nehmen kann, ebenso wie eine ganzheitliche Bildungsberatung, die alle Stationen der Bildungsbiografie betrachtet, sind eine Neuheit in Wolfsburg.

Neben Lern- und Erlebnisangeboten für alle Generationen bietet das Bildungshaus ein umfassendes Volkshochschulprogramm, medienpädagogische Projekte und ganzheitliche Bibliotheksangebote, die sich im Bildungshaus sinnvoll ergänzen. Sie bilden den Grundstein für weitere innovative Konzepte und Ansätze im Bereich des lebensbegleitenden Lernens in der Zukunft. Das Bildungshaus schafft die Vernetzung von Bildungszugängen und von Bildungseinrichtungen und eröffnet den niedrigschwelligen Zugang zu Bildung in allen Lebenslagen. Es soll dem Individuum immer wieder Möglichkeiten und Anreize zum Lernen geben. Dabei findet die „Digitale Welt" besondere Berücksichtigung und Anwendung. Das Bildungshaus soll Zentrum der neuen Lernkultur in Wolfsburg werden und als Prototyp leuchtfeuerartig die Freude am lebenslangen Lernen in der Region verbreiten. Eine hohe Aufenthaltsqualität wird durch ein attraktives gastronomisches Angebot, durch individuelle Einzel- und Gruppenarbeitsmöglichkeiten und durch lange Öffnungszeiten gewährleistet.

In der Bundesrepublik findet ein Umdenken im Bildungsbereich statt. Die Trends zielen auf Inklusion statt Exklusion, auf lebenslanges Lernen statt rein schulischen Lernens, auf die Verknüpfung von formaler, non-formaler und informeller Bildung statt auf rein formale Bildung. Das Bildungshaus als Ort in der vernetzten Bildungslandschaft stellt den lernenden Menschen mit all seinen Bedürfnissen in den Mittelpunkt und fördert damit eine gelingende Bildungsbiografie.

Das Pilotprojekt Vorsfelde

Die Umsetzung der für das Bildungshaus entwickelten Konzeption wird im Pilotprojekt Selbstlernzentrum Vorsfelde in der Praxis erprobt. Mit der Zusammenführung von zwei Schulstandorten in der Nordstadt und der Einrichtung des Ganztagsbetriebes erfolgte der komplette Umbau des Schulzentrums Vorsfelde. Die inhaltliche wie räumliche Neukonzeption der dortigen Schulbibliothek als Lernzentrum wurde als Pilotprojekt entwickelt. Das Schulzentrum beherbergt vier Schultypen der Sekundarstufe I einschließlich der Förderschule für Körperbehinderte und die Sekundarstufe II des Gymnasiums mit insgesamt über 2.000 Schülern/innen.

Das räumliche Konzept für das Selbstlernzentrum entwarf das Architekturbüro Reich+Wamser (Abb. 3). Die Dreigliedrigkeit des Raumes ermöglicht die Umsetzung der unterschiedlichen Nutzungsanforderungen. Konzentriertes Arbeiten findet an Arbeitsplätzen in Form von Rondellen statt. Die einzelnen Arbeitsplätze sind voneinander getrennt und eröffnen mit den eingelassenen Steckdosen auch eine Notebooknutzung. Die Abgrenzung zum übrigen Raum erfolgt durch die physischen Bestände, die in diesem Bereich sehr kompakt aufgestellt sind. Den mittleren Bereich des Raumes bildet der Servicetresen, der sich an die Eingangssituation anschließt. Dort findet die fachliche Beratung und die Ausleihe und Rückgabe der Medien statt. Im dritten Bereich sind die Flächen je nach Bedarf durch flexibles Mobiliar gestaltbar. Bewegliche Trennwände ermöglichen eine Abgrenzung zum übrigen Raum und Gestaltungsmöglichkeiten für Gruppenarbeiten. Eine aufgelockerte Präsentation von Zeitschriften, Mangas und anderen Freizeitmedien laden zum Entspannen und informellen Austausch ein. Der Raumeindruck wird vom ‚blauen Band' klar umrissen. Über den Regalen in Form eines Überbaus, als Sockelleiste an den Regalen und im Teppichboden als umfassender Leitfaden für ein geschlossenes Konzept, setzt es räumlich klare Akzente und stellt damit den Bezug zur Multimedialität her (Abb. 4). Die Realisierung erfolgte durch eine komplette Neueinrichtung einschließlich Deckenverkleidung, Lüftung und Fußbodenbelag in den Räumen der Bibliothek auf 286 m² mit einem Magazinraum von 12 m². Eine bewegliche Trenn-

Abb. 3: Arbeitsplätze im Selbstlernzentrum Vorsfelde.

Abb. 4: Multimediale Angebote im Selbstlernzentrum Vorsfelde.

wand und die Weiterverfolgung der Ausstattung im angrenzenden Raum ermöglicht nach einer Entspannung bei den Schülerzahlen in Zukunft eine temporäre Nutzung gemeinsam mit dem Darstellenden Spiel der Schule.

Das Medienangebot ist zu 40 Prozent digital. Dessen Nutzung erfolgt durch die Ausstattung mit drei I-Pads, sechzehn Notebooks, zwei Blu-Ray Playern mit Monitoren, einem fest installierten Beamer mit Projektionsfläche und einer Abhörstation. Der für diese Zwecke installierte Hotspot ermöglicht über das W-LAN dem Fachpersonal vor Ort die Medienkompetenzvermittlung für die Onleihe, die Datenbankangebote von Munzinger, LibraryPress Display, Naxos usw. sowie die Rechercheschulungen in Bibliothekskatalogen. 7.000 physische Medien gehören zum Bestand vor Ort, mit dem die Schüler/innen täglich arbeiten oder die sie entleihen können. Schwerpunkte sind dabei Freizeit-Medien, die vor allem der Unterhaltung dienen, wie auch den Unterricht begleitende und ergänzende Medien.

Mit 38 Öffnungsstunden wöchentlich eröffnete im Januar 2013 das Selbstlernzentrum. Es bietet seitdem zum Ganztagsbetrieb der Schulen adäquat seine Öffnungszeiten mit zwei Personalstellen an. Circa 500 Schüler/innen besuchen das Selbstlernzentrum täglich und nutzen rege die multimedialen wie auch konventionellen Angebote. Einführungen für Schüler/innengruppen und Unterricht vor Ort oder die Unterricht begleitende, eigenständige Recherche hat sich in der Praxis sofort etabliert.

Die Lernbegleitung nimmt einen immer höheren Stellenwert im Zeitalter der Informationsflut ein. Mit der Lernberatung vermitteln fachkompetente Mitarbeiter/innen ihren Nutzern/innen die Zugänge zu Informationen, die Handhabung und die Bewertung der unterschiedlichsten Medien sowie die Organisation ihrer Informationssammlung. Der aktive Austausch zwischen Lernenden und Informationsvermittlern/innen ermöglicht lebenslanges Lernen für beide Seiten. Der Bedarf, im öffentlichen Raum als Ort des Lernens und Austausches alle Möglichkeiten der Informations- und Kommunikationsstrukturen zu nutzen, bildet sich in den modernen Öffentlichen und Wissenschaftlichen Bibliotheken und Lernzentren ab.

Zum Gesamtkonzept gehören im ersten Schritt die inhaltlichen Angebote der Bildungspartner/innen des Selbstlernzentrums an das Schulzentrum. Dazu gehören Angebote im Bereich Filmprojekte, Filmanalyse, Video-Filmen, Medienkompetenzschulungen in Form eines Spiralcurriculum für weiterführende Schulen der Sekundarstufe I und II, Rechercheeinführungen, Anwender/innenschulungen, Kreative Praxis, Multimedia und Fotografie, Bilderbuchkino, Filmvorführungen, Fotografie, Schul-Caching und Berufsqualifizierung. Sie richten sich in erster Linie an Schüler/innen, jedoch auch an Lehrkräfte, pädagogische Fachkräfte und Eltern. Im zweiten Schritt soll das Angebot erweitert werden und sich an Menschen im Quartier richten.

III. Zugänglichkeit und Konvergenz digitaler und physischer Räume

Frank Thissen

Interfaces als Schnittstelle: Von der virtuellen Lernumgebung (virtual learning environment) zum virtuellen Lernraum (virtual learning space)

Die Diskussion um den virtuellen Lernraum

In den letzten Jahren hat die wissenschaftliche Diskussion ein neues, erweitertes Verständnis des Lernraumes hervorgebracht. In diesem Verständnis ist ein Lernraum ein solcher Raum, der aufgrund bestimmter Eigenschaften sowohl das selbstgesteuerte als auch das kollaborative Lernen fördert. Dieser Raum ist mehr als ein Unterrichtsraum, ein persönlicher Arbeitsraum, eine Bibliothek, ein Präsentationsforum oder eine Cafeteria – er ist auch mehr als die Summe dieser Teile. Ein Lernraum ermöglicht ein Lernen, bei dem alle Bereiche des Menschen angesprochen werden, seine Kognition, die Emotion und das soziale Verhalten in einer Gruppe. Dieser Raum wird intuitiv als angenehm empfunden, man fühlt sich darin wohl, er wirkt anregend und seine Besucher/innen haben die Möglichkeit, ihn an ihre Bedürfnisse anzupassen, indem sie seine Gestaltung verändern, wie zum Beispiel durch das Umstellen des Mobiliars oder durch Anpassungen der Beleuchtung. In seiner optimalen Ausstattung ermöglicht dieser Lernraum sogenannte Flow- (Csikszentmihalyi 1992) oder auch ‚Heureka-Erlebnisse' in ihm macht das Lernen und Arbeiten Spaß, werden Erkenntnisse gewonnen und Dinge entdeckt und miteinander geteilt.

Nun stellt sich vor dem Hintergrund der starken Verbreitung mobiler Geräte wie Smartphones und auch Tablets (Ende 2012 nutzte in Deutschland jede/r achte ein Tablet)[1] die Frage, ob es sinnvoll ist, den realen Lernraum virtuell zu erweitern oder vielleicht sogar zu ersetzen. Denn Zugang zum Internet mit seinen vielfältigen Möglichkeiten ist kein technisches Problem mehr. Und soziale Medien im Netz wie Facebook, Google+, Twitter, Blogs, Podcasts und andere online communities zeigen, dass in solchen virtuellen Gemeinschaften vielfältige Erfahrungen möglich sind und die Virtualität von den Nutzern/innen nicht als Einschränkung, sondern als angemessene Art und Weise sozialer Kontakte über räumliche und zeitliche Grenzen hinweg erlebt wird.

1 Vgl. http://www.bitkom.org/de/presse/74532_74132.aspx

Auch die Erfahrungen mit Onlinespielen, bei denen bis zu mehrere Millionen Menschen gemeinsam in virtuellen Abenteuerwelten kollaborieren, zeigen die Möglichkeiten auf, die diese Technologien bieten. Eine Zahl soll die Dimension verdeutlichen, mit der wir es zu tun haben: das Spiel World of Warcraft[2] hatte im ersten Quartal 2013 weltweit 8,3 Millionen Abonnenten.[3]

Und so wie sich das Verständnis des physischen Lernraums hin zu einem ganzheitlichen Erfahrungsraum gewandelt hat, muss sich nun auch das Verständnis des virtuellen Lernraumes entsprechend weiterentwickeln. Bisher wurde in der Diskussion über sogenannte Lernumgebungen das Thema eher technisch oder funktional angegangen. Die sogenannten Virtual Learning Environments, die seit dem Ende der 1990er Jahre in der pädagogischen Forschung diskutiert werden, bilden einzelne oder auch mehrere Funktionalitäten ab, die zum Lernen genutzt werden können. Beispiele hierfür sind die Lernplattformen MOODLE und ILIAS, die Dokumentenablagen, Chats, Foren, Abstimmungen, Wikis oder Lektionen im SCORM-Format enthalten. Andere Plattformen wie Adobe Connect oder Google Drive bieten Werkzeuge zur Präsentation oder dem gemeinsamen Erarbeiten von Texten oder Bildern an und Second Life versucht die detailgetreue dreidimensionale Abbildung realer Räume im Internet.

Diese Teilansätze bieten zwar von ihrer Funktionalität her interessante Möglichkeiten, aber sie bieten ihren Nutzern/innen keine ganzheitlichen, befriedigenden Erfahrungen an, denn es sind lediglich Werkzeuge. Zudem ist der technische Aufwand des Zugriffs oft recht groß, denn es müssen für die einzelnen Werkzeuge verschiedene Zugriffsarten und Bedienungen erlernt werden, und bei intensiverem Nutzungsgrad wird die Kombination der einzelnen Funktionen in unterschiedlichsten Werkzeugen rasch unübersichtlich. Dabei werden die sozialen Medien wie Facebook, Skype oder Twitter bisher noch sehr wenig einbezogen und wenn dies der Fall ist, stellen sie einen weiteren Baustein dar, der nicht in ein Gesamtsystem integriert ist.

Eine weitere große Hürde stellt neben dem fehlenden Gesamtkonzept die starke Einschränkung dieser Werkzeuge dar, denn im Gegensatz zum physischen Lernraum, dessen Erfahrung durch vielfältige und vielschichtige Reize zustande kommt, zu denen Licht, Farben, Gerüche, Raumerfahrung und die Begegnung mit anderen Menschen, die auch in ihrer Körperlichkeit wahrgenommen werden, gehören, ist der virtuelle Lernraum auf die Größe eines Bildschirms oder Displays eingeschränkt. Er findet auf einem Computermonitor mit 27 Zoll statt, aber eben-

2 Vgl. http://eu.battle.net/wow/de/

3 Vgl. http://de.statista.com/statistik/daten/studie/208146/umfrage/anzahl-der-abonnenten-von-world-of-warcraft/

falls auf dem 10 Zoll Tablet oder auch auf dem kleinen Display eines Smartphones mit 4 Zoll. Seine Wahrnehmung ist auf das Optische und gegebenenfalls noch Auditive begrenzt und er muss gezielt aufgerufen werden, um wahrgenommen zu werden. Der virtuelle Lernraum ist somit ein atopischer Ort, das heißt er hat keinen festen physischen Platz in dem Bezugssystem einer Institution oder einer Stadt. Er ist vielmehr an technische Geräte gebunden und kommt in unterschiedlichen Varianten daher, je nach Qualität des technischen Gerätes, auf dem er angezeigt wird.

Nun stellt sich allerdings die Frage, warum trotz all dieser Einschränkungen die bereits genannten Online-Spiele und auch die sozialen Medien so gut funktionieren. Was ist ihr Geheimnis? Was ist bei ihnen anders? Die Antwort darauf ist erstens die Tatsache, dass wir Menschen unsere Erfahrungen aus der realen Welt in die virtuelle übertragen können und dabei Defizite durch unsere Imagination ergänzen. Außerdem kommt das sogenannte User Interface hinzu, also die Bedienschnittstelle, die durch eine geschickte Gestaltung ebenfalls in der Lage ist, Defizite auszugleichen. Schauen wir uns einmal beide Aspekte im Detail an.

Die Rolle des Interfaces

Richard Weizenbaum hat in seinen ELIZA-Experimenten[4] gezeigt, dass Menschen dazu in der Lage sind, kommunikative Defizite in der Interaktion mit Maschinen aktiv auszugleichen. Denn obwohl ja keine eigentliche Kommunikation in dem Sinne stattfindet, dass die Kommunikationspartner/innen sich mithilfe von konventionellen sprachlichen Aussagen ihre Gedanken und Intentionen mitteilen, haben die Versuchspersonen des Experiments von 1966 die Interaktion mit dem Computerprogramm als Kommunikation – analog zur Kommunikation mit einem Lebewesen – wahrgenommen und somit eine soziale Beziehung zu dem System aufgebaut. Das Computerprogramm tat allerdings nichts anderes, als auf bestimmte Schlüsselworte in den schriftlichen Aussagen der Nutzer/innen zu reagieren, indem es eingegebene Sätze umformulierte oder aufgrund eines bestimmten Schlüsselwortes einen ‚passenden' Satz am Bildschirm darstellte. Weizenbaum fasste seine Beobachtungen in dem Satz zusammen:

> „Ich konnte bestürzt feststellen, wie schnell und wie intensiv Personen, die sich mit DOCTOR [der populäre Name für ELIZA F.T.] unterhielten, eine emotionale Beziehung zum Computer herstellten und wie sie ihm eindeutig menschliche Eigenschaften zuschrieben" (Weizenbaum 1977, 19).

4 http://ilmarefilm.org/W_D_1.htm

Auch die Soziologen Byron Reeves und Clifford Nass haben in ihren Experimenten nachgewiesen, dass Menschen von interaktiven Medien genau diejenigen Verhaltensweisen erwarten, die sie auch von Menschen in sozialen Situationen erwarten würden:

> „We have found that individuals' interaction with computers, television, and new media are fundamentally social and natural, just like interactions in real life [...] People respond socially and naturally to media even though they believe it is not reasonable to do so, and even though they don't think that these responses characterize themselves." (Reeves & Nass 1998, 5–7)

Offensichtlich unterscheiden wir Menschen in der Interaktion nicht, mit wem wir interagieren, sondern verhalten uns nach bestimmten Grundmustern und erwarten auch, dass diese Grundmuster von der anderen Seite jeweils eingehalten werden. Und genau diese Tatsache stellt für virtuelle Lernräume eine große Chance dar, da die technischen Defizite offensichtlich durch die Erwartungen der Nutzer/innen ausgeglichen werden können.

Die hier dargestellten Phänomene, die sich im Umgang mit interaktiven technischen Geräten zeigen, hängen eng mit dem sogenannten User Interface zusammen, also der Schnittstelle, welche die Bedienung des jeweiligen Gerätes ermöglicht, somit die Nutzung der Funktionalität. Für den Design-Theoretiker Gui Bonsiepe ist das User Interface der zentrale Bereich, der den „Handlungsraum des Nutzers von Produkten" gliedert. „Das Interface erschließt den Werkzeugcharakter von Objekten und den Informationsgehalt von Daten. Interface macht Gegenstände zu Produkten. Interface macht aus Daten verständliche Informationen" (Bonsiepe 1996, 20).

Aus diesen Gründen kann eine ganzheitliche Wahrnehmung eines virtuellen Lernraumes nicht durch seine Funktionalität allein zustande kommen, sondern vorrangig ist das Interface des jeweiligen Gerätes entscheidend für die Art und Weise, wie der Lernraum wahrgenommen wird. Das Interface stellt die Schnittstelle zwischen den Aufgaben und Erwartungen des Benutzers auf der einen Seite und der Funktionalität sowie den Möglichkeiten des virtuellen Lernraums auf der anderen Seite dar.

Die Usability-Forschung hat in den letzten Jahren ein Konzept entwickelt, das die Bedienung von Maschinen und technischen Geräten nicht mehr rein funktional nach den Regeln der Kognitionspsychologie gestaltet, sondern die Benutzung zu einem Gesamterlebnis machen will, das einen Wohlfühlfaktor enthält und die Emotionalität von Menschen mitberücksichtigt. So hat sich das Thema von der ergonomisch korrekten Gestaltung von Interfaces (Wandmacher 1993) über die Erkenntnis der Bedeutung des sogenannten „joy of use" (Hassenzahl 2001) zum sogenannten „Experience Design" (Williams 2006, Hassenzahl 2010) hin entwickelt.

Der Begriff User Experience versteht unter der Nutzung eines Produktes oder einer Dienstleistung eine ganzheitliche Erfahrung, die als angenehm wahrgenommen wird. So ist beispielsweise die Nutzung einer Software in diesem Verständnis weit mehr als die Nutzung ihrer Funktionalitäten, es ist eine umfassende, emotional positive und zutiefst befriedigende Erfahrung – ein Gesamterlebnis, das den Flow (Csikszentmihalyi 1992) ermöglicht. Dazu dienen neben der Einfachheit der Bedienung, das rasche Erreichen von Zielen und die Erfüllung von Erwartungen auch ästhetische Elemente. Nach Hassenzahl (2008) entsteht eine positive Nutzungserfahrung durch die Erfüllung der fundamentalen menschlichen Bedürfnisse von Autonomie (autonomy), nach eigener Kompetenz (competence), Anregung (stimulation), Verbundenheit mit anderen Menschen (relatedness) und Anerkennung durch Andere (popularity).

Koller und Limbach haben im Jahre 2009 eine Studie zur Nutzung des iPhones erstellt und dabei herausgefunden, dass neben der reinen Nutzung der Funktionalitäten des Smartphones

> „die nicht direkt aufgabenbezogene Qualitätsdimension als sehr gut bewertet wird: Die Nutzer können sich mit dem Gerät sehr gut identifizieren und haben Lust, mit dem Gerät umzugehen. Sie empfinden es als interessant und neuartig" (Koller/Limbach 2009).

Die Nutzer/innen ordnen das Gerät dem Charakterbereich „begehrt" zu, unabhängig von Geschlecht, Alter oder Produkterfahrung. Dabei spielt die gestenbasierte Bedienung eine wesentliche Rolle.

Und genau diese Art von Erlebnis ist für die Nutzung eines virtuellen Lernraumes notwendig, wenn dieser Lernraum intensiv genutzt werden soll!

Merkmale des virtuellen Lernraums

Die wissenschaftliche Auseinandersetzung mit dem Thema des virtuellen Lernraums (Virtual Learning Spaces) hat sich in den letzten Jahren aus der Diskussion um die virtuelle Lernumgebung (Virtual Learning Environment) heraus entwickelt. Während es zum Thema Virtual Learning Environment ausführliche wissenschaftliche Diskussionen und auch einige empirische „Forschungen gibt" (OECD 2009), betreten wir mit dem Thema des Virtual Learning Space und den oben beschriebenen Anforderungen eines Experience Designs Neuland.

Malcolm Brown denkt die Erweiterung realer Lernräume ins Internet an, wenn er schreibt „Learning spaces encompass the full range of places in which learning occurs, from real to virtual, from classroom to chat room" (Brown 2005, 12.4). Ausdrücklich sieht er in den konstruktivistischen Ansätzen zur Beschreibung von Lernvorgängen ein adäquates Modell, um Lernräume zu definieren. Zudem sei die sogenannte Net-Generation besonders dazu geeignet, mit diesen virtuellen Lernräumen umzugehen, da sie ja sowieso permanent im Internet und sozialen Foren unterwegs ist; eine Einschätzung, die auch von der aktuellen JIM-Studie (Medienpädagogischer Forschungsverbund 2012) bestätigt wird. Brown sieht vor allem in den asynchronen Nutzungselementen virtueller Lernräume einen Vorteil für die Erweiterung physischer Lernräume (Brown 2005, 12.3), denn die Gebundenheit an einen bestimmten Ort wird dadurch ebenso aufgehoben wie die Fixierung auf einen bestimmten Zeitpunkt, sich mit anderen zu treffen. Virtuelle Lernräume bieten ein hohes Maß an Flexibilität.

Doch wie sollte nun ein virtueller Lernraum beschaffen sein, was muss er leisten und wie sollte er gestaltet sein, um ein komplexes Nutzungserlebnis im Sinne der User Experience zu bieten?

Die Herausforderung besteht darin, ein hohes Maß an Funktionalität mit der Einfachheit einer intuitiven Nutzung zu verbinden und durch die Gestaltung des Interfaces sowohl den Zugriff zu Funktionalitäten zu ermöglichen als auch zur intensiven Nutzung zu verführen und emotionale und spielerische Bedürfnisse des Menschen anzusprechen (Salen 2003). Er muss den/die Nutzer/in auf drei verschiedenen Ebenen ansprechen und aktivieren: auf einer emotionalen, auf der sozialen und auf der kognitiven Ebene. Erst wenn diese drei Ebenen miteinander verzahnt sind, wird es möglich, die Nutzung des Lernraums als Gesamterlebnis zu erfahren.

Emotionale Ebene

Die emotionale Ebene hat die Aufgabe, bei der Nutzung des Lernraumes positive Affekte zu fördern und negative zu vermeiden. Wie Damasio (2003) nachgewiesen hat, dominiert der Teil des menschlichen Gehirns, der für die Emotionen zuständig ist, die für die Kognition zuständigen Bereiche; er ist eine Art Frühwarnsystem, das bei Gefahr blitzschnell reagiert. Unser Gehirn sucht stets, einen Zustand der Sicherheit und Zufriedenheit zu erreichen, um das Überleben zu garantieren: „Es ist offensichtlich, dass der fortwährende Versuch, einen Zustand positiv gesteuerten Lebens zu erreichen, ein tief verwurzelter und höchst charakteristischer Teil unserer Existenz ist“ (Damasio 2003, 47). Ohne Emotion gibt es keine funktionierende Kognition, wie Studien an Patienten/innen gezeigt haben, deren emotionales System durch eine Verletzung geschädigt war. Diese Erkenntnisse werden seit ca. zehn Jahren in der pädagogischen Forschung zunehmend diskutiert und beispielsweise von Hermann Astleitner im FEASP-Konzept auf den

Unterricht übertragen, wenn es darum geht, positive Emotionen durch Rahmenbedingungen und Unterrichtshandeln zu fördern und negative Emotionen zu reduzieren (Astleitner 2000).

Aus den hier genannten Gründen sollte auch ein virtueller Lernraum Elemente enthalten, die seine Nutzung insgesamt und die Auseinandersetzung mit Lernthemen als ein angenehmes, positiv stimulierendes Erlebnis erfahrbar machen. Diese Elemente müssen Interesse und Neugier wecken (Mikunda 2005) und die Lernumgebung sollte als etwas Besonderes und Hochwertiges wahrgenommen werden. Der Eindruck von Hochwertigkeit entsteht durch die professionelle Gestaltung verbunden mit einer ansprechenden Ästhetik des Interfaces. Interesse und Neugier lassen sich durch für den/die Nutzer/in relevante und zugleich neuartige Angebote erzeugen, die stets aktuell und exklusiv sein sollten. Nach diesem Prinzip funktionieren gute Blogs, für die eine hohe Aktualität die Grundlage ihrer Akzeptanz ist. Auch prägnante Teaser, die zu mehr Inhalten verweisen, können die Aufmerksamkeit der/des Nutzers/in einfangen und ihn/sie zum Weiternavigieren anregen.

Ein emotional aktivierendes Interface bietet also Überraschungseffekte, Neuigkeiten und Ungewohntes. Andererseits muss es in der Bedienung einfach und übersichtlich daherkommen und seine Nutzung darf nicht zu einer Überforderung werden. Die Kombination von Vertrautem und Unbekanntem stellt hier das Optimum dar (Thissen 2003).

Eine weitere Hilfe, den virtuellen Datenraum zu einem befriedigenden Erlebnis werden zu lassen, ist die Möglichkeit für den/die Nutzer/in, das Interface zu individualisieren, d. h. seine Struktur, seine Elemente und sein Aussehen in einem gewissen Handlungsrahmen selbst gestalten zu können (Deci 1993). Die sogenannten Dashboards zeigen Möglichkeiten dazu auf, wobei nicht übersehen werden darf, dass dies den/die Nutzer/in auch überfordern kann, wenn zu viele Details konfigurierbar sind, wie wir aus der Softwareergonomie wissen (Wandmacher 1993). So empfiehlt sich diese Anpassbarkeit optional für fortgeschrittene Nutzer/innen. Übersichtsseiten von Smartphone- und Tablet-Betriebssystemen zeigen Möglichkeiten, auf einer ersten Startseite die relevanten Informationen zusammenzufassen. Bei der individualisierbaren Startseite des virtuellen Lernraums könnten dies verschiedene Bereiche sein, die jeweils als eine Art kleine Fenster Ausschnitte aus den Bereichen des Lernraums anbieten, wie aktuelle Termine, neueste Meldungen der Mitlernenden, der Tipp des Tages zu einem relevanten Lernthema, ein direkter Zugriff zur Recherche-Funktion und der Sprung zu den eigenen Lernmaterialien. Die Startseite ist rasch erfassbar, bietet immer wieder anregende Neuigkeiten und ermöglicht den Einstieg in den virtuellen Raum.

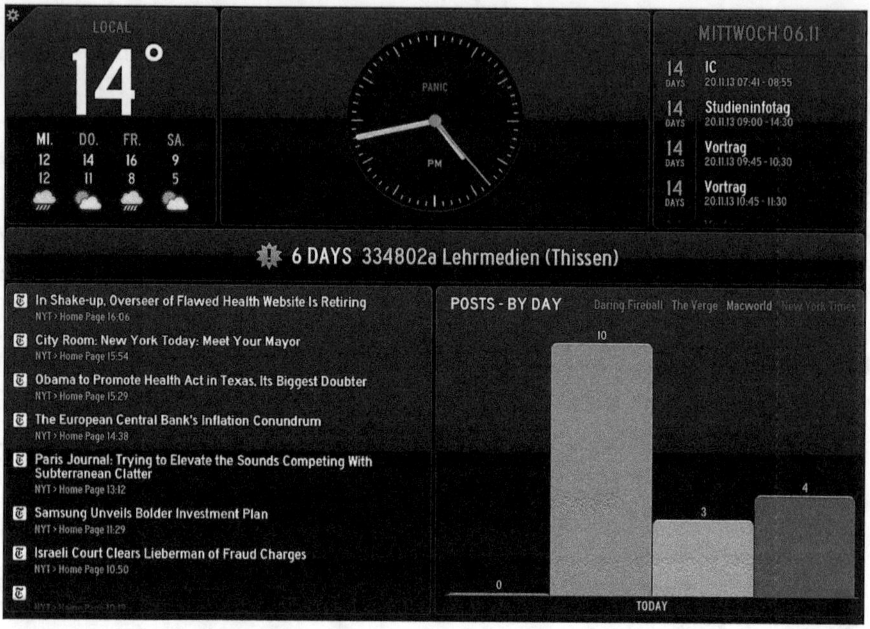

Abb. 1: ScreenShot StatusBoard.

Soziale Ebene

Die soziale Ebene des Lernraums bildet einen weiteren Aspekt des Lernens ab, das „Lernen in Beziehung“, das Tobias Künkler intensiv diskutiert hat (Künkler 2011). So bietet der Lernraum nicht nur Hilfen und Anregungen zur eigenen Lernorganisation, sondern unterstützt den/die Lerner/in auch dabei, seine Beziehungen innerhalb der Lerngruppe zu organisieren, wie dies soziale Foren wie beispielsweise Facebook tun. Zu dieser Organisation innerhalb einer Online Community gehört die Selbstdarstellung ebenso wie die Veranschaulichung von Verbundenheiten, Beziehungen und Sympathien, aber auch das (Mit-)Teilen von Entdeckungen (z. B. interessante Websites oder Literatur) und Gedanken. Mithilfe des „Gefällt mir“-Buttons beispielsweise haben die Lerner/innen die Möglichkeit, Zustimmung oder Sympathie zu Mitlernern/innen zum Ausdruck zu bringen, und über die Kommentarfunktion kann so ein Diskurs zustande kommen. Auch die Facebook-Funktion, die weitere Personen anzeigt, mit denen die ‚befreundeten‘ Personen verbunden sind, fördert eine Erweiterung der Gemeinschaft.

Denn neben dem rein formalen Austausch über Inhalte sollte im Lernraum jederzeit ein informelles Kommunizieren möglich sein und auch das Teilen von persönlichen Informationen in einem geschützten Bereich, bei Bedarf auch zwischen zwei Personen mit Ausschluss der übrigen Gemeinschaft, stärkt den Zusammenhalt.

Die Beziehung zwischen den einzelnen Personen könnten noch über spezielle Markierungen differenziert werden. Hier stelle ich mir sogenannte Auszeichnungen wie ‚mein Freund', ‚ein guter Helfer', ‚der Mentor', ‚kreativer Kopf' und andere vor, mit deren Hilfe sich Gruppenmitglieder Anerkennung zuteilen können.

Zudem sollte die Möglichkeit des Fragenstellens und des Anzeigens von Problemen und Schwierigkeiten angeboten werden. Beobachtungen in Foren haben gezeigt, dass, je intensiver sich eine Gruppe als Gemeinschaft versteht, desto größer die Bereitschaft zur gemeinsamen Lösung ist (Surowiecki 2007).

Auch eine Ritualisierung von Ereignissen sollte angeboten werden, wie zum Beispiel die Anzeige von Geburtstagen, oder auch andere spezielle Events, die der Förderung des Gruppenerlebens und des Zusammenhalts dienen. Studien zufolge wird dies von den Nutzern/innen als sehr befriedigende Erfahrung erlebt:

> „As a social web service it not only provides a great deal of social pleasure but provokes curiosity, provides a base for self expression and evokes memories of the past, along with a myriad of emotional and hedonic user experiences". (Hart 2008, 474)

Ein virtueller Lernraum nutzt diese Möglichkeiten der Kommunikation und Kollaboration und bietet angemessene Werkzeuge dazu an.

Außerdem könnte es interessant sein, Anreizsysteme, die aus der Welt der Spiele bekannt sind, in kollaborative Lernräume zu integrieren, wie zum Beispiel das Erreichen eines neuen Levels nach bestandenen Aufgaben oder das Sammeln von Bonuspunkten, was zwar keinen Ersatz für die intrinsische Motivation der Lernenden sein kann, wohl aber durch ein spielerisches Element die Zusammenarbeit fördern kann. Eine zusätzliche tutorielle Unterstützung bietet den Lernenden Sicherheit und wird häufig als hilfreich und angenehm erfahren.

Kognitive Ebene

Schließlich sei noch der kognitive Aspekt genannt, er steht an dritter Stelle, denn die emotionale und die soziale Komponente sehe ich als Vorbedingung für die kognitive Auseinandersetzung mit den Lernthemen an. Dennoch stellt sich die Frage, wie der virtuelle Lernraum Informationen so zur Verfügung stellen kann, dass Lernende nicht überfordert werden. Das Anbieten von Suchmaschinen auf das Web oder zu Katalogen erfordert eine hohe Informationskompetenz, die von vielen Nutzern nicht erwartet werden kann. Der Lernraum sollte deshalb vorkonfigurierte

Quellen und Materialien und zusätzlich intelligente Suchassistenten anbieten, wie zum Beispiel DEVONagent[5], die ein hohes Maß an Funktionalität bieten.

Außerdem sollte der virtuelle Lernraum Möglichkeiten anbieten, die gefundenen Informationen in einem eigenen persönlichen virtuellen Container (Beispiel: Metapher „Bücherregal") abzuspeichern, zu kommentieren, Anmerkungen zu schreiben, zu markieren und Stichworte (tags) zu vergeben. Durch diese Möglichkeiten zur Bearbeitung gewinnen die Materialien für die Lernenden eine höhere Qualität, denn sie werden individualisiert. Der Lernraum sollte es ermöglichen, Dokumente mit Mitlernenden zu teilen und auf deren „Bibliotheken" und individuelle Anmerkungen zuzugreifen. So lassen sich auch fachliche Gedanken und Fragestellungen austauschen und es ist möglich, einen Dialog in der Gruppe über Texte und Quellen zu führen.

Neben diesen Funktionalitäten, die zum Teil aus Foren und Web Shops (Beispiel: Amazon) bekannt sind, bieten die eBooks der Firma Inkling eine interessante Möglichkeit: Kommentare der Leser eines Inkling-Buches lassen sich – falls gewünscht – öffentlich anzeigen und beantworten.

Eine weitere Hilfe bieten die Tipps, wie sie bei Amazon eingesetzt werden, die Besucher/innen der Website auf für den/die Kunden/in interessante Produkte hinweisen, vor dem Hintergrund seiner/ihrer bereits gekauften Artikel. Auch die Funktion „Kunden, die diesen Artikel gekauft haben, kauften auch" könnte für Lerntexte, -dokumente und -quellen nützlich sein, denn dieses proaktive Verfahren wertet die Tätigkeiten der Nutzer/innen aus und bietet zugehörige Materialien an.

Daneben lässt sich die Reflexion über das eigene Lernen und die Situation in der Gruppe mithilfe von Lerntagbüchern (Alsheimer o. J.) unterstützen. Auch diese Funktionalität sollte der virtuelle Lernraum anbieten, wobei sowohl individuelle, persönliche Lerntagbücher, als auch kollektiv editierbare Gruppentagebücher möglich sein sollten. Auch virtuelle schwarze Bretter und Notizzettel bieten hilfreiche Austauschmöglichkeiten.

Schließlich gehören in diesen Bereich Hilfen zur Organisation des eigenen Lernens wie der Zugriff auf einen Online-Kalender mit Terminen, die Abfrage von Prüfungsergebnissen, Anmeldungen zu Seminaren und die Selbstorganisation über ein Projektmanagement.

Zudem empfiehlt es sich, eine Notizfunktion zu implementieren, mit deren Hilfe Ideen, Eindrücke, Tipps und Tricks oder auch Quellen rasch festgehalten werden können. Ein Beispiel für solch ein Programm ist Evernote, das sich durch eine hohe Flexibilität und extreme Einfachheit der Bedienung auszeichnet.

5 http://www.devontechnologies.com/de/produkte/devonagent/ueberblick.html

Fazit

Die hier beschriebene Funktionalität eines virtuellen Lernraumes mit seinen drei Ebenen, der emotionalen, der sozialen und der kognitiven, ist zurzeit noch eine Zukunftsvision. Die beschriebenen Funktionalitäten sind in verschiedenen Werkzeugen bereits vorhanden und stellen technologisch gesehen kein Problem dar. Was noch fehlt, ist die Zusammenführung und Integration in ein Interface, das einfach und ansprechend daherkommt und zugleich ein hohes Maß an Funktionalität bietet.

Erste Ansätze dazu bieten Programme wie Facebook oder Google+ sowie die Dash-Boards mobiler Systeme.

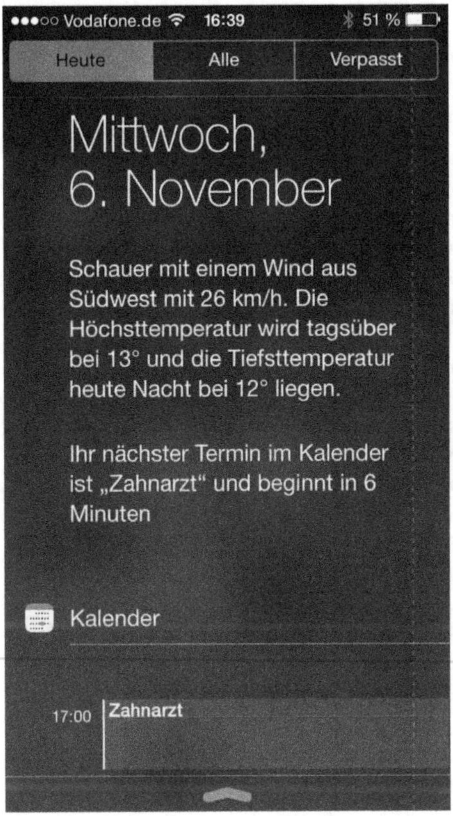

Abb. 2: Screenshot Mitteilungszentrale iOS 7[6].

6 http://www.apple.com/de/ios/ios7/features/#notification-center

Eine weitere Fragestellung ist die der Vernetzung des virtuellen Lernraums mit dem physischen, wobei sich beide sehr gut ergänzen können, wenn sie ihre jeweiligen Stärken ausspielen. Und dies ist auch die Frage, wie organisiertes und informelles Lernen miteinander verbunden werden und welchen Rahmen eine Institution dafür bieten muss.

Literatur

Alsheimer, M.; Müller, U. (n.d.). „Tagebuch schreiben". In: Grundlagen der Weiterbildung – Praxishilfen. Lose-Blatt-Sammlung. Neuwied: Luchterhand, Systemstelle 7.40.20.12.

Astleitner, H. (2000): „Designing emotionally sound instruction. The feasp-approach". In: Instructional Science 28, 169–198.

Barr, R. B.; Tagg, J. (1995): „From teaching to learning. A new paradigm for undergraduate education". In: Change: The Magazine of Higher Learning 27:6, 12–26.

Bickford, D. J.; Wright, D. J. (2006). „Community. The hidden context for learning". In: D. G. Oblinger (Hrsg.): Learning spaces. www.educause.edu/learningspace, 4.1–4.22.

Bomsdorf, B. (2005): „Adaptation of learning spaces. Supporting ubiquitous learning in higher distance education". In: Mobile computing and ambient intelligence. The challenge of multimedia, dagstuhl seminar proceedings, Vol. 5181.

Bonsiepe, G. (1996): Interface. Design neu begreifen. Mannheim: Bollmann.

Brown, M. (2005). „Learning Spaces". In: D. G. Oblinger; J. L. Oblinger (Hrsg.): Education the net generation. www.educause.edu/educatingthenetge, 12.1–12.22.

Csikszentmihalyi, M. (1992): Flow. Das Geheimnis des Glücks. Stuttgart: Klett-Cotta.

Damasio, A. R. (2003): Der Spinoza-Effekt. Wie Gefühle unser Leben bestimmen. München: List.

Deci, E. (1993): „Die Selbstbestimmungstheorie der Motivation und ihre Bedeutung für die Pädagogik". In: Zeitschrift für Pädagogik 39: 2, 224–238.

Hart, J.; Ridley, C.; Taher, F.; Sas, C.; Dix, A. (2008): „Exploring the facebook experience. A new approach to usability". In: Proceedings of the 5th nordic conference on human-computer interaction. Building bridges, 471–474.

Hassenzahl, M. (2010): „Experience Design. Technology for all the right reasons". In: Synthesis Lectures on Human-Centered Informatics 3:1, 1-95.

Hassenzahl, M. (2008): „User experience (UX). Towards an experiential perspective on product quality". In: Proceedings of the 20th international conference of the association francophone d'interaction homme-machine, 11–15.

Hassenzahl, M.; Beu, A.; Burmester, M. (2001): „Engineering Joy". In: Software, IEEE 18: 1, 70–76.

Koller, F.; Limbach, T. (2009): Dem kultobjekt auf der spur. Apples iphone. www.AttrakDiff.de.

Künkler, T. (2011): Lernen in Beziehung. Zum Verhältnis von Subjektivität und Relationalität in Lernprozessen. Bielefeld: Transcript.

Marshall, S. (2007): „Engagement Theory, WebCT, and Academic Writing in Australia". In: International Journal of Education and Development Using ICT 3:2, 109-115.

Medienpädagogischer Forschungsverbund Südwest (Hrsg.) (2012): JIM-Studie 2012. Jugend, Information, (Multi-) Media. Basisstudie zum Medienumgang 12- bis 19-Jähriger in Deutschland. Stuttgart: Medienpädagogischer Forschungsverbund Südwest.

Mikunda, C. (2005): Der verbotene Ort oder die inszenierte Verführung. Unwiderstehliches Marketing durch strategische Dramaturgie. Frankfurt/M.: Redline Wirtschaft.

OECD (2009): Creating Effective Teaching and Learning Environments. First Results From TALIS. Excecutive Summary. Paris: Organisation for Economic co-operation and Development.

Rätzel, D.; Sickel, H.; Rüppel, H. (2005): „Gestaltung lernförderlicher Möglichkeitsräume. Selbstgesteuertes Lernen in Lernräumen. In: O.A. Burow; H. Hinz (Hg.): Die Organisation als kreatives Feld. Evolutionäre Personal- und Organisationsentwicklung. Kassel: University Press, 279–295.

Reeves, B.; Nass, C. I. (1998): The media equation. How people treat computers, television, and new media like real people and places. Stanford, Calif.; New York: CSLI Publications; Cambridge University Press.

Salen, K.; Zimmerman, E. (2003): Rules of play. Game design fundamentals. Cambridge, Mass.: MIT Press.

Sköld, O. (2012): „The effects of virtual space on learning. A literature review". First Monday 17: 1–2). http://firstmonday.org/ojs/index.php/fm/article/view/3496/3133.

Surowiecki, J. (2007): Die Weisheit der Vielen. Warum Gruppen klüger sind als einzelne. München: Goldmann.

Thissen, F. (2003): Kompendium Screen-Design. Effektiv informieren und kommunizieren mit Multimedia. Berlin et al.: Springer.

Wandmacher, J. (1993): Software-Ergonomie. Berlin; New York: W. de Gruyter.

Weizenbaum, J. (1977): Die Macht der Computer und die Ohnmacht der Vernunft. Frankfurt am Main: Suhrkamp.

Williams, P. J.; Wellbourne-Wood, S. (2006): „Design for experience. A new rationale. Design and Technology Education". In: An International Journal, 11:2, 9–19.

Janin Taubert

Übergänge als Herausforderung: ‚Strategien' des Zugangs zu digitalen Informationen im physischen Raum

Präliminarien

Wer einmal versucht hat, die in den Erzählungen Franz Kafkas beschriebene räumliche Beschaffenheit visuell darzustellen, weiß um das Problem konvergenter Räume: Schier unzählige parallele Zu- und Ausgänge, Wege, Türen und Tore, die sich aufeinander beziehen, zueinander hin- und gleichzeitig aneinander vorbeiführen, die Leser/innen gleichsam wie in einem Labyrinth oder Netzwerk durch den Text führen ohne jedoch die erwartete Orientierung zu bieten, geschweige denn den ‚einen' Zugang zum Ziel zu ermöglichen. Die Räume lassen sich weder klar voneinander abgrenzen noch einem fest definierten Zweck zuordnen. Kafkas Architektur bietet stattdessen eine Vielfalt an gleichzeitigen Raumfunktionen und rhizomatischen Zugängen. Bibliotheks- und Informationseinrichtungen heben dagegen gerade die Schaffung von Orientierung und hierarchischer Zugänglichkeit angesichts der ‚Informationsflut' und ihrer Position im ‚Labyrinth des Wissens' als Kernaufgaben hervor.

Die Funktion und Gestaltung der Räume der modernen Bibliothek sind klar definiert und eindeutig voneinander abgegrenzt. Solange man vom Primat des Gedruckten ausgeht und die neuen digitalen Medien lediglich eine Ergänzung des bibliothekarischen Angebots darstellen, bleibt diese Architektur in ihren Grundzügen unangetastet. Selbst wenn die breite Debatte über die Zukunft der Bibliothek seit den 1990er-Jahren zu einem intensiven Nachdenken über weitere Funktionen von Informations- und Wisseneinrichtungen geführt hat, was auch räumliche Veränderungen nach sich zog, bleibt sie nach wie vor eine Institution, die vor Ort *sichtbar* nur Zugang zu physischen Medien und Informationen ermöglicht.

Selbst wenn IT zum integralen Bestandteil des Bibliotheksraums und in Form von WLAN-Routern, PC-Bildschirmen, RFID-Ausleihautomaten sowie extra Internet- und Datenbankarbeitsplätzen sichtbar wird und die Möglichkeit geschaffen wird, vor Ort auf digitale Informationen der Bibliothek zuzugreifen, werden diese digitalen Inhalte und Services per se jedoch im Raum nicht sichtbar. Sie bleiben im Verborgenen, solange sie nicht vermittelt über materielle Träger oder Verzahnungen von physischer und digitaler Welt sinnlich wahrnehmbar gemacht werden. Dies ist in Bibliotheken aktuell sehr selten der Fall. Angesichts der Zunahme digitaler Medien im Bestand und wachsender E-Only-Produkte ist es sogar eher der Rückgang an physischen Medien, also die Abwesenheit von etwas beziehungsweise die ‚Lücke im Regal', die als sichtbares Zeichen für das Digitale verstanden wird. Der österreichische Künstler Gerhard Haderer hat dieses Bild der entmaterialisierten Bibliothek 2009 in seiner Karikatur *Der Bücherwurm*[1] polemisch auf die Spitze getrieben, indem er – Carl Spitzwegs gleichnamiges Gemälde aus dem Jahr 1850 parodierend – die Regale entleert und den Nutzer/innenstatt des gedruckten Buches ein mobiles Endgerät in die Hände legt. Nun ist aber gerade der visuelle, sinnliche Zugang zu Informationen im Raum der Bibliothek, versinnbildlicht im ‚Browsen am Regal', eine wichtige Form der Bibliotheksnutzung. Nicht wenige Nutzer/innen möchten sich vor Ort inspirieren lassen und flanieren die Regalreihen durchstöbernd durch den Raum oder sie nutzen als jahrelange Besucher/innen einer Einrichtung den Katalog nicht, weil sie genau wissen, wo ‚ihre' Medien stehen. Auf diese Weise werden sie allerdings nicht auf die digitalen Angebote der Bibliothek aufmerksam und die teuer erworbenen Medien werden viel zu wenig genutzt. Hinzu kommt, dass die zunehmende Erwerbung elektronischer Ausgaben anstatt der physischen Medien bei den Nutzern/innen am Regal den Eindruck erwecken könnte, dass die Bibliothek über ein mangelhaftes oder veraltetes Medienangebot verfüge. Je weniger sichtbar solche digitalen Angebote im physischen Raum der Bibliothek sind, desto geringer sind auch die Chancen, mit den Nutzern/innen über diese neuen Medien ins Gespräch zu kommen, Kompetenzen im Umgang mit ihnen zu vermitteln und Orientierung in oder gar Zugang zur digitalen Welt zu ermöglichen. All diese Gründe veranlassen zu einer näheren Beschäftigung mit der Frage, wie ein sinnlich wahrnehmbarer Zugang zu digitalen Informationen im physischen Raum der Bibliothek ermöglicht werden kann. Gemeint ist eine Zugänglichkeit und Präsenz, die über das Einrichten von WLAN und Internetarbeitsplätzen hinausgeht und potentiell zu einem Zusammenwachsen zweier im Bibliotheksraum bisher voneinander klar getrennter Sphären – der physischen und der digitalen – führt.[2]

---

1 Vgl. Gerhard Haderer: *Der Bücherwurm* (2009). http://vi.sualize.us/moderner_bucherwurm_gerhard_harderer_iphone_karikatur_lesen_picture_ibjt.html

2 Es soll hier nicht unerwähnt bleiben, dass mitunter auch die Position vertreten wird, dass beide Sphären – die physische und die digitale Welt – entsprechend ihrer unterschiedlichen Potentiale und Gesetzmäßigkeiten voneinander separiert bleiben sollten. Diejenigen, die sowieso eine Affinität zum Digitalen haben, fänden die zu ihnen passenden Angebote genau dort – im WWW und nicht im Raum der Bibliothek. Das Publikum vor Ort wiederum komme, um physische Medien zu nutzen und sei kaum empfänglich für Digitales. Ich teile diese Ansicht nicht. Alle mir bekannten Studien zur Nutzung von E-Medien kommen zu dem Ergebnis, dass digitale Vielnutzer/innen auch deutlich stärker traditionelle Medien (Bücher, audiovisuelle Medien) nutzen. Es

„Strategien" – Beispiele und Kritik

Im Rahmen einer explorativen Studie zur Präsentation und Vermittlung digitaler Medien im physischen Raum der Bibliothek habe ich entgegen anfänglicher Erwartungen viele recht heterogene Maßnahmen und Ansätze finden können, wie Informations- und Wisseneinrichtungen sich der Herausforderung der Verzahnung physischer und digitaler Kanäle stellen (Taubert 2013). Jedoch handelt es sich nicht um bewusste ‚Strategien'. Vielmehr sind es aus der akuten Notwendigkeit oder einem konkreten Anlass heraus geborene Ideen, Experimente und ad-hoc-Maßnahmen, die meist temporär befristet angewendet werden und/oder Einzelmaßnahmen bleiben. Das liegt meines Erachtens daran, dass man noch ganz am Anfang einer Entwicklung steht, für die sich heute noch keine zuverlässige Prognose stellen lässt, und daran, dass das Problem der ‚Lücke im Regal' erst dann ins Bewusstsein rückt, wenn digitale Informationen nicht mehr nur als Ergänzung, sondern als gleichwertige Quellen zum Gedruckten ernst genommen und als ‚normaler Bestand' in den Bibliotheksalltag integriert werden, was aktuell nicht den Regelfall darstellt. Nichtsdestotrotz lassen sich die Ansätze und Beispiele für die Präsentation und Vermittlung digitaler Medien im physischen Raum durchaus systematisieren – nach Ort (integriert/separat), Dauer (befristet/unbefristet), Inhalten (Einzelmedium, Pakete, Onleihe[3] als Ganzes), eingesetzten Mitteln und Zielen. Letzteres führt uns zumindest zu dem, was man unter Vorbehalt als „Strategie" bezeichnen könnte. Denn die Maßnahmen verweisen durchaus auf eine dahinter liegende Auffassung darüber, wie der ‚Zugang zur digitalen Welt' vor Ort ermöglicht werden sollte. Im Folgenden möchte ich vier Ansätze unterscheiden: (be-)nutzungsorientierte Zugänge, image- beziehungsweise marketingorientierte Zugänge, beratungs- und vermittlungsorientierte Zugänge und spielerisch-interaktive Zugänge.

---

gibt also vielmehr cross-channel-user als one-channel-user und letztendlich sollte es sowieso darum gehen, möglichst viele Nutzer/innen auf allen Kanälen zu erreichen.

3 Gemeint ist damit das Angebot einer ‚virtuellen Zweigstelle' zusätzlich zur physischen Bibliothek, in der die Nutzer/innen digitale, elektronisch übermittelte Medien (E-Books, E-Audios, E-Musik, E-Videos, E-Paper) online ausleihen können. Der Begriff ‚Onleihe' setzt sich aus ‚online' und ‚Ausleihe' zusammen. Als alleinige Anbieterin auf dem deutschen Markt hat sich die DiViBib GmbH, Tochterfirma der ekz, etabliert, die für die Bibliotheken mit den Verlagen die Lizenzen aushandelt und die Daten auf einer Plattform bereitstellt, die in die Webseite der Bibliothek integriert werden kann. Dabei wird das Ausleihmodell der physischen Welt auf die digitale Welt übertragen, das heißt dass die E-Medien wie bei physischen Exemplaren immer nur in begrenzter Anzahl zur Verfügung stehen (in der Regel Einzellizenzen).

(Be-)nutzungsorientierte Zugänge

Unter (be-)nutzungsorientierten Zugängen möchte ich Szenarien fassen, die konkret darauf abzielen, dass die Nutzer/innen beim Browsen am Regal und Flanieren im Bibliotheksraum auf digitale Medien der Bibliothek stoßen, die eine ‚Lücke' im physischen Bestand markieren. Es ist ein pragmatischer beziehungsweise funktionaler Ansatz, denn er dient schlicht und ergreifend dazu, die Benutzung des hybriden Bestands der Bibliothek zu erleichtern und in der Konsequenz die Nutzung der elektronischen Angebote zu erhöhen, indem Nutzer/innen darauf hingewiesen werden, dass beispielsweise der aktuelle Jahrgang der Zeitschrift nicht mehr im Regal, sondern nur noch online zu finden ist oder dass neben den im Regal dargebotenen Lektürehilfen weitere elektronische Ausgaben in der ‚digitalen Zweigstelle' vorhanden sind. Anstatt die Bibliothek unverrichteter Dinge zu verlassen, wird er explizit dazu aufgefordert, das Gesuchte online zu recherchieren und zu nutzen. Als inzwischen beinahe etablierte Maßnahmen zu diesem Zweck sind in Öffentlichen Bibliotheken überwiegend Stellvertreter/innenlösungen und in Wissenschaftlichen Bibliotheken vor allem QR-Codes im Einsatz.

Stellvertreter repräsentieren das physisch nicht vorhandene Medium im Regal und können ganz unterschiedliche Formen annehmen: Vom einfachen Acrylaufsteller im A4-Format, auf dem das Cover eines E-Books und weitere Hinweise zum digitalen Angebot (zum Beispiel Internetadresse) zu finden sind und der ins Regal neben die physischen Medien gestellt wird, über laminierte Coverausdrucke, die in Form von Mobiles oder Pinnwänden zentral in der Bibliothek platziert werden, bis hin zu tatsächlichen Attrappen, die unter den normalen Bestand gemischt werden. Die Vorteile dieser Präsentationsform liegen auf der Hand: schnelle Umsetzung, geringer Kosten- und Arbeitsaufwand und die integrierte Form der Visualisierung holt die Nutzer/innen gezielt und direkt am Regal bei ihrem Medieninteresse ab, das sie möglicherweise eher dazu motiviert, die Online-Angebote zu nutzen als ein am Bibliothekseingang platzierter allgemeiner Flyer. Dennoch birgt diese Art des Zugangs die Gefahr, dass die Stellvertreter angesichts des ‚Schilderwaldes Bibliothek' nicht oder sogar falsch wahrgenommen werden, wie es beispielsweise im Marketing-Projekt des Kreises Mettmann vorkam: Nutzer/innen haben die Attrappen mit zur Ausleihtheke genommen und nicht wahrgenommen, dass das Medium nur virtuell verfügbar ist. Zum Teil fehlte die Zeit für ausführlichere Erläuterungen an der Theke, zum Teil waren die Nutzer/innen nach dieser Erfahrung zu enttäuscht, um den Ausführungen der Bibliothekare/innen folgen zu wollen (Kreis Mettmann 2010). Es zeigt sich, dass nicht nur mangelnder Platz im Regal zu einem ästhetischen Problem führen kann, sondern auch mangelnder Platz auf dem Stellvertreter (zum Beispiel für ausführlichere Erläuterungen zum digitalen Angebot) zu einem Perzeptionsproblem führt. Nicht zuletzt ist der eigentliche Zugang zum digitalen Medium von dieser Art der Präsentation aus langwierig und umständlich: Die Nutzer/innen müssten sich die Internetadresse abschreiben beziehungsweise merken, am PC händisch eintippen, das durch den Stellvertreter repräsentierte Medium suchen und hoffen, dass es verfügbar ist und sie die technischen Voraussetzungen mitbringen, damit sie es dann endlich nutzen können. Diese Art des Zugangs entspricht weder der Erfahrung heutiger Mediennutzung im digitalen Raum noch den Potentialen digitaler Medien, deren Verfügbarkeit durch die Imitation der physischen Ausleihe künstlich reduziert wird.[4] Eine überzeugende Strategie für einen genrespezifischen, adäquaten Zugang zu digitalen Informationen im physischen Raum muss jedoch neben der Visualisierung auch die schnelle und unkomplizierte Zugriffsmöglichkeit auf die Inhalte mitdenken und sich langfristig mit Fragen der Verfügbarkeit dieser Inhalte auseinandersetzen. Das Produzieren physischer Attrappen, um auf digitale Medien hinzuweisen, füllt auf den ersten Blick eine ‚Lücke im Regal', aber es handelt sich um anachronistische Maßnahmen, die langfristig keine überzeugende Lösung darstellen. Sie vermitteln ein statisches, nicht genrespezifisches Bild der digitalen Welt und ermöglichen nicht den ‚Zugang' im Sinne eines Verstehens zu eben dieser.

Abb. 1: Coverausdrucke.

4 Gilt für die Mehrheit derzeitiger Lizenzmodelle. Zu dieser Problematik bei der Onleihe: Dudek (2011).

QR-Codes (QR = Quick Response) setzen weniger auf die Repräsentation des Abwesenden als auf die Verknüpfung der physischen Sphäre mit digitalen Informationen. Im Tag, d.h. im Bild eines kleinen schwarz-weißen Quadrates, werden Informationen verschlüsselt. Dieser Tag kann an alle möglichen physischen Objekte angeheftet und mithilfe mobiler Geräte (zum Beispiel einem Smartphone, einem iPad) und einer entsprechenden Software ausgelesen werden. Die derart entschlüsselten Informationen können dann mit dem mobilen Endgerät weiter verarbeitet werden. Meistens werden im QR-Code Links verschlüsselt, die entweder auf die Homepage führen, wo die digitalen Ressourcen der Bibliothek recherchiert und gegebenenfalls heruntergeladen werden können (zum Beispiel Onleihe-Seite, EZB), oder die direkt zum Download eines einzelnen E-Mediums führen. An der Bibliothek der Hochschule für Angewandte Wissenschaften in Augsburg zum Beispiel findet man am Regal kleine Hinweisschilder, die den Titel benennen, angeben, dass es dazu ein E-Book gibt und daneben den QR-Code abbilden, der direkt zum Volltext führt. Insbesondere im Zeitschriftenbereich ist dies eine beliebte Präsentationsmöglichkeit. Eine besondere Variante, wie QR-Codes in Kombination mit haptischen Objekten genutzt werden können, wurde in der Stadtbibliothek Salzgitter erprobt. In einem Postkartenständer neben der Informationstheke sowie im Raum beziehungsweise im Bestand verteilt wurden sogenannte *E-BookCards* angeboten. Dabei handelt es sich um Postkarten, die auf der Vorderseite das Cover des E-Mediums und auf der Rückseite den Kurzinhalt, Autoreninformationen sowie Pressestimmen enthalten. Darunter ist ein QR-Code angebracht, der die URL zum Download dieses Mediums aus der Onleihe beinhaltet.[5]

QR-Codes sind ebenfalls schnell zu realisieren und mit wenig Kosten sowie Arbeitsaufwand zu bewerkstelligen. Zudem entsprechen sie durch den direkten Zugriff auf die beworbenen Inhalte den Erwartungen heutiger Nutzer/innen. Allerdings ist neben der beschränkten Nutzergruppe und dem teilweise nach wie vor restriktiven Umgang mit Mobiltelefonen in Bibliotheken auch zu bedenken, dass der Content, auf den verlinkt wird, für die mobile Nutzung geeignet sein und auf mobilen Endgeräten abspielbar beziehungsweise lesbar sein muss, was angesichts der Vielfalt der Formate und der DRM-Politik der Verlage ein Problem

5 Die Idee kommt ursprünglich aus dem Buchhandel und wurde vom EPIDU-Verlag entwickelt, der sie erstmals auf der Frankfurter Buchmesse im Oktober 2011 präsentierte und in einer Pilotphase seit April 2012 gemeinsam mit Kooperationspartnern, dem Barsortiment Umbreit und dem E-Book-Plattform-Betreiber Ceebo auf dem Markt testet. Die Karten werden als E-Books zum Anfassen und Verschenken promotet und sollen dem stationären Buchhandel ermöglichen, in den E-Book-Markt einzusteigen und die Vorteile des physischen Buchladens – Stöbern und kompetente Beratung – mit dem Online-Handel zu verbinden.

Abb. 2: Hinweisschild mit QR-Code.

darstellt. Wenn aber das verknüpfte digitale Medium nicht verfügbar oder auf dem Gerät nicht lesbar ist, frustriert man Nutzer/innen mehr, als dass man ihnen eine innovative Zugangsmöglichkeit zu digitalen Inhalten anbietet.

Eine Möglichkeit, dem Anachronismus physischer Stellvertreter zu entgehen, ist die Verwendung von *Digital-Signage-Lösungen* (dt. digitale Beschilderung, DS). Darunter sind elektronische Werbe- und Informationssysteme zu verstehen, die audio-visuell und in Echtzeit mittels digitaler Medien über Produkte und Angebote informieren können (sog. Info-Screens). Sie können digitale Bilder, Texte, Filme, Musik etc. abspielen und für die Anzeige aller möglichen Informationen genutzt werden. Es gibt sie in sehr einfachen Varianten (zum Beispiel als digitale Bilderrahmen) bis hin zu komplexen Komplettsystemen, die aus einem Ausgabegerät mit PC-System, Netzwerkanbindung, Software und einem Content Management System (CMS) bestehen. In Bibliotheken sind solche DS-Systeme bisher selten zu finden. Die Stadtbibliothek Chemnitz nutzt zum Beispiel einen digitalen Bilderrahmen, um in einer Liveshow auf einzelne E-Medien aufmerksam zu machen, die thematisch jeweils zur aktuellen Ausstellung passen. Die Bibliothek der Hochschule für Angewandte Wissenschaften in Augsburg nutzt unter anderem einen digitalen Prospektständer im Bereich der Ausleihtheke. Mir ist jedoch keine Bibliothek bekannt, die solche Systeme ausschließlich nutzt, um den Zugang zu ihren digitalen Services zu ermöglichen, und keine, die solche ‚Fenster in den digitalen Bestand' mitten im Regal oder an der Regalstirnseite positioniert. Zwar sind die Anschaffungskosten noch relativ hoch, aber langfristig spart man Kosten und Zeit bei der Erstellung und beim Wechsel der unterschiedlichen Präsentationen. Die Inhalte können außerdem schnell, flexibel und zielgruppengerecht verändert werden, worin die große Stärke dieser Präsentationsform liegt. Bei aller Euphorie jedoch ist klar, dass sich auch bei einem digitalen Plakat der anfängliche ‚eye-catcher'-Effekt auf Dauer abnutzt und grundsätzliche Probleme wie die in die Visualisierung integrierte, direkte Zugriffsmöglichkeit auf die präsentierten Inhalte (zum Beispiel über einen QR-Code), die beschränkte Verfügbarkeit und die restriktiven Nutzungsmöglichkeiten der Inhalte gelöst werden müssen.

Abb. 3: Digitaler Prospektständer.

Image- oder marketingorientierte Zugänge

Image- beziehungsweise marketingorientierte Zugänge zielen nicht primär auf die Repräsentation einzelner digitaler Medien oder Bestandsgruppen im physischen Raum ab, um den Nutzern/innen die Zugänglichkeit zu diesen zu erleichtern. Vielmehr geht es darum, durch besondere, separat gestaltete Raumsituationen, in denen mobile Endgeräte, Screens und außergewöhnliche Präsentationsmöbel in einer angenehmen, zum Aufenthalt einladenden Atmosphäre installiert sind, die Bibliothek gegenüber Nutzern/innen und den politischen Unterhaltsträgern/innen als moderne, innovative Einrichtung darzustellen, die eine kompetente Ansprechpartnerin in der digitalen Welt ist. Es ist eher eine indirekte Form des Zugangs insofern, als dass über die Schaffung eines sich visuell und ausstattungstechnisch vom normalen Bibliotheksraum abgrenzenden Szenarios ein visuelles Highlight entsteht, das als physisches Eingangstor zum Abtauchen in den digitalen Raum verführen soll: Man kann vor Ort die Geräte testen, sich einen ersten Ein- und Überblick verschaffen und wird dadurch potentiell angeregt, sich eingehender mit den digitalen Angeboten der Bibliothek zu befassen. Aber vor allem bleibt der Eindruck zurück, dass die Bibliothek nicht nur ein Ort der physischen Medien ist, sondern auch ein vielfältiges Angebot an digitalen Medien vorhält. In Bibliotheken findet man solche Leselounges oder Onleihe-Regale, die mitunter durch Kooperationen mit Innenarchitekten/innen oder Geräte-Herstellern entwickelt werden, immer häufiger, wodurch der Marketing- beziehungsweise Imageeffekt auch gegenüber externen Akteuren/innen transportiert wird.

Beispielhaft für diese Art des Zugangs möchte ich gern das Raumkonzept der sog. Q-thek anführen. Dieses ist im Projekt *Lernort Bibliothek – zwischen Wunsch und Wirklichkeit* entwickelt worden, das von der Landesregierung in Nordrhein-Westfalen 2009 initiiert und über zwei Jahre finanziert worden ist (Büning 2012; Wamser et al. 2011). Die beteiligten Bibliotheken haben zunächst die Rahmenbedingungen und Herausforderungen für die Bibliothek der Zukunft diskutiert und sich dabei insbesondere auf das informelle und individuelle Lernen konzentriert. Als ein Ergebnis wurde festgestellt, dass „die Verknüpfung von realen und virtuellen Angeboten [...] eine der Hauptaufgaben in den kommenden Jahren" (Bezirksregierung Düsseldorf 2011, 2) sein wird. Dementsprechend wurde vom Architekturbüro Reich und Wamser GbR aus Düsseldorf ein Raumkonzept namens ‚Q-thek' erarbeitet, das dank seiner Modularität in existierende Bibliothekseinrichtungen integriert und damit über das Projekt hinaus auch für andere Bibliotheken umsetzbar ist.

Neben den Aspekten ‚Relaxen, Lernen, Kommunizieren und Informieren' spielt die parallele Präsentation von physischen und digitalen Medien sowie von mobilen Devices im Raum der Bibliothek eine zentrale Rolle. Dies geschieht mittels besonderer Präsentationsmöbel, unter anderem durch in die Wand oder auf Stelen integrierte Screens, durch flexible Präsentationsflächen für mobile Endgeräte, durch digitale Bilderrahmen sowie durch Multitouchscreens in Form eines Stehpultes. In der Stadtbibliothek Kamp-Lintfort wurden deshalb auch gleich die zu den Präsentationsflächen passenden Geräte angeschafft: MP3-Player, E-Reader und ein iPad2 können dort von den Nutzern/innen getestet werden. Die Intention ist deutlich: „Ausgewählte Themen werden im Wechsel vorgestellt – durch Bücher ebenso wie durch digitale Medien. Dieser Bereich ist auffällig, lebhaft und öffnet den Raum für Neues“ (Wamser et al. 2011, 5). Die Q-thek setzt in ihrem Möblierungskonzept passenderweise bewusst auf die Kombination von integrierter IT und Aufenthaltsqualität:

> „Der ‚Sonic-Chair‘ passt mit seiner runden Form und einer flexiblen Farbgestaltung gut in die ‚Q-thek‘. Durch die Möglichkeit, Laptop, Kopfhörer und Bildschirme zu integrieren, unterstreicht der ‚Sonic-Chair‘ zwei Grundgedanken der ‚Q-thek‘: die Präsentation von Neuen Medien als integralem Bestandteil des Konzeptes und die hohe Aufenthaltsqualität in der ‚Q-thek‘“. (Wamser et al. 2011, 38)

Das Q-thek-Konzept geht über den funktionalen Ansatz des gezielten Findens und Benutzens digitaler Bestände hinaus, indem es über den Aufenthalt an dem attraktiv gestalteten Ort zum Einstieg in die digitale Welt einlädt und dabei ein innovatives, modernes Image der Bibliothek transportieren soll.

Abb. 4: Q-thek.

Beratungs- und vermittlungsorientierte Zugänge

Unter die beratungs- und vermittlungsorientierten Zugänge möchte ich Ansätze subsummieren, die neben der Schaffung eines rein formalen Zugangs (unter anderem Klärung technischer und rechtlicher Voraussetzungen) auf den ‚intellektuellen' Zugang im Sinne eines Verstehens und kompetenten Umgehens mit den digitalen Beständen setzen. Denn in den für meine Masterarbeit geführten Interviews hat sich unter anderem herauskristallisiert, dass rein visualisierende Maßnahmen oft nicht ausreichend sind. Es bedarf zusätzlich einer persönlichen Beratung und Vermittlung. Um mit den Bibliotheksbesuchern/innen in den Dialog zu treten, haben Bibliotheken unterschiedliche ‚Strategien' entwickelt.

Im Marketingprojekt Kreis Mettmann wurde unter anderem erprobt, die Nutzer/innen bei der Neuanmeldung auch in die Onleihe einzuführen und ihnen als ‚Gedächtnisstütze' entsprechendes Informationsmaterial mitzugeben. Es wurde explizit darauf hingewiesen, dass *Give-aways* (zum Beispiel Lesezeichen) nur wirklich dann sinnvoll sind, wenn sie im Kontext solch eines Gespräches ausgegeben werden. Der Vorteil ist, dass sie zu Hause einen Erinnerungsanker darstellen und die im Gespräch vermittelten Informationen so jederzeit später wieder verfügbar sind. Das Problem daran, solche persönlichen Kurzeinführungen bei der Neuanmeldung und auch im normalen Ausleihverkehr durchzuführen, ist, dass dadurch ein höherer Zeitaufwand erforderlich wird und dies nicht für alle Bibliotheken anwendbar ist. Eine weitere Variante ist es, die zu bestimmten, in der Bibliothek stattfindenden thematischen Veranstaltungen beziehungsweise fächerbezogenen Schulungen vorhandenen E-Medien im Überblick darzustellen und sie an das Publikum vor Ort auszugeben. Dies hätte den Vorteil, dass man über das Interesse an einem speziellen Thema beziehungsweise Fach Besucher/innen dazu anregen könnte, auch die passenden elektronischen Ressourcen zu nutzen.

Ein wichtiger Hinweis ist allerdings, dass sich die Bibliothek bei der Gestaltung solcher Angebote flexibel gegenüber den Bedarfen der Nutzer/innen zeigen muss. Dies belegt der Fall der Stadtbibliothek Wolfsburg. Sie hatte eine Zeit lang Vorträge zu E-Medien über bestimmte Themen wie ‚Weihnachten' oder ‚Urlaub' angeboten. Im Ergebnis war diese Form der Vermittlung aber nicht erfolgreich, weil das Publikum viel stärker am digitalen Lesen im Allgemeinen interessiert war als am konkreten Thema. Daher ist die Stadtbibliothek Wolfsburg dazu übergegangen, regelmäßige Sprech- und Teststunden rund um das Thema Onleihe, E-Books und mobile Endgeräte anzubieten. Diese Form der Vermittlung im Sinne einer ‚Digitalen Vor-Ort-Beratung' hat sich inzwischen in einigen Bibliotheken etabliert. In der Regel finden sie wöchentlich in einem Raum der Bibliothek statt und können ohne vorherige Anmeldung besucht werden. Die konkrete Gestaltung der Sprechstunden oder Schulungen hängt meistens von den Interessen der Teilnehmer/innen ab. An der ETH-Bibliothek sind die Schulungen besonders auf das wissenschaftliche Arbeiten mit Endgeräten ausgerichtet. In den Öffentlichen Bibliotheken wird überwiegend die Onleihe an sich vorgestellt, ein Download vorgeführt und die Bibliotheken stellen je nach Kapazität mobile Endgeräte zur Verfügung, so dass die Nutzer/innen auch die Möglichkeit haben, die Geräte in Ruhe auszuprobieren und zu vergleichen sowie selbst ein E-Medium herunterzuladen. Die Nutzer/innen können aber auch ihre eigenen Geräte mitbringen und sich dann zeigen lassen, wie sie damit ‚onleihen' können. Spezielle technische Fragen werden mitunter auch an den Support des Anbieters weitergeleitet. Um der Unterschiedlichkeit der Nutzeranfragen gerecht zu werden, arbeitet die Stadtbibliothek Wolfsburg mit zwei Dozenten zusammen, wobei einer die Nutzer/innen mit eher inhaltlichen Fragen und der andere die mit technischen Fragen betreut. Für Schüler/innen und junge Erwachsene werden auch *App*- beziehungsweise *Smartphone-Happenings* in der Bibliothek veranstaltet. Einen anderen Weg geht inzwischen die Stadtbibliothek Salzgitter. Ihr Credo ist, dass Sprechstunden und die Vorstellung der Onleihe nicht ausreichen, sondern dass es weitergehende Einführungen in die digitale Welt geben muss. Die Erfahrung aus den Sprechstunden, den Gesprächen mit Nutzern/innen oder den Themenvorträgen zeige, dass bei den Nutzern/innen unabhängig vom Alter Defizite im Umgang mit digitalen Medien im Allgemeinen vorhanden sind. Deshalb bietet die Stadtbibliothek Salzgitter seit Kurzem in Zusammenarbeit mit der Volkshochschule Kurse an, in denen allgemein über die Möglichkeiten und Begriffe des digitalen Lesens informiert wird. Dabei werden Fragen behandelt wie: Was heißt überhaupt digitales Lesen? Welche Geräte und Formate gibt es? Wo kann man E-Medien herunterladen und wie? Was bedeutet Digital Rights Management? Wichtig ist dabei, die Kursteilnehmer/innen aktiv einzubeziehen. Vorstellbar wäre es hier zum Beispiel, noch weitergehende ‚Mitmach- und Erlebniskurse' für digitales Lesen in Bibliotheken zu veranstalten. Die Chance von beratungs- und vermittlungsorientierten Zugängen zu digitalen Medien liegt darin, dass auch die Bibliothekare/innen gezwungen werden, sich fortlaufend mit dem digitalen Lesen auseinanderzusetzen, dadurch an Kompetenz gewinnen und diese gegenüber den Nutzern/innen ausstrahlen. In Bibliotheken könnten Leser/innen vor Ort eine unabhängige, umfassende und kompetente digitale Beratung und damit Zugang zur digitalen Welt im weiteren Sinn erhalten.

Spielerisch-interaktive Zugänge

Zu den spielerisch-interaktiven Zugängen möchte ich gerne Ansätze zählen, die darauf abzielen, Nutzer/innen aus ihrer passiven Rolle zu befreien und sie aktiv in die Präsentation digitaler Medien im physischen Raum einzubeziehen. Oft handelt es sich um Ideen, die noch in der Entwicklung sind oder per se nicht darauf abzielen, in den alltäglichen Massenbetrieb zu gehen. Aber gerade sie zeigen, wie ein genrespezifischer, innovativer Zugang zu digitalen Medien im physischen Raum ermöglicht werden könnte, der zu einer Konvergenz der Räume beiträgt. Eine Möglichkeit ist, die bereits angesprochenen Digital-Signage-Lösungen mit Multitouchoberflächen auszustatten und sie zu komplexen Kiosk-Systemen weiterzuentwickeln. Sie könnten separat in Form eines Stehpultes oder Tisches oder an der Regalstirnseite montiert und damit mitten im gedruckten Bestand integriert werden und den Nutzern/innen ermöglichen, aktiv im digitalen Bestand zu browsen, sich einzelne E-Medien aufzurufen und weitere Informationen anzeigen zu lassen und eventuell eine Lese- oder Hörprobe zu genießen. Mit dem Multitouch-Terminal der Firma Data Touch, dem „Markenzeichen der ‚Q-thek'" (Wamser et al. 2011, 4), ist ein erster Schritt in diese Richtung gemacht worden. Es handelt sich dabei um einen Info-Screen, in den vielfältige Informationen (zum Beispiel Veranstaltungshinweise, Lagepläne) sowie Internetbrowser eingebunden werden können, die von den Nutzern/innen meist spielerisch abgerufen werden. Auch die spielerischen Elemente sollen nicht zu kurz kommen: Denkbar sind zum Beispiel ein Adventskalender, ein Bibliotheks-Memory oder auch eine Besucherbefragung (Wamser et al. 2011, 72). Prinzipiell bietet der Multitouch-Terminal die Möglichkeit, auch E-Medien zu präsentieren, zum Beispiel E-Books zum Anlesen hochzuladen, Coverpräsentationen zu erstellen oder die Onleihe-Webseite einzubinden. Bisher nutzen die Q-thek-Bibliotheken das Gerät nicht zu diesem Zweck. Jedoch kann man sich in der Bibliothek der TH Wildau bereits seit Januar 2013 einen Eindruck davon verschaffen, wie so etwas aussehen könnte: Denn sie setzt im Ausleihbereich einen großen Multitouchscreen der Firma Mymultitouch ein, um dort u. a. eMedien in einer Cover-Show zu präsentieren. Das 70-Zoll große Display soll „Coverabbildungen von Publikationen zeigen, die nicht im Regal zu finden sind, sondern nur digital als elektronische Ressource vorliegen. Somit können auch diese Schätze nicht mehr übersehen werden." (Seeliger 2013, 17)[6]

6 Vgl. Abbildungen hierzu unter der URL: http://www.th-wildau.de/bibliothek2/ilibrary/ [letzter Zugriff: 10.12.2013]. Eine Weiterentwicklung dessen ist das virtuelle Regal von Adidas adiVerse –

Welche weiteren Einsatzmöglichkeiten interaktive Multitouchoberflächen bieten, kann man zum Beispiel im DOK Delft Library Concept Center in den Niederlanden beobachten. Es verfügt über einen *Culture Heritage Browser*. Das ist ein Multitouchtisch, der auf der von Microsoft entwickelten Surface-Table-Technologie basiert. Dieser scannt reale Objekte der physischen Welt und zeigt passend dazu digitale Objekte an. Beispielsweise kann der mit RFID ausgestattete Leseausweis auf den Tisch gelegt werden. Dieser erkennt die darauf gespeicherten Daten und zeigt passend zur Wohnadresse und zum Alter der Nutzer/innen digitalisierte Fotografien mit weitergehenden Informationen an. Diese stammen aus einem digitalen Bildarchiv. Jede/r Nutzer/in kann durch die ihn individuell interessierenden Bilder browsen, sie zoomen und verschieben und so einen ganz eigenen Einstieg in das kulturelle Erbe seiner Stadt erhalten. Man kann auch anhand einer Karte eine Wohngegend suchen und sich dazu passende Bilder anzeigen lassen. Außerdem werden auch Filme und Animationen eingespielt. Nach eigenen Angaben können dadurch 25.000 digitale Objekte zugänglich gemacht werden.[7] Bei Multitouchoberflächen steht damit nicht die Präsentation an sich, sondern vielmehr das spielerische Entdecken des digitalen Bestandes im Vordergrund. Einen ersten Ansatz, wie solche Technologien den Bibliotheksraum zu einer Art Interface zur digitalen Welt machen können, erforschen und entwickeln derzeit Wissenschaftler an der Universität Konstanz in der Sektion Mensch-Computer-Interaktion. Im Zentrum ihrer Idee einer ‚Blended Library' steht dabei die Verschmelzung der realen, analogen Welt und ihrer Vorteile wie Natürlichkeit der Bewegungen und sozialer Kontext des Arbeitens mit der digitalen Welt und deren Vorzügen. Dabei soll „durch den Einsatz von vorhandenen und neuen, interaktiven Endgeräten sowie zukunftsweisenden Visualisierungen" (Heilig et al. 2010, 108) die Bibliotheksumgebung zum intuitiv bedienbaren, natürlichen Interface werden, das kollaboratives Arbeiten mit digitalen Medien im physischen Raum der Bibliothek ermöglicht. Im Fall der Bibliothek könnten die physischen Medien in den Freihandregalen mit einer Kamera gescannt werden und auf dem mobilen Display würden passend dazu digitale Zusatzinformationen wie Rezensionen, Kommentare anderer Nutzer/innen, passende digitale Bestände oder einfach die Information, dass es das Medium auch digital gibt, angezeigt werden. Eine andere Möglichkeit, die eigenen digitalisierten Bestände mittels Augmented Reality mit der physischen Welt zu verknüpfen und damit zu präsentieren hat

Virtual Footwear Wall (2011). http://www.youtube.com/watch?v= NKbsfOAVu3Y [letzter Zugriff; 30.05.2013].

7 Vgl. Video *Cultural Heritage and Microsoft Surface (Archief van Delft)* (2010). URL: http://www.youtube.com/watch?v=ppDz737DvPA [letzter Zugriff: 05.05.2012].

im Herbst 2011 die Bayerische Staatsbibliothek München vorgestellt: Die App *Ludwig II. – Auf den Spuren des Märchenkönigs* (Ceynowa 2012). Hierbei geht es darum, dass passend zu Orten außerhalb der Bibliothek, an denen Ludwig II. gelebt und gewirkt hat, mithilfe der App digitale Dokumente (Texte, Bilder, Fotos, Karten, Briefe etc.), die aus den Beständen der Bibliothek und der bayerischen Verwaltung der staatlichen Schlösser, Gärten und Seen stammen, angezeigt werden. Damit deutet die App eine zukunftsweisende Option für die E-Medien-Präsentation an, die über die hier vorgestellten In-Haus-Maßnahmen weit hinausgeht und den Trend zum mobilen Internet mit der Verschmelzung von realer und virtueller Welt verbindet:

> „Zahlreiche bedeutende Kultureinrichtungen arbeiten seit vielen Jahren an der Digitalisierung ihrer oft einzigartigen Kulturobjekte. [...] Bisher war die Präsentation dieser Inhalte primär auf die Nutzung am stationären Internetarbeitsplatz, vermittelt über die institutionelle Website oder fachliche Aggregatoren und Portale (zum Beispiel WorldCat, Europeana), ausgelegt. Mobile Applikationen bieten hier neue und innovative Präsentationstechniken (Location-Based-Services, Augmented Reality et cetera), deren Potenzial für Bildung und Wissenschaft immens ist" (Ceynowa 2012, 2).

Weitere Möglichkeiten, Nutzer/innen spielerisch und interaktiv vor Ort in das Entdecken, Recherchieren und Arbeiten mit dem digitalen Bestand einzubeziehen, sind gestengesteuerte Präsentationssysteme, deren Technologie tatsächlich aus der Spielewelt heraus entwickelt wurde (Ceynowa 2012, 2). Während bei Touchscreens zur Steuerung des Computers die Befehle noch über die Berührung der Oberfläche eingegeben werden müssen, erfolgt die Interaktion mit dem Gerät bei gestengesteuerten Präsentations-Systemen allein über die menschliche, natürliche Bewegung. Diese Technik kann beispielsweise für die Vor-Ort-Präsentation von Digitalisaten wertvoller Bestände in Bibliotheken eingesetzt werden, wie die Bayerische Staatsbibliothek mit ihrem „BSB-Explorer" bewiesen hat. Allein durch intuitive Gestensteuerung kann man die Handschriften in 3D-Optik aus allen Perspektiven inklusive Einband betrachten, sie durchblättern und heranzoomen (Ceynowa 2010).

Einen Schritt weiter als die hier aufgeführten Optionen gehen so genannte Download-Stationen, die im Prinzip wie Multitouch-Kiosk-Systeme aufgebaut sein können, aber zusätzlich zur Browsing-Funktion die Möglichkeit bieten, sich mittels verschiedener Übertragungstechniken die digitalen Inhalte direkt auf das eigene mobile Endgerät herunterladen zu können. Die Idee stammt aus dem Buchhandel und sollte den stationären Buchhändlern/innen ermöglichen, am digitalen Markt zu partizipieren. In Deutschland sind vor allem Download-Stationen von *Blackbetty* sowie *Haase&Martin* in einigen *Thalia*-Filialen getestet worden. Obwohl diese Option auch für Bibliotheken eine interessante und interaktive Zugangsmöglichkeit zu digitalen Medien vor Ort bieten würde, haben sich Download-Stationen nicht zuletzt aufgrund der DRM-Politik der Verlage und der Formatvielfalt bisher nicht durchsetzen können.[8]

Zuletzt möchte ich noch auf interaktive Kunst-Installationen verweisen, die zwar nur temporär vor Ort zum Einsatz kommen, aber darauf abzielen, die Bibliotheksbesucher/innen für den digitalen Raum zu sensibilisieren und auf ästhetische Art digitale Bestände zu vermitteln. Die Kunstinstallation *Cloud Seeding* von Erik Carlson in der Denver Public Library in den USA beispielsweise anonymisiert die Suchanfragen von Kunden, die sie im Bibliothekskatalog an speziellen Kiosken eingeben, und visualisiert diese in Form von assoziativ erzeugten Bildern, Filmen und Texten beziehungsweise Zitaten aus der digitalen Sammlung der Bibliothek, das heißt die Suchanfrage selbst erscheint nicht. Die Antworten in Form digitaler Bilder, Sounds und Texte werden auf mehreren Bildschirmen in der Bibliothek angezeigt.[9] Ein ähnliches Projekt haben Studierende der Hochschule für Künste in Bremen mit ihrer Medieninstallation *Wandern im Wissen* geleistet, die sie anlässlich des 350-jährigen Jubiläums der Staats- und Universitätsbibliothek Bremen von Juni bis Dezember 2010 gezeigt haben. Im viergeschossigen Treppenhaus der Bibliothek wurde eine circa 15 Meter große Skulptur aus gefaltetem Papier installiert. Mithilfe eines Beamers wurden die Suchanfragen der Nutzer/innen und die Rechercheergebnisse in Form assoziativ erzeugter Bilder, Texte, Animationen und Literaturangaben auf das Papier projiziert. Die Suchanfragen konnten von den Lesern/innen im Internet oder über eine Tastatur im Treppenhaus eingegeben werden. In Echtzeit wurden dann dazu passende Dokumente gefunden und auf dem Papier visualisiert.

Spielerisch-interaktive Zugänge zu digitalen Medien im physischen Raum stellen eine genrespezifische, adäquate Präsentation und Vermittlung des Digitalen vor Ort dar. Indem sie Browsing-Optionen und direkte, integrierte Zugriffe auf die Inhalte mitdenken sowie die Möglichkeit andenken, soziale Netzwerke einzubinden, mobil zu sein und sich aktiv zu beteiligen, betonen sie den Gedanken der Vernetzung, zeigen Multimedialität, Flexibilität und Partizipationsmöglichkeiten im digitalen Raum, womit sie stärker als andere Präsentationsformen der modernen Mediennutzung, dem Wesen des Internets und dem Wesen der neuen Medien entsprechen.

---

8 Im Dezember 2012 hat Eason in Irland versucht, solche ‚Virtual Book Shops' mittels QR-Codes zu etablieren. Leider konnte man am Ende nur physische Medien kaufen, die einem per Post zugesendet werden, weil die E-Books von Eason DRM geschützt und ihr Format nicht von allen Geräten unterstützt wird.

9 Kunstprojekt *Cloud Seeding* von Erik Carlson. URL: http://sosolimited.com/cloud-seeding

Fazit

Die Zugänglichkeit zu digitalen Medien vor Ort wird zukünftig eine bedeutende Herausforderung für Bibliotheken sein und sie sollten vielfältige Anstrengungen in diesem Bereich unternehmen. Selbstverständlich ist, dass die Form, in der ein Ort der Informations- und Wissensvermittlung im physischen Raum Zugang zu digitalen Medien ermöglicht, nicht nur von den finanziellen und personellen Ressourcen abhängt, sondern auch von der Quantität und Qualität der digitalen Bestände. Außerdem spielt es eine Rolle, welchen Standpunkt die jeweilige Bibliothek gegenüber den digitalen Entwicklungen einnimmt, das heißt, welcher Stellenwert dem Erwerb digitaler Medien in ihrer strategischen Gesamtausrichtung zukommt und ob die elektronischen Medien überhaupt als Teil der Bibliotheksbestände in der alltäglichen Bibliotheksarbeit wahrgenommen werden. Außerdem sind weitere Faktoren wie die Zielgruppe, die vorhandene Raumsituation usw. relevant. Wenn man sich jedoch für eine Präsentation von E-Medien im physischen Raum entscheidet, dann kann diese langfristig nur unter bestimmten Prämissen erfolgreich gemeistert werden. Andernfalls schlagen die potentiellen Chancen der E-Medien-Präsentation in ihr Gegenteil um, was unter anderem zur Frustration der Nutzer/innen führen kann. Solche langfristig erfolgreichen und überzeugenden vor-Ort-Zugänge zur digitalen Information müssen genrespezifisch sein. Das bedeutet, dass anachronistische Maßnahmen vermieden werden sollten. Es müssen neben der Browsing-Funktion schnelle und unkomplizierte Zugriffsmöglichkeiten auf die Inhalte in die Präsentation integriert sein, das heißt, Vernetzung, Vervielfältigung und Interaktivität gewährleistet werden. Daher sind auch einfache Digital-Signage-Lösungen langfristig nicht überzeugend, weil es mehr als der reinen Visualisierung bedarf. Außerdem ist ein ganzheitlicher Ansatz statt ad hoc gebastelter Einzellösungen notwendig, was die Lösung technischer, lizenzrechtlicher und struktureller Probleme impliziert. Bibliotheken sollten daher ebenso auf die Erwerbung, Erschließung sowie Bereitstellung entsprechender Inhalte und infrastruktureller Services setzen. Des Weiteren darf insbesondere die Vermittlung von Kompetenzen im Umgang mit digitalen Medien nicht ins Hintertreffen geraten. Innovative Ideen für die In-Haus-Präsentation digitaler Medien können zudem nur gewonnen werden, wenn sich Bibliothekare/innen von der Fokussierung auf die eigene Community lösen und beginnen, ihren Blick stärker auf andere Branchen zu richten und punktuell mit externen Experten/innen interdisziplinär zusammenzuarbeiten. Innovationen brauchen nicht zuletzt Freiräume jenseits des bibliothekarischen Alltagsbetriebes: Die Bibliothek muss auch ein Ort für Experimentierstuben und Zukunftslaboratorien werden. Nur so können vielfältige, parallel existierende oder miteinander verzahnte, an den Bedarf der Nutzer/innen anpassbare, sogar von ihm selbst mitgestaltete Lösungen für die Zugänglichkeit zu digitalen Informationen im Raum der Bibliothek gefunden werden. In einigen Bibliotheksneubauten seit der Jahrtausendwende ist zu beobachten, dass es zu einer Auflösung klar voneinander abgegrenzter, funktional eindeutiger Räume kommt und dass Räume stattdessen flexibler sowie weniger hierarchisch werden und den Nutzer/innen die Option der Mitgestaltung eröffnen. Ebenso können Bibliotheksräume auch vielfältige, flexible und wandelbare Zu- und Ausgänge, Wege, Türen und Tore von der physischen zur digitalen Welt bieten. Bibliotheken müssten nur lernen, sich ein wenig auf diese kafkaesk anmutende, rhizomatische Konvergenz der Räume einzulassen.

Literatur

Bezirksregierung Düsseldorf (Hrsg.) (2011): „Lernort Bibliothek" – auf dem Weg in eine digitale Zukunft. Ein Pilotprojekt des Landes Nordrhein-Westfalen. URL: http://www.bezreg-duesseldorf.nrw.de/schule/privatschulen_sonstiges/pdf/Lernort_Bibliothek_-_auf_dem_Weg_in_eine_digitale_Zukunft.pdf

Büning, P. (2012): „Lernort Bibliothek. Q-thek – Eine Initiative des Landes Nordrhein-Westfalen." Vortrag gehalten auf der Baufachtagung Innovative Bibliotheksräume im März 2012 in Stuttgart. URL: http://www.fachstellen.de/media/PDF_Dateien/Bau-Seminare/2012/Lernort_Pr%C3%A4sentation%20Q-thek.pdf

Ceynowa, K. (2010): „Virtuelle 3D-Präsentation digitalisierter Spitzenstücke der Bayerischen Staatsbibliothek". In: BibliotheksMagazin. Mitteilungen aus den Staatsbibliotheken in Berlin und München 5:3, 12–15.

Ceynowa, K. (2012): „Information ‚On the Go'": Innovative Nutzungsszenarien für digitale Inhalte – Die Augmented Reality-App ‚Ludwig II.' der Bayerischen Staatbibliothek". Preprint-Artikel AR 2787. URL: http://www.b2i.de/fileadmin/dokumente/BFP_Preprints_2012/Preprint-Artikel-2012-AR-2787-Ceynowa.pdf.#

Dreesmann, M. (2011): „Wandern im Wissen. 350 Jahre Staats- und Universitätsbibliothek Bremen". In: 20XI – Online-Magazin der Hochschule für Künste Bremen, o. S. http://20xi.hfk-bremen.de/stories/wandern_im_wissen/

Dudek, S. (2011): „Digitale Belletristik als allgemeines Kulturgut in Öffentlichen Bibliotheken". In: Dies.: Schöne Literatur binär codiert. Die Veränderung des Text- und Dokumentbegriffs am Beispiel Digitaler Belletristik und die neue Rolle von Bibliotheken. Berlin: Institut für Bibliotheks- und Informationswissenschaft. http://edoc.hu-berlin.de/series/berliner-handreichungen/2011-290/PDF/290.pdf, 60-71.

Heilig, M. et al. (2010): „Idee der Blended Library – Neue Formen der Wissensvermittlung durch Vermischung der realen und digitalen Welt". In: U. Hohoff; C. Schmiedeknecht (Hrsg.): Ein neuer Blick auf Bibliotheken: 98. Deutscher Bibliothekartag in Erfurt 2009. Hildesheim u. a.: Olms, 108–115.

Kreis Mettmann (2010): Zwischenbericht der Onleihe-Marketing-AG des Kreises Mettmann. http://www.bezreg-duesseldorf.nrw.de/schule/privatschulen_sonstiges/pdf/Mettmann_Zwischebericht_AG-Onleihe-Werbung_10_08_11.pdf

Seeliger, Frank: „Großer Touchscreen in Hochschulbibliothek." In: THINFO – Informationen aus der Technischen Hochschule Wildau. 11. Jg. (2013)1, S. 17

Taubert, J. (2013): Absentia in Praesentia? Zur Präsentation und Vermittlung digitaler Medien im physischen Raum. Wiesbaden: Dinges&Frick.

Wamser, V. et al. (2011): Q-thek. Innovative Bibliotheksräume. Ergebnisse des Projektes „Lernort Bibliothek" in Nordrhein-Westfalen. Düsseldorf: Bezirksregierung Düsseldorf Dezernat 48 – Öffentliche Bibliotheken. URL: http://www.brd.nrw.de/schule/privatschulen_sonstiges/pdf/Lernort_Bibliothek_Q-thek_-_innovative_Bibliotheksr__ume_2011_04_20.pdf

Sharon Bostick, Brian Irwin

Verbesserung von Bibliotheksdienstleistungen: Die Nutzung innovativer Lagertechnik

Einleitung

Die Lagerung und Bestandserhaltung von Büchern und anderen gedruckten Medien stand traditionell im Mittelpunkt der Arbeit von Bibliotheken. Ebenso wichtig war der Zugang zu diesen Materialien. Dienstleistungen, Schulungen und Flächen für Nutzer/innen kamen erst an zweiter Stelle und oftmals wurde der geeignete Raum für diese Zwecke geopfert, um Platz für wachsende Bestände zu schaffen. Während die Kosten für den Unterhalt und die Erweiterung solcher Bibliotheken rapide anstiegen, wurden Verfügbarkeit und Nutzung elektronischer Ressourcen zu einer neuen Kernaufgabe für die Bibliotheken. Die Frage der Balance von gedruckten und elektronischen Materialien wurde zu einer Hauptsorge. Heute sind viele Bibliotheken voll und brauchen dringend eine Renovierung oder auch Erweiterung. Unterhaltsträger/innen hinterfragen aber immer öfter die Arbeit der Bibliotheken und halten sich mit Investitionen in Sanierung und Erweiterung zurück. Daher sind immer mehr Wissenschaftliche und Öffentliche Bibliotheken auf der Suche nach alternativen Magazinierungsmöglichkeiten für ihre Bestände und nach Wegen, die Publikumsflächen zu vergrößern.

Aufbau und Funktion von Automated High Density Storage and Retrieval Systems (ASRS)

Eine naheliegende und vielgenutzte Lösung ist die Verlagerung von selten genutzten Beständen in Außenmagazine. Diese sind entweder direkt auf dem Campus angesiedelt oder wurden in der Peripherie errichtet. Dabei handelt es sich oftmals um beträchtliche Distanzen, so dass es mehrere Tage dauern kann, bis die gewünschten Materialien von dort geliefert werden. Auch die gemeinsame Nutzung eines Speichermagazins durch verschiedene Institutionen ist eine Möglichkeit, die zudem Personal und Kosten spart (siehe dazu auch den Beitrag von Jaggars/Wolven in diesem Band S. 94–106). Diese Lösungen garantieren eine sichere und schonende Magazinierung, erfordern in der Regel aber ein Liefersystem. Hinzu kommen bibliothekspolitische Probleme, wenn Nutzer/innen, im

Falle von Universitäten insbesondere die Hochschullehrer/innen, nicht wollen, dass die Bücher aus der Bibliothek ausgelagert werden. Insgesamt bietet ein Außenmagazin aber eine wirtschaftliche Alternative zur kostenintensiven Erweiterung von Bibliotheksgebäuden mit traditionellen Magazinen. In ihrem Beitrag *Library Storage Facilities and the Future of Print Collections in North America* hat Lizanne Payne die Entwicklungen in diesem Bereich hervorragend zusammengefasst (Payne 2007).

In Zeiten knapper werdender Budgets und des wachsenden Bedarfs an kreativ nutzbaren Bibliotheksflächen ist die Suche nach einer technischen Lösung für die Magazinierung ein logischer Schritt. Daher haben sich Bibliotheken intensiv nach automatisierten Lösungen umgesehen, um eine sichere und hoch verdichtete Lagerung zu ermöglichen, die Bücher und andere gedruckte Materialien stets zugänglich hält. Im industriellen Bereich hat die gewöhnlich als Automated High Density Storage and Retrieval System (ASRS) bezeichnete Technik schon seit Jahrzehnten Einzug gehalten. Erst in letzter Zeit wurde sie auch von Bibliotheken genutzt, wobei ihre Vorteile dazu führen, dass mehr und mehr Anlagen errichtet werden. Die erste größere Installation in den Vereinigten Staaten erfolgte 1992 an der California State University, Northridge; seitdem sind weltweit eine Vielzahl von Anlagen gefolgt (Payne 2007).

Abb.1: ASRS-System mit ‚Roboterarm' und Buchbehältern.

Ein ASRS für Bibliotheken besteht aus einem ‚Roboterarm', Reihen von Behältern oder speziellen Regalsegmenten, die eine verdichtete Lagerung ermöglichen und einer Steuerungssoftware, die über eine Schnittstelle zur Bibliothekssoftware verfügt. Normalerweise hat eine Bibliothek mehr als eine Regalreihe und einen Roboterarm. Die genaue Anzahl hängt von der Größe des eingelagerten Bestandes und den Raumverhältnissen ab. Die Bücher werden in der Regel nicht systematisch, sondern nach Größe sortiert eingelagert. Die Erkennung erfolgt über Barcode oder Radio-Frequency Identification (RFID). Im Allgemeinen suchen die Nutzer/innen die Medien wie gewohnt über den Bibliothekskatalog und bestellen die Materialien, die sich im ASRS befinden, über einen Bestellbutton. In den meisten Bibliotheken erfolgt die Bereitstellung innerhalb weniger Minuten. Nach wie vor wird menschliche Hilfe benötigt: Ein/e Mitarbeiter/in muss das bestellte Medium aus dem Behälter holen und dem/der Nutzer/in übergeben. Dies ist nach wie vor eine Routinearbeit. Viele Bibliotheken setzen Magaziner/innen für die Arbeit mit dem ASRS ein.

Die Investitionskosten eines ASRS sind beträchtlich und in den meisten Fällen werden die Systeme als Teil eines Neubaus oder eines Sanierungsprojekts installiert. Dabei spielt die räumliche Zuordnung des Systems eine wichtige Rolle. Um eine effiziente Bereitstellung zu gewährleisten, muss es durch das Personal einfach zu erreichen sein. Viele Bibliotheken betrachten es als besondere Attraktion, den Nutzern/innen einen Einblick in die Arbeit des ASRS zu ermöglichen. Der Anblick ist beeindruckend und kann Aufmerksamkeit auf die Bibliothek als Ort und auf ihr Gebäude ziehen.

Zu Anfang dienten die Systeme meist der Aufnahme selten genutzter Literatur, während aktuelle und viel genutzte Werke in der Freihandaufstellung verblieben. Dies ändert sich, da viele Bibliotheken immer größere Anteile ihres Bestandes in ein ASRS umsetzen, um die flexibel nutzbaren Flächen innerhalb der Bibliothek zu vergrößern. Ein Hauptkritikpunkt in Bezug auf die Magazinierung im ASRS ist, dass damit die Möglichkeit verschwindet, am Regal zu ‚browsen'. Die systematische Freihandaufstellung wird aber aufgrund ihrer schlechten Flächeneffizienz zunehmend unpopulär. Stattdessen wurde von vielen Bibliotheken durch Kataloganreicherung und -weiterentwicklung virtuelles ‚Browsing' ermöglicht.

Fallbeispiel: Die University of Missouri, Kansas City in den Vereinigten Staaten

Die University of Missouri, Kansas City (UMKC) ist als städtischer Campus Teil des Universitätssystems der University of Missouri. Sie besteht aus zwölf, auf zwei

Campusbereiche verteilten Instituten. Die Universitätsbibliothek besteht aus der Medizinischen Bibliothek, die die Institute für Medizin, Krankenpflege und Pharmazie bedient, der Bibliothek für Zahnmedizin und der *Miller Nichols Library* als größter Einrichtung. Die Rechtswissenschaft betreibt eine eigene Bibliothek, die eng mit der Universitätsbibliothek zusammenarbeitet. Die *Miller Nichols Library* bedient die Institute für Geistes- und Naturwissenschaften, für Betriebswirtschaft und öffentliche Verwaltung, für Biologie, Informatik und Ingenieurwissenschaften, Erziehungswissenschaft, die Graduiertenschule sowie das Musikkonservatorium. Sie wurde 1969 eröffnet und 1991 um eine Etage aufgestockt. Ende der 1990er Jahre war die Bibliothek voll und hatte kaum noch Flächen für Dienstleistungen zur Verfügung. Im Jahr 2000 wurde ein *Information Commons* eingerichtet, das als Beispiel für Publikumsflächen dienen sollte, wie sie in Zukunft gebraucht würden. Unter Beteiligung aller Mitglieder der Universität begann man mit den Planungen für eine Erweiterung und Renovierung. Sasaki and Associates aus Boston und PGAV aus Kansas City wurden als Architekturbüros für die Planung beziehungsweise Projektleitung ausgewählt. Sie entwickelten ein Konzept, das Innovation und Zusammenarbeit in den Mittelpunkt stellte und auch bisher zur Regalaufstellung genutzte Bereich einbezog. Bei den verfügbaren finanziellen Mitteln und den gegebenen Leitlinien der Campusentwicklung hätte selbst die neue Stellfläche maximal für fünf Jahre ausgereicht. Zu dieser Zeit begann die neue Bibliotheksleiterin zusammen mit den Mitarbeitern/innen alternative Lösungen auszuloten. Sie waren fasziniert von den Möglichkeiten, die sich durch die neue, alternative Magazinierung im ASRS ergaben. Bis zu diesem Zeitpunkt war diese im Bibliotheksbereich sehr selten genutzt, in der Industrie jedoch allgemein verbreitet. Eine Mittelkürzung für das Erweiterungs- und Sanierungsprojekt führte dazu, dass in einem angepassten Raumprogramm nicht mehr der gesamte Bestand der Bibliothek untergebracht werden konnte und für weitere Zuwächse erst Recht kein Platz mehr zur Verfügung stand. Dies machte eine Analyse der möglichen Alternativen notwendig. Ein Außenmagazin wäre in Zusammenarbeit mit anderen Bibliotheken innerhalb der University of Missouri möglich gewesen. Allerdings wären die dafür genutzten Flächen zwei Fahrstunden vom Campus in Kansas City entfernt gewesen und es hätte per Lieferwagen ein bis zwei Tage gedauert, die Bestände anzuliefern.

Eine wesentliche Teilmaßnahme der Sanierung war die Einrichtung eines interaktiven Lernzentrums, das verschiedene Lernzonen, unter anderem solche für die Gruppenarbeit, sowie Flächen für neue Dienstleistungen umfassen sollte. Um dieses Ziel zu erreichen, untersuchten die Bibliotheksleitung und die Architekten die Möglichkeit der Einrichtung eines ASRS. Die Untersuchung ergab, dass ein ASRS sowohl wirtschaftlich wäre, als auch als Katalysator für die neue Dienstleistungsphilosophie der Bibliothek dienen könnte. Anstatt über weiteren Flächenbedarf für die Magazinierung vor Ort nachzudenken, konnte man die volle Aufmerksamkeit den Dienstleistungen und der Nutzung der flexibleren Flächen widmen. Es wurde entschieden, einen großen Teil der Bestände in das ASRS umzusetzen und es gleichzeitig zu einem Gestaltungsmerkmal der renovierten Bibliothek zu machen. Ungefähr 200.000 gedruckte Bücher verblieben in Freihandaufstellung. Die Abteilung für Sondersammlungen verlagerte einen Großteil ihrer Sammlungen in das ASRS, inklusive seltener Aufnahmen aus den *Marr Sound Archives*.

Es wurde eine universitätsweite Arbeitsgruppe unter der Leitung des Kanzlers gebildet, die in enger Zusammenarbeit mit den Mitarbeitern/innen der Bibliothek an der Planung und Propagierung des Projekts arbeitete. Es wurde entschieden, das ASRS in der internen und externen Kommunikation einfach ‚The Robot' zu nennen. ‚The Robot' wurde Hauptdarsteller in Materialien für das Fundraising und erhöhte auf dem Campus die Vorfreude auf die neue, umstrukturierte Bibliothek.

Das Projekt wurde öffentlich ausgeschrieben und ein Komitee bestehend aus der Bibliotheksleitung, den Abteilungen der Universität für Bau und Beschaffung sowie den Architekten traf die Vergabeentscheidung. *HK Systems* (heute *Dematic*) erhielt den Zuschlag.

Die Planungsgruppe der Bibliothek und die Architekten arbeiteten mit dem Anbieter zusammen an der Ausgestaltung des ASRS. Es wurde entschieden, dass die Verwendung von Behältern für Bücher die effizienteste Lagerung wäre, während die Materialien der Sondersammlungen am besten in speziell für diesen Zweck entworfenen Regalsegmenten untergebracht wären. Letztendlich wurde die erste hybride Lösung in den Vereinigten Staaten installiert. Bibliothekare/innen wählten die Bücher aus, die eingelagert werden sollten. Hinzu kamen noch gebundene Zeitschriften und Amtsdruckschriften.

Nachdem die Entscheidung getroffen war, das ASRS zum Kernelement der Revitalisierung der *Miller Nichols Library* zu machen, wandte sich die Planungsgruppe den Konsequenzen zu, die diese Entscheidung für die Raumgestaltung hatte. Auf den ersten Blick sah dies nicht besonders vielversprechend aus. Was ein ASRS als Anwendung aus dem Bereich der Lagerhaltung und Logistik an Effizienz und Verlässlichkeit mitbringt, das fehlt ihm im Bereich des Erscheinungsbildes. Das Tageslicht scheuend und menschenleer – letztendlich ist es ein Triumph der computergestützten Automatisierung – beschränken sich die räumlichen Anforderungen des ASRS an der UMKC auf einen fensterlosen, 38 Meter langen und gut 18 Meter breiten und hohen Block, der – abgesehen von zwei Ausgabestationen an den Schmalseiten – ohne menschliche Eingriffe auskommt. Mit dieser Vorgabe begann die Planungsgruppe ihre Arbeit.

Abb.2: ASRS in der Miller Nichols Library.

Grundsätzlich war die Aufgabe ein Widerspruch in sich: Auf der einen Seite war es eines der wesentlichen Ziele der Revitalisierung der *Miller Nichols Library*, einen existierenden Monolithen im Fortress-Style[1] in einen Leuchtturm zu verwandeln, andererseits ist das Wesen des ASRS – einem der Kernelemente dieser Strategie – der angestrebten Transparenz und Zugänglichkeit genau entgegengesetzt. Dieses Dilemma verschlimmerte sich, als sich in der Entwurfsplanung herausstellte, dass die für den Betrieb optimale Lage des ASRS auf der Südseite der existierenden Bibliothek in Ost-West-Richtung lag – denn letztendlich schlugen wir eine 38 Meter lange und 18 Meter hohe geschlossene Wandfläche vor, die an einem der zentralen Fußwege des Campus liegen sollte. Als Antwort darauf entwickelte die Planungsgruppe eine Strategie, die aus drei wesentlichen Schritten bestand:

1. Die Gesamtausmaße des ASRS durch optische Verdichtung scheinbar reduzieren.

1 Der *Fortress-Style* ist ein insbesondere in den Vereinigten Staaten verbreiteter Bibliothekstyp der 1960er-1980er Jahre, der, um das Sonnenlicht von den Beständen fernzuhalten und aus klimatechnischen Gründen, mit wenigen, schießschartenartigen Fenstern auskommt. Kombiniert mit dem damals modernen Brutalismus und der vollflexiblen funktionalistischen Flächenplanung ergeben sich schwierig zu modernisierende Räume. [Anmerkung Olaf Eigenbrodt]

2. Vorbeigehenden die Gelegenheit geben, ‚The Robot' bei der Arbeit zu bestaunen.
3. Den Bedarf nach gedimmtem Tageslicht für die Ausgabestationen als Möglichkeit einer einzigartigen und ikonischen Gestaltung im Bereich der Fassade nutzen.

Zur optischen Verdichtung suchte das Planungsteam nach Ideen aus der Umgebung. Ein dominantes Element auf dem Campus und in umgebenden städtischen Grünanlagen sind Mauern aus lokalem Naturstein. Durch die Verwendung dieses rustikalen Steins als Sockel für das ASRS wird der Anbau mit der umgebenden Landschaft verknüpft. Der Rest des ASRS ragt über diesen Sockel aus, wodurch eine Schattenfuge entsteht, die den Kubus optisch ‚schweben' lässt.

Bei den Besuchen anderer ASRS-Installationen fiel uns auf, dass die am meisten kinetischen, visuell interessanten Teile des ASRS die Endstücke sind, an denen das Material in einer sorgfältig choreographierten und eleganten Folge von Bewegungen des Roboterarms an die Ausgabestationen übergeben wird. Entlang des Platzes am westlichen Ende des ASRS ist ein Fenster eingebaut, das es Nutzern/innen erlaubt, die Hauptausgabestationen zu beobachten. Es handelt sich um ein rahmenloses Fenster, das sich bis in das Pflaster fortsetzt und so die Faszination der Beobachtenden als Teil der Aktivität inszeniert.

Abb.3: Bodentiefes Fenster zur Beobachtung des ASRS.

Es bestand der dringende Wunsch, die Ausgabestationen für die Mitarbeiter/innen am östlichen und am westlichen Ende mit Tageslicht zu versorgen, ohne die damit verbundenen Probleme, wie extreme Temperaturschwankungen, Blendungseffekte oder direktes Sonnenlicht auf empfindlichen Materialien, in Kauf nehmen zu müssen. Aus diesen Anforderungen heraus wurde ein externer Sonnenschutz entwickelt, der uns die beste Gelegenheit gab, ein dynamisches und unverwechselbares visuelles Element zu gestalten. Mit der Unterstützung von Bibliotheksmitarbeitern/innen wurde aus Archivmaterial einer der frühen Stadtpläne von Kansas City ausgewählt und in einen perforierten Sonnenschutz verwandelt, der die östliche und die westliche Fassade abdeckt. Tagsüber lässt der Sonnenschutz gesprenkeltes Tageslicht für die Mitarbeiterbereiche herein, während er nachts von innen angestrahlt wird, wodurch er ein schimmerndes Bild entstehen lässt und Licht auf den neuen Vorplatz der Bibliothek wirft.

Die Verwendung des ASRS – inzwischen liebevoll als ‚The Robot' bezeichnet – spielt eine entscheidende Rolle bei der Revitalisierung und Erweiterung der *Miller Nichols Library* der UMKC. Sie ermöglicht es, die Bestände der Universität einfach zugänglich auf dem Campus zu behalten und gleichzeitig ehemalige Regalflächen in Arbeitsbereiche umzuwandeln, die für Studierende und Wissenschaftler/innen heute von höherer Relevanz sind. Nachdem der Bau des ASRS begonnen hatte, konnte die Planungsgruppe ihre Aufmerksamkeit der zweiten Projektphase zuwenden: In Zusammenarbeit mit der Universität Prototypen für neue Arbeits- und Gruppenbereiche zu entwickeln, die getestet, verbessert und schließlich auf den neu gewonnenen Flächen eingerichtet werden konnten.

Während die Mitarbeiter/innen der Bibliothek das ASRS mit den nach Größe geordneten Medien bestückten, wurden die Pläne für die neu gewonnenen Flächen konkretisiert. Das Hauptgeschoss wurde nach flexiblen und interaktiven Prinzipien saniert, die auch Raum für weitere Umbauten lassen, wenn dafür Mittel verfügbar sind.

Fazit

Das ASRS bietet Nutzern/innen die Möglichkeit, von jedem Computer innerhalb oder außerhalb der Bibliothek Bestellungen aufzugeben. Diese setzen den Roboterarm in Gang, der den entsprechenden Behälter aushebt und zu einer Ausgabestation bringt, wo Mitarbeiter/innen das gewünschte Buch entnehmen. Die Bestellungen für die Sondersammlungen werden an speziell gesicherten Ausgabestationen bereitgestellt, die nur von deren Mitarbeitern/innen bedient werden. Die Hauptausgabepunkte befinden sich hinter der Leihstelle und werden von den

Mitarbeitern/innen der Ortsleihe bedient. ‚The Robot' braucht fünf Minuten, um einen Behälter auszuwählen und ihn an der Ausgabestation bereitzustellen.

Um zu überleben und weiter zu gedeihen, brauchen Bibliotheken heute kreative, zukunftsgewandte Lösungen. Bei diesen Anstrengungen kann Technik als mächtiges Werkzeug eingesetzt werden. Das hier vorgestellte Fallbeispiel zeigt exemplarisch, wie die Verwendung von ASRS-Technik einer Bibliothek helfen kann, sich einem Problem – in diesem Fall ein Mangel an Publikums- und Regalfläche – zu stellen und daraus eine innovative und erfolgreiche Dienstleistungsinfrastruktur zu entwickeln.

Übersetzung: Melanie Volk, Olaf Eigenbrodt

Literatur

Adams, C. (2013): „Managing Automated Storage in the 21st Century Library". In: E. Iglesias (Hrsg.): Robots in Academic Libraries. Advancements in Library Automation. Hershey, PA: IGI Global, 115-127.

Bostick, S.; Irwin B.J. (2008): „Reinvented by a Robot. Implementing an Automated Retrieval System to Transform a Library". In: American Library Association (Hrsg.): Issues in Librarianship. Papers Presented at the ALA 2008 Annual Conference. Chicago: ALA, 47-50.

Payne, Lizanne (2007): Library Storage Facilities and the Future of Print Collections in North America. Report Commissioned by OCLC Programs and Research. www.oclc.org/programs/publications/reports/2007-01.pdf

May-Britt Grobleben

Selbstverbuchungsautomaten und Barrierefreiheit: Herausforderungen und Lösungsansätze

Zielsetzung

Mit dem Begriff „Barrierefreiheit“ verbinden die meisten Menschen im Alltag Mobilitätshilfen wie Rollstuhlrampen, Sprachausgaben oder Braille-Beschriftungen, zum Beispiel in öffentlichen Fahrstühlen. Gemeinsam ist diesen Assoziationen das Verständnis von Barrierefreiheit als Umsetzung von behindertengerechten Sonderlösungen zur Integration von Menschen mit Behinderungen. Für die moderne Begriffsbestimmung steht jedoch schon seit längerer Zeit nicht die *Integration* Behinderter, sondern die *Inklusion* aller Menschen im Vordergrund.

Inklusion (von lat. inclusio „Einschließung“) geht davon aus, dass alle Menschen unterschiedlich sind und unterschiedliche Bedürfnisse haben. Daher ist der öffentliche Raum so zu gestalten, dass er für jeden Menschen gleichermaßen zugänglich und nutzbar ist. Das Prinzip, zwischen Standardlösungen und behindertengerechten Sonderlösungen zu unterscheiden, steht dabei nicht im Fokus, da eine Unterteilung der Menschen in Gruppen möglichst vermieden werden soll. Im Gegensatz zum Begriff der Integration geht es also nicht darum, Getrenntes wieder zusammenzuführen, sondern von vornherein den individuellen Bedürfnissen aller Menschen Rechnung zu tragen.

Versteht man also Barrierefreiheit im Zusammenhang mit dem Inklusionsgedanken, stehen nicht nur die Bedürfnisse von körperlich oder geistig behinderten Menschen im Fokus. Barrierefreiheit ist zu verstehen als „Eigenschaft eines Produktes, das von möglichst allen Menschen in jedem Alter mit unterschiedlichen Fähigkeiten weitgehend gleichberechtigt und ohne Assistenz bestimmungsgemäß benutzt werden kann“ (DIN 2002). Damit muss man sich beim Zugang zu öffentlichen Räumen oder Angeboten immer fragen, ob Menschen ausgeschlossen werden, zum Beispiel Eltern mit Kinderwagen, ältere Menschen, Kinder, besonders große oder kleine Menschen, Menschen nichtdeutscher Muttersprache, Legastheniker/innen, Menschen mit kognitiven Einschränkungen et cetera. Für den öffentlichen Raum sind also Lösungen mit „universellem Design“ anzustreben.

Als wichtiger Meilenstein für die Umsetzung des Inklusionsgedankens ist die 2008 in Kraft getretene UN-Resolution 61/106 (‚Übereinkommen über die Rechte von Menschen mit Behinderungen/Convention on the Rights of Persons with

Disabilities' (CRPD)) zu nennen, die mittlerweile von 128 Staaten und der EU ratifiziert wurde und den Begriff des „universellen Designs" wie folgt definiert:

> „Im Sinne dieses Übereinkommens [...] bedeutet ‚universelles Design' ein Design von Produkten, Umfeldern, Programmen und Dienstleistungen in der Weise, dass sie von allen Menschen möglichst weitgehend ohne eine Anpassung oder ein spezielles Design genutzt werden können."[1]

Mit Blick auf die demografische Entwicklung ist zudem mit einem stetig steigenden Anteil älterer Menschen, die mit zunehmendem Alter oftmals in ihrer Mobilität oder kognitiven Leistungsfähigkeit Einschränkungen entwickeln, zu rechnen. Diese Entwicklung sollte ebenfalls bei der Gestaltung von Produkten und Dienstleistungen frühzeitig berücksichtigt werden.

Betrachtet man also das Thema Barrierefreiheit als gesamtgesellschaftliche Herausforderung, ergibt sich noch ein weiterer wichtiger Aspekt. Nicht-barrierefreie Lösungen sind oftmals nicht selbsterklärend oder anatomisch optimiert. Sie strengen zum Beispiel die Augen oder den Rücken an, zwingen Hände und Arme in unnatürliche Arbeitspositionen oder verursachen Stress durch Überforderung mit einer schwer verständlichen Bedienung. All dies kann das körperliche und geistige Wohlbefinden beeinträchtigen und langfristig bleibende gesundheitliche Schäden verursachen. Barrierefreiheit kann also auch als aktiver Gesundheitsschutz für alle Nutzer/innen dienen und ist damit erheblich weitreichender als die bloße Umsetzung behindertengerechter Lösungen. Daher sollten

> „technische Produkte so entwickelt und hergestellt werden, dass sie von möglichst allen Menschen selbstbestimmt und eigenverantwortlich genutzt werden können. Darüber hinaus soll auch die Sicherheit der Nutzer erhöht, deren Gesundheit geschützt und der bestimmungsgemäße Gebrauch der Produkte sichergestellt und erleichtert werden. Insoweit wirken barrierefreie Produkte auch präventiv" (DIN 2002, 6).

Barrierefreiheit im VÖBB

Der Verbund der Öffentlichen Bibliotheken Berlins (VÖBB) wurde als Gemeinschaftsprojekt der Berliner Bezirke, der Stiftung Zentral- und Landesbibliothek

---

1 Art. 2, 5. Begriffsbestimmungen Resolution 61/106 der Generalversammlung der UNO; Übereinkommen über die Rechte von Menschen mit Behinderungen/Convention on the Rights of Persons with Disabilities (CRPD) vom 13.12.2006. In Kraft getreten am 03.05.2008.

Berlin (ZLB) und der Senatsverwaltung für Wissenschaft, Forschung und Kultur im Jahr 1995 ins Leben gerufen mit dem Ziel, ein modernes und leistungsfähiges Bibliothekssystem für die Hauptstadt einzurichten. Seit September 2001 arbeiten alle Verbundteilnehmer mit ihren Bibliotheken im VÖBB zusammen und bieten moderne Bibliotheksdienstleistungen mit einer einheitlichen Software in allen Öffentlichen Bibliotheken Berlins und über das Internetangebot des VÖBB (www.voebb.de) an. Das Zielpublikum der Öffentlichen Bibliotheken Berlins ist ein modernes, großstädtisches Massenpublikum: Pro Jahr leihen mehr als 400.000 aktive Bibliotheksbenutzer/innen die mehr als 6 Millionen Medien im Bestand der Berliner Öffentlichen Bibliotheken fast 23 Millionen Mal aus, die Zahl der Neukunden/innen liegt bei fast 73.000 pro Jahr. Es werden mehr als 50 Millionen Recherchen pro Jahr – vor Ort und via Internet – ausgeführt, die entsprechende Bestellungen von Medien, teilweise an einen anderen Ort als den eigentlichen Standort, nach sich ziehen. Mit *VOeBB24* – der e-Ausleihe der Berliner Öffentlichen Bibliotheken – ergänzte der VÖBB sein Angebot um digitale Medien, welche unabhängig von Öffnungszeiten und Bibliotheksräumen allen Kunden/innen Kunden zur Verfügung stehen.

Das Thema Barrierefreiheit ist im VÖBB bereits seit langem präsent. So zeichneten die *Aktion Mensch* und die *Stiftung Digitale Chancen* im Jahr 2009 den Internetauftritt des VÖBB – der gemeinsame Katalog der Berliner Öffentlichen Bibliotheken – mit dem silbernen *Biene-Award*[2] in der Kategorie „komplexe Einkaufs- und Transaktionsangebote“ aus. Damit war „www.voebb.de“ das erste Bibliotheks-Internetangebot, das mit einem *Biene-Award* für Barrierefreiheit ausgezeichnet wurde.

Seit dem Jahr 2009 führt der VÖBB mit Kofinanzierung durch die Europäische Union (Europäischer Fonds für regionale Entwicklung – EFRE) und das Land Berlin das Projekt „TENIVER – Technologische Innovation in der Informationsversorgung“ durch. Ziel ist die Einführung der Selbstverbuchung mit RFID (Radio Frequency Identification) in allen VÖBB-Bibliotheken. Dies sind zurzeit 70 Bibliotheken sowie 10 Bücherbusse in den 12 Berliner Bezirken und die Zentral- und Landesbibliothek. Der Medienbestand des VÖBB wurde seitdem weitgehend vollständig mit RFID-Tags ausgestattet. Sämtliche Standorte werden RFID-Ausleihautomaten erhalten. An ausgewählten Standorten stehen zudem Rückgabeanlagen mit automatischer Sortierung zur Verfügung, die teilweise den Nutzern/innen auch außerhalb der Öffnungszeiten zugänglich sind.

Im Rahmen der Ausschreibung für die technische Ausstattung wurden bestimmte Kriterien der Barrierefreiheit bereits berücksichtigt, wie zum Beispiel

2 http://www.biene-award.de/kriterien/

eine Möglichkeit der Höhenverstellung, die Unterfahrbarkeit der Automaten oder die Auswahlmöglichkeit verschiedener Sprachen für die Anwendungsbedienung. Vor allem softwareseitig traten jedoch in der Einführungsphase Mängel in der barrierefreien Gestaltung zutage, so dass die Software beziehungsweise ihre Funktionen auf die Anforderungen des alltäglichen Betriebs angepasst werden muss.

Welche Ansprüche hier gestellt werden, musste allerdings erst definiert werden. Um dies möglichst flächendeckend und aus allen Perspektiven abzudecken, hat der VÖBB zunächst die Expertise der Betroffenen herangezogen und Kontakt mit Interessenvertretern/innen der Behindertenverbände sowie mit der Landesvertretung für Menschen mit Behinderung im Land Berlin aufgenommen, um gemeinsam die Geräte zu begutachten. Auf Grundlage dieser ersten Treffen konnte eine höchst konstruktive und gewinnbringende Zusammenarbeit aufgebaut werden.

Konkrete Umsetzung der Barrierefreiheit bei der Selbstverbuchung

Aktuell befindet sich der VÖBB mit dem Projekt TENIVER noch in der Einführungsphase der RFID-Selbstverbuchung. Zunächst ist zu bemerken, dass zum einen die Projektdimensionen – hier vor allem der straffe Zeitplan für die Einführung der Technik in einer hohen Anzahl von Standorten im gesamten Berliner Stadtgebiet – der kurzfristigen Umsetzung von Maßnahmen zur Barrierefreiheit Grenzen setzen. Zum anderen wurden die Selbstverbuchungsgeräte mitsamt der dazugehörigen Software ausgeschrieben, angeschafft und teilweise bereits aufgestellt, bevor Mängel in der Barrierefreiheit festgestellt wurden. Daher können die Maßnahmen sich nur aus den bereits vorhandenen Geräten ableiten und müssen den technischen Einschränkungen eines bestehenden Systems Rechnung tragen. Zudem soll Erwähnung finden, dass bauliche Maßnahmen bezüglich der Zugänglichkeit zu den Bibliotheken selbst nicht Bestandteil des Projektes sind und gegebenenfalls in die Verantwortung der beteiligten Projektpartner/innen fallen. Daher soll auf diesen Aspekt trotzt seiner Bedeutung hier nicht weiter eingegangen werden.

Auf vorhandenes Know-how zurückgreifen

Im ersten Schritt wurde, wie oben bereits erwähnt, Kontakt mit verschiedenen Behindertenvertretern/innen aufgenommen. Zum einen war es dem VÖBB von Anfang an wichtig, bei der Umsetzung der Barrierefreiheit Theorie und Praxis von vornherein zu verbinden, zum anderen verfügen die Behindertenvertreter/innen und Betroffenenverbände über umfangreiche Expertise, so dass hier auf wertvolles Know-how zurückgegriffen werden konnte.

Die Zusammenarbeit mit den Behindertenvertretern/innen erfolgte und erfolgt in mehreren Stufen. Im Dialog zwischen den Beteiligten – aufgrund der Art der festgestellten Mängel ist hier vor allem die konstruktive Zusammenarbeit mit dem Allgemeinen Blinden- und Sehbehindertenverein (ABSV) hervorzuheben – wurde zunächst ein VÖBB-spezifischer Maßnahmenkatalog zur Verbesserung der Barrierefreiheit an den Selbstverbuchungsautomaten erarbeitet, der sich sehr konkret auf die verwendete Software bezieht.

Auf dieser Grundlage soll in der Zukunft unter Rückgriff auf die im VÖBB gesammelten Erfahrungen ein allgemeingültiger Maßnahmenkatalog für die Gestaltung barrierefreier Selbstverbuchungsautomaten entstehen, der die Bedürfnisse aller Nutzergruppen zusammenfasst und sich nicht auf das mit dem im VÖBB verbauten Geräten Machbare beschränkt.

Definition der Arbeitsschritte

Mit dem zunächst VÖBB-spezifischen Anforderungskatalog wurden die verschiedenen Maßnahmen nach Machbarkeit und Dringlichkeit priorisiert und in einem Stufenplan festgehalten. Dieses Vorgehen ist durchaus konform mit den Empfehlungen aus dem DIN-Fachbericht 124 und manchmal führen schon kleine Veränderungen zu großen Verbesserungen.

> „Was bei Gestaltung eines barrierefreien Produkts sinnvoll und mit angemessenem wirtschaftlichem Aufwand machbar ist, erfordert sorgfältiges Abwägen aller [...] genannten Kriterien und sollte für jedes einzelne Produkt entschieden werden. Entwickler, Hersteller und Anbieter sollten bei der Gestaltung und Einführung barrierefreier Produkte bedenken, dass für die potentiellen Nutzer auch dann wertvolle Fortschritte erzielt werden, wenn es – aus welchen Gründen auch immer – zunächst nicht gelingt, ein Produkt komplett barrierefrei zu gestalten. Schon die Realisierung von Teilaspekten erweitert den Nutzerkreis." (DIN 2002, 7)

Daher hat der VÖBB sich mit den Behindertenvertretern/innen darauf geeinigt, zunächst erste Teilmaßnahmen umzusetzen, die sich vor allem aus der kurzfristigen bis mittelfristigen Umsetzbarkeit ableiten, da der eigentliche – ohnehin straffe – Projektzeitplan für die Installation von rund 80 Standorten nicht gefährdet werden darf. Alle dennoch möglichen Verbesserungen sollen schnellstmöglich zur Umsetzung gebracht werden. Diese ersten Anpassungen beziehen sich neben der korrekten Aufstellung der Geräte unter Berücksichtigung von Bewegungsräumen, Diskretion und Blendfreiheit in erster Linie auf die Softwaregestaltung.

Bei der konkreten Betrachtung der Geräte fielen neben den oben genannten kleineren räumlichen Mängeln vor allem die deutlichsten Defizite der Selbstverbuchungsgeräte in Hinblick auf die Nutzbarkeit für Blinde oder Menschen mit eingeschränkten Sehfähigkeiten auf. Hier wurde ein erheblicher Verbesserungs- und sogar Entwicklungsbedarf identifiziert.

Anhand von Screenshots wurden die Defizite aufgezeigt und dokumentiert. Diese Auflistung zählt die kurzfristig notwendigen Nachbesserungen auf, die realistischerweise bei den bereits angeschafften Geräten erreicht werden können.

Die Änderungen an der Software sollen im Rahmen der nächsten Softwareupdates umgesetzt werden. Die Lösungsvorschläge hierzu werden im Vorfeld mit den Verbänden, insbesondere dem ABSV, abgestimmt.

Als wesentliche Ansatzpunkte für die ersten Verbesserungen wurden folgende Probleme identifiziert:

- Der Nutzerdialog sollte grundsätzlich in der Darstellung höchste Priorität erhalten und dementsprechend an auffälliger Stelle positioniert sein. Informationen wie zum Beispiel Datum und Uhrzeit können an unauffälliger Stelle positioniert werden.
- Die Bedienführung muss auch für Personen mit kognitiven Einschränkungen verständlich sein und dafür gegebenenfalls mit erläuternden Bildern versehen werden.
- Der Arbeitsfluss sollte grundsätzlich von links oben nach rechts unten erfolgen, um eine standardisierte Orientierung auf dem Bildschirm zu ermöglichen.
- Textblöcke sollten linksbündig gestaltet sein, da Sehbehinderte die Möglichkeit erhalten sollen, sich am Zeilenanfang zu orientieren.
- Textblöcke sollten zur besseren Erkennbarkeit umrandet werden.
- Buttons, die eine Aktion abschließen, müssen rechts in einer Zeile beziehungsweise rechts unten auf dem aktiven Bereich angeordnet werden.
- Um Sehbehinderten die Lesbarkeit zu erleichtern, müssen Darstellungen auf dem Bildschirm kontrastreich gestaltet sein. Hierbei sind idealerweise Schwarz-Weiß-Kontraste zu wählen, möglich ist auch dunkelrot auf weißem Hintergrund.

- Die Geräte haben eine integrierte Schriftvergrößerung. Diese greift jedoch nur im Hauptscreen, nicht aber in Kopf- und Fußzeile. In der Folge müssen alle für den Nutzerdialog relevanten Informationen im Hauptscreen dargestellt werden. Die kleinste Schrifteinstellung muss mindestens 8mm betragen.
- Zur Verbesserung der Lesbarkeit sind Farbverläufe zu vermeiden.
- Eine alternativ einstellbare Darstellung, wie beispielsweise invers (weiß auf schwarz), sowie eine Verstellbarkeit der Leuchtdichte sind sinnvoll.
- Für die Sortierung durch den/die Nutzer/in sind nicht ausschließlich farbliche Kennzeichnungen zu benutzen, da dies für Farbfehlsichtige ungeeignet ist. Sie sollte durch Symbole oder schriftliche Darstellung ergänzt werden.

Verhandlungen mit dem Dienstleister

Die Software der Selbstverbuchungsgeräte gehört zum Lieferumfang unseres Dienstleisters *bibliotheca* und wurde, wie oben bereits erwähnt, nicht im Vorfeld vollumfänglich als barrierefrei ausgeschrieben. Daher gab es für den VÖBB keinen vergaberechtlichen Anspruch auf diesbezügliche Nachbesserungen der Software. Mit dieser Tatsache sind zunächst zwei Probleme verbunden: Zum einen können Änderungen nur im Rahmen eines *Change Request*-Verfahrens umgesetzt werden. Der Dienstleister ist dabei nicht verpflichtet, das *Change Request* anzuerkennen. Falls dies dennoch geschieht, entstehen in der Regel zusätzliche Kosten pro *Change Request*. Zum anderen gelten, anders als bei einklagbaren Bestandteilen eines Leistungsverzeichnisses, keine Fristen für die Umsetzung der Änderungswünsche. Diese beiden Aspekte machten es nach der vorangegangenen Definition der Maßnahmen und Arbeitsschritte erforderlich, in umfängliche Verhandlungen mit unserem Dienstleister zu gehen.

Zunächst musste auf Seiten des Dienstleisters die Machbarkeit beziehungsweise der Aufwand für die Umsetzung der geforderten Maßnahmen geprüft werden. Hier war ein stetiger Dialog zwischen dem VÖBB, der Softwareentwicklung bei unserem Dienstleister sowie den Behindertenvertretern/innen notwendig, denn nicht jede Änderung hat sich in der bestehenden Softwarestruktur als realisierbar herausgestellt. In der Folge wurden alternative Lösungswege gesucht, die einerseits programmierbar sein und andererseits den Anforderungen an die Barrierefreiheit genügen mussten. Da diese Kompromisssuche in der Regel einzelfallbezogen für jede geforderte Maßnahme erfolgen musste, hat sich der Prozess als ausgesprochen zeitaufwändig, wenn auch im Ergebnis als sehr konstruktiv, erwiesen.

Im Rahmen der Verhandlungen mit dem Dienstleister konnte zudem festgestellt werden, dass es einerseits keinen Anbieter von RFID-Selbstverbuchung für

Bibliotheken auf dem Weltmarkt gibt, der barrierefreie Software-Lösungen im Programm hat, andererseits aber die Nachfrage auf Seiten der Kunden/innen stetig zunimmt. In Zukunft ist verstärkt damit zu rechnen, dass detaillierte Anforderungen an die Barrierefreiheit zunehmend Eingang in öffentliche Ausschreibungen finden – nicht zuletzt aufgrund der zunehmenden Ratifizierung von Gesetzen zur Barrierefreiheit und Gleichstellung von Behinderten und den damit einhergehenden Pflichten öffentlicher Stellen. Damit wurde die Weiterentwicklung der Software im Sinne der Barrierefreiheit von unserem Dienstleister als wichtiger Wettbewerbsvorteil identifiziert, so dass auch an dieser Stelle nach anfänglichem Zögern eine zielführende und gute Zusammenarbeit bei der Softwareentwicklung entstanden ist.

Beispiele für konkrete Maßnahmen

Mit dem ersten Software-Release Mitte 2012 wurden bereits erste kleinere Maßnahmen umgesetzt. So wurden Logos und Bildanweisungen überarbeitet, so dass sie besser lesbar und/oder leichter verständlich wurden. Weiterhin wurden einige simple, aber effektive Maßnahmen in den Bibliotheken umgesetzt. Beispielsweise werden die Nutzer/innen an den meisten Standorten bei der Rückgabe der Medien aufgefordert, ihre Medien vorzusortieren. Dazu erscheint am Bildschirm ein Sortierhinweis wie zum Beispiel „Blaues Regal" oder „Gelbes Regal". Die entsprechenden farblichen Regale finden sich neben den Selbstverbuchungsgeräten. Farbfehlsichtige lesen nun zwar den Hinweis, können aber unter Umständen die beistehenden Regale nicht als „Blau" oder „Gelb" identifizieren. Gleichzeitig wären aber Vorschulkinder oder Analphabeten/innen nicht in der Lage, einer schriftlichen Anweisung zu folgen. Um hier Abhilfe zu schaffen, erfolgt am Bildschirm zusätzlich eine farbliche Kennzeichnung des Sortierhinweises. Analog dazu wurden die Regale in Ergänzung zur Färbung mit Schildern beschriftet. Durch diese doppelte Kennzeichnung durch Farbe und Schrift wird dem Zwei-Kanal-Prinzip Rechnung getragen, nachdem wichtige Informationen wann immer möglich über zwei Sinneskanäle bereitgestellt werden sollten (vgl. DIN 2002, S.11).

Der Hauptteil der Maßnahmen war aufgrund der Komplexität und des Umfangs jedoch für das Software-Release 2013 vorgesehen, das sich in der 1. Jahreshälfte 2013 im Test befand und im Herbst in die Produktion übernommen wurde. Zusammenfassend wurden in der Software zunächst sämtliche Farbverläufe beseitigt und die Kontraste verstärkt. Textfelder und Buttons sind nicht mehr farblich hinterlegt, haben eine Umrandung erhalten und wurden linksbündig ausgerichtet. Die Nutzerführung wurde von links oben nach rechts unten umgestaltet, die Standard-Schriftgröße wurde vergrößert und sämtliche Texte sind nun in 11 Sprachen übersetzbar.

Anhand einiger exemplarischer Beispiele aus dem VÖBB soll im Folgenden der Ansatz der Maßnahmen veranschaulicht werden.

Vorher:

Nachher:

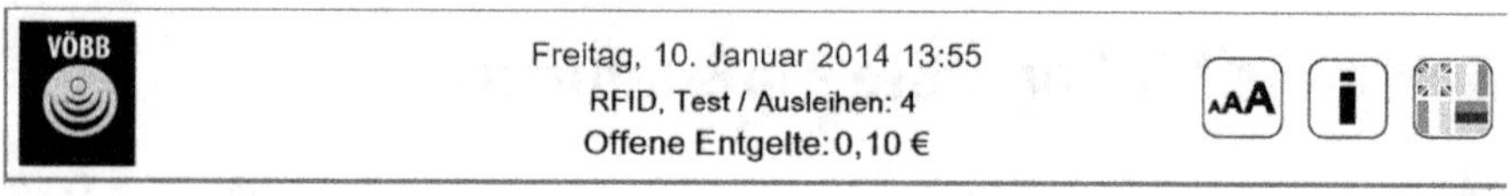

Abb. 1: Kontraste in der Kopfzeile.

Abbildung 1 zeigt den Effekt von Kontrastverstärkungen: Statt weißer Schrift auf farbigem Untergrund wurde schwarze Schrift auf weißem Untergrund gewählt. Der Farbverlauf als gestalterisches Element wurde in der gesamten Kopfzeile entfernt. Die Buttons oben rechts haben keine Farbeffekte mehr, sondern ausschließlich schwarz-weiße Kontraste. Das VÖBB-Logo sowie die Standard-Schriftgröße wurden insgesamt vergrößert. Es ist durch diese Maßnahmen eine deutlich verbesserte Lesbarkeit festzustellen.

Vorher Fußzeile:

Nachher Fußzeile:

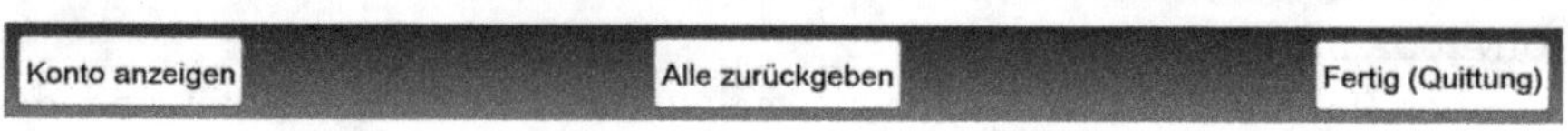

Vorher: Passworteingabe

Nachher: Passworteingabe

Abb. 2: Umgestaltung des Arbeitsverlaufes.

Abbildung 2 zeigt Beispiele für die Umgestaltung des Arbeitsverlaufs von links oben nach rechts unten. Der Vorgang wird in jedem Bedienvorgang in der rechten unteren Ecke beendet. Im ersten Beispiel wurden die Buttons in der Fußzeile des Bildschirms neu angeordnet. „Fertig (Quittung)“ beendet den Vorgang und steht deshalb rechts. Die beiden anderen Buttons geben zusätzliche Bedienoptionen, die je nach Aktion verschieden sein können. Diese optionalen Bedienelemente wurden links beziehungsweise mittig angeordnet. Alle Buttons sind nun gut unterscheidbar gruppiert.

Im zweiten Beispiel sieht man das Passwort-Eingabefeld. Hier handelt es sich um ein lehrreiches Beispiel aus der Praxis, dass die intuitive Bedienung von links nach rechts nicht nur eine theoretische Anforderung ist. Bisher kam es sehr häufig dazu, dass Nutzer/innen den Vorgang versehentlich abgebrochen haben, da der Button „Abbrechen“ rechts unten angeordnet war. Auch hier wurde der Arbeitsfluss umgekehrt und so der intuitiven Bedienungsrichtung angepasst.

Neben dem Arbeitsverlauf sei auch an dieser Stelle auf die Maßnahmen zur Kontrastverstärkung und besseren Lesbarkeit hingewiesen.

In Abbildung 3 (S. 202) ist die Ansicht des Benutzerkontos gezeigt. Zum einen sei auf die Vergrößerung der Schrift in der Standardeinstellung, zum anderen auf die deutlich verbesserte Lesbarkeit der Buttons und des Gesamtscreens aufmerksam gemacht. Die Ansicht zeigt zudem die in Abbildung 1 und 2 dargestellten Maßnahmen noch einmal im Zusammenhang und verdeutlicht den bemerkenswerten Effekt, den kleine Anpassungen in der Gestaltung auf die Gesamt-Lesbarkeit der Anwendung haben.

Vorher:

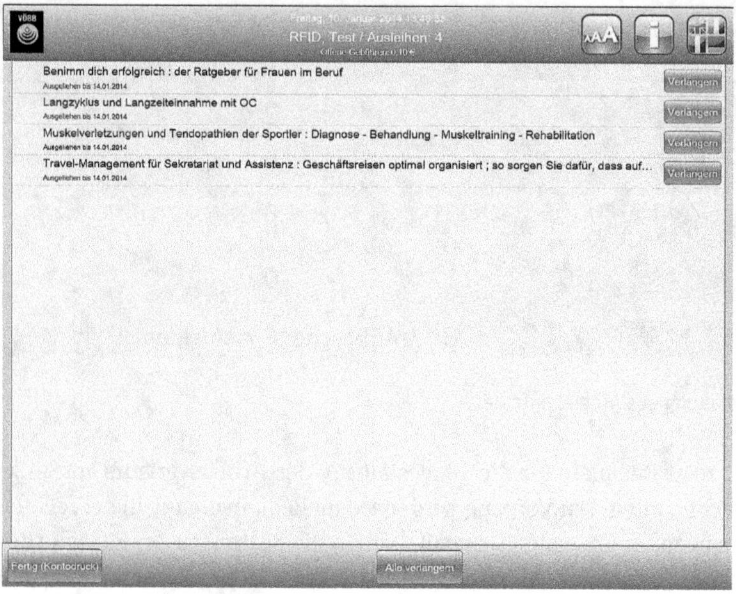

Nachher:

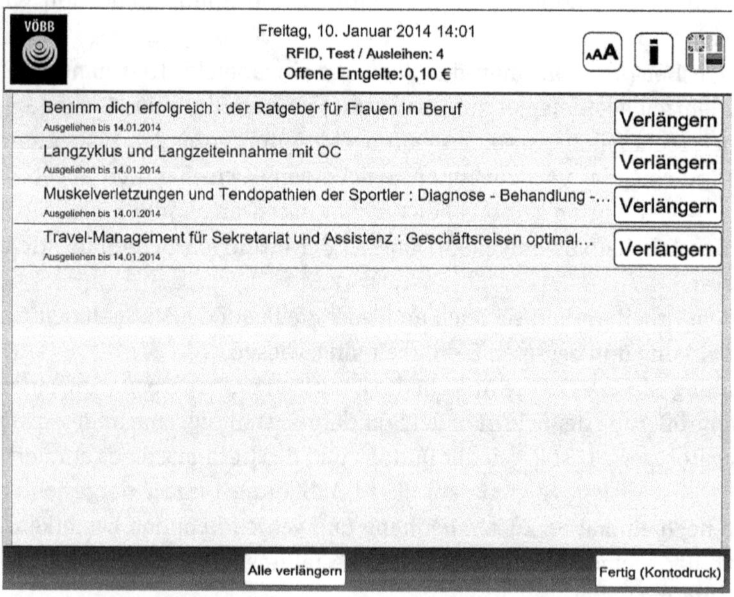

Abb. 3: Beispiel Kontoansicht.

Ausblick und erste Praxiserfahrungen

Wie eingangs bereits erwähnt, hat der VÖBB gerade erst begonnen, die Barrierefreiheit der Software der Selbstverbuchungsautomaten zu realisieren. Die beschriebenen Ansätze sind als erste Schritte in diese Richtung zu verstehen. Es ist in Abhängigkeit vom weiteren Projektverlauf und den damit verbundenen Möglichkeiten der Finanzierung angestrebt, weitere Maßnahmen zu definieren und umzusetzen. Auch einige Innovationsprojekte befinden sich bereits in der Planung, wie zum Beispiel Einbindungsmöglichkeiten für *Screenreader* zu schaffen oder hardwareseitig zusätzliche Bedienelemente hinzuzufügen. Vor allem geht es aber darum, die Herausforderungen aufzuzeigen und ein Bewusstsein dafür zu schaffen, wie wichtig ein barrierefreier Zugang zum öffentlichen Raum ist. Herauszustellen ist dabei, dass es sich bei einer barrierefreien Gestaltung – egal in welchem Kontext – nicht um verhältnismäßig aufwändige Maßnahmen für einen relativ kleinen Bevölkerungsteil handelt, sondern dass von barrierefreien Lösungen alle Nutzer/innen profitieren.

Diese Erkenntnis wird uns kontinuierlich durch unsere Kollegen/innen und Nutzer/innen bestätigt. Zumeist werden die Verbesserungen in der Software gar nicht im Zusammenhang mit der Barrierefreiheit wahrgenommen. Stattdessen wird betont, wie viel intuitiver die Bedienung geworden ist, wie spürbar sich die Lesbarkeit verbessert hat oder, ganz allgemein, wie viel weniger die Selbstverbuchung die Nutzer/innen fordert oder überfordert. Die zunächst befürchteten Beschwerden über das „langweiligere Design" blieben bisher vollkommen aus, so dass wir auf ausnahmslos positive Rückmeldungen blicken können. So trägt unser Ansatz nicht nur dazu bei, die Barrierefreiheit zu verbessern, sondern unterstützt uns ebenfalls dabei, Hemmschwellen abzubauen und die Einführung der neuen RFID-Selbstverbuchungstechnik im VÖBB für alle Beteiligten zu erleichtern und damit insgesamt erfolgreicher zu machen.

Literatur

DIN, Deutsches Institut für Normung e.V. (Hrsg.) (2002): DIN-Fachbericht 124. Gestaltung barrierefreier Produkte. Berlin, Wien, Zürich: Beuth.

Resolution 61/106 der Generalversammlung der UNO (o. J.): Übereinkommen über die Rechte von Menschen mit Behinderungen/Convention on the Rights of Persons with Disabilities (CRPD).

IV. Szenarien für die Zukunft

Olaf Eigenbrodt

Auf dem Weg zur Fluiden Bibliothek: Formierung und Konvergenz in integrierten Wissensräumen

Einleitung

In der vergangenen Dekade haben sich Bibliotheken in ihrer Entwicklungsarbeit insbesondere auf die Erweiterung der digitalen Bestände sowie deren Erschließung und Präsentation im Internet konzentriert. Diese Strategie war folgerichtig und in vielerlei Hinsicht auch erfolgreich, betätigen sich doch insbesondere Wissenschaftliche Bibliotheken inzwischen in allen Bereichen wissenschaftlicher Publikation und Informationsverarbeitung im Netz. Auch in Bezug auf den physischen Bestand hat es diverse Entwicklungen gegeben, die sich sowohl auf die Präsentation vor Ort als auch auf die Zugänglichkeit im digitalen Raum beziehen. Öffentliche Bibliotheken haben vermehrt Präsentationsformen aus dem Buchhandelsbereich übernommen und die Präsentation physischer Bibliotheksbestände im digitalen Raum hat sich durch Kataloganreicherung und die Anwendung von Suchmaschinentechnik, verbunden mit der zögerlichen Abkehr von klassisch bibliothekarischen Suchstrategien und Treffersortierungen, ebenfalls gewandelt.

Spricht man jedoch über die Zugänglichkeit von Bibliotheken und den von ihnen angebotenen Informationen ist eine der entscheidenden Zukunftsfragen die nach der Konvergenz: Wie können sich sowohl die digital verfügbaren als auch die auf physischen Medien gespeicherten Informationen so aufbereiten und präsentieren lassen, dass sinnvolle Zusammenhänge entstehen und die Qualitäten beider Räume zur Geltung kommen? Während digitale Umgebungen immer und im – urheber- und lizenzrechtlich beschränkten – Idealfall auch allgegenwärtig verfügbar sind, bieten die physischen Räume der Bibliothek vielfältige Arbeitsumgebungen, die auf Begegnung im realen Leben und *Face-to-face* Kommunikation ausgerichtet sind. Dass Bibliotheksräume mehr sind als Bücherspeicher oder stille Orte kontemplativen Lernens in ‚gemeinsamer Einsamkeit', ist heute im Fachdiskurs ein Allgemeinplatz und bedarf – insbesondere im Rahmen eines solchen Sammelbandes – keiner weiteren Erläuterung mehr.

Veränderte Lern-, Forschungs- und Arbeitskulturen tragen zu dieser Entwicklung genauso bei wie die Veränderung weiterer gesellschaftlicher, aber auch technischer Rahmenbedingungen. Je nach Schwerpunkt und Zielgruppe der Bibliothek werden verschiedene Definitionen und Zuordnungen des physischen Raums angeboten, von denen einige in Teil 1 dieses Bandes vorgestellt werden.

Die technologische Variante dieser Diskussion beschäftigt sich im Gegensatz dazu mit den Veränderungen, die durch die digitalen Angebote der Bibliothek hervorgerufen werden. Im Kontext der sich verändernden technischen Möglichkeiten und Medien wird darüber nachgedacht, wie über geeignete Schnittstellen eine Konvergenz digitaler und physischer Angebote erreicht und damit der optimale Zugang zu allen Informationsquellen der Bibliothek angeboten werden kann. Was ist aber mit den physischen Medien wie gedruckten Beständen, Daten- und Tonträgern? Werden sie in einer bücherlosen Bibliothek obsolet werden oder liegt die Zukunft der Bibliotheken in einer Vielfalt der Formate bei absehbarer – und teilweise schon realer – quantitativer Dominanz digitaler Ressourcen? Gibt es räumliche Lösungen, die die Integration von physischen und digitalen Medienformaten ermöglichen können? Wenn die Bibliothek – metaphorisch gesprochen – zu einem Knotenpunkt verschiedener sozialer und elektronischer Netzwerke wird, durch den ständig analoge und digitale Informationsströme fließen und der mit diesen Netzwerken in Bewegung und Veränderung ist, was geschieht dann mit den genannten physischen Beständen, Artefakten, die zunächst wenig beweglich scheinen und somit als statische Elemente sogar potentiell hemmend auf den allgegenwärtigen Informationsfluss wirken?

Derzeit scheint es weder aus informationstheoretischen Erwägungen noch aus Marketingsicht geboten, auf physische Medien in der Bibliothek zu verzichten. Einerseits, weil für die meisten Bibliothekstypen gilt, dass lange noch nicht alles und noch nicht einmal die wichtigsten Informationen digital verfügbar sind, andererseits, weil die Identifikationskraft bis hin zum ‚Hippnessfaktor' des Mediums Buch nach wie vor nicht zu unterschätzen ist. Dies zeigt z.B. auch das Presseecho auf die spontan entstandenen Bibliotheken in den *Occupy-Camps* der vergangenen Jahre (theguardian.com, 2011). Vertreter/innen der digital voll vernetzten Generation, die in der Literatur den Beinamen ‚Digital Natives' bekommen hat, haben sich in ihren provisorischen Zeltstädten physische Bibliotheken eingerichtet; dies hat einige Aufmerksamkeit über die Bibliothekswelt hinaus erfahren.

In diesem Beitrag soll es allerdings nicht um eine der weit verbreiteten Gegenüberstellungen vermeintlicher Qualitäten des einen oder anderen Formats gehen, sondern um die Frage, wie sich die angestrebte Konvergenz aus der Perspektive physischer Bestände darstellt. Die fortschreitende Verbreitung und Nutzung digitaler Informationsressourcen stellt sich vor diesem Hintergrund nicht als Bedrohung, sondern vielmehr als eine Gelegenheit dar: Eine Gelegenheit zur Auflösung überfrachteter bibliothekarischer Präsentationsformen zugunsten neuer, flexibler Ideen der Sichtbar- und Verfügbarmachung insbesondere gedruckter Bücher. Das Buch spielt in einem solchen Szenario auf den Gesamtinformationsgehalt einer Bibliothek bezogen quantitativ sicherlich nicht mehr die Hauptrolle, qualitativ stellt es aber nach wie vor einen Eckpfeiler des Bibliotheksangebots dar, dies aber nicht im Gegensatz zu, sondern als Teil des eingangs beschriebenen metaphorischen Datenstroms. Das in diesem Kapitel vorgestellte Konzept ist auf den ersten Blick ein futuristischer Versuch, eine konkrete Lösung auf die bisher eher theoretische Frage zu finden, wie sich physische Bibliotheksbestände in flexible, stets veränderliche, mithin fließende Raumkonzepte einbinden lassen. Auf den zweiten Blick zeigt sich aber, dass die hier zugrunde gelegten technischen Lösungen entweder schon existieren oder sogar bereits in Bibliotheken angewandt werden, wenn auch meist nur versuchsweise. Dazu werden im Anschluss an generelle Überlegungen und eine Definition der Fluiden Bibliothek technische Grundlagen umrissen, bevor abschließend einige Gedanken zur Anwendung in der Praxis vorgestellt werden.

In Bewegung: Von der Hybriden zur Fluiden Bibliothek

In den 1990er Jahren versuchte die Bibliothekswissenschaft die schon in den 1970er Jahren begonnene und dann immer weiter fortschreitende Digitalisierung von Bibliotheksangeboten näher einzuordnen. Neben dem Begriff der Digitalen Bibliothek wurde vor allem auch der der Hybriden Bibliothek populär und hat sich bis heute zur Beschreibung von Bibliotheken gehalten, die sowohl digitale als auch analoge Medien vorhalten. Beide Welten blieben aber mehr oder weniger voneinander getrennt. Zwar waren analoge Bestände schon relativ früh über Online-Kataloge auch im Internet abrufbar, blieben aber innerhalb dieses digitalen Raums abgeschottet. Ähnlich erging es den sich in Bibliotheken verbreitenden Computerterminals, die dort nicht nur ihres raumgreifenden Designs wegen zunächst Fremdkörper blieben. Von einer gegenseitigen Zugänglichkeit oder gar Durchdringung konnte erst recht nicht die Rede sein. Später kamen dann mobile Endgeräte hinzu, die mittlerweile selbstverständliche Interfaces im Bibliotheksalltag sind und viel zur Mobilität der Nutzer/innen innerhalb der Bibliothek und zur neuen Arbeits- und Lernkultur beigetragen haben. In Wissenschaftlichen Bibliotheken erhöhte gerade der Gebrauch von Notebooks die Motivation für die Nutzung des physischen Raums und die Aufenthaltsdauer darin beträchtlich; PC-Arbeitsplätze bleiben aber trotzdem gesuchte Angebote in allen Bibliothekstypen und helfen insbesondere denjenigen Menschen, die informationelle Lücke zu schließen, die, aus welchen Gründen auch immer, nicht im Besitz mobiler Endgeräte sind. Trotz der viel genutzten Möglichkeit, eine immer größere Menge an Ressourcen auch am heimischen Arbeitsplatz oder an sonstigen Orten online oder von einem Speicher abzurufen und zu nutzen, werden Bibliotheken aus verschiedenen Motivationen heraus sehr gerne als Lern- und Arbeitsort genutzt (Vogel/Woisch, 2013).

Während die Hybride Bibliothek also physische und digitale Angebote nicht nur nebeneinander stellte, ohne sie zu verbinden, sondern sogar innerhalb des digitalen Raums selbst einen eigenen nach außen abgeschlossenen Bereich bildete, ist die Grundlage der Fluiden Bibliothek davon völlig verschieden. Es geht um die Gleichzeitigkeit von ortsgebundener und ortsungebundener Nutzung verschiedener Medienformen als Teil einer *ubiquitous computing* Strategie, wie sie von Ratzek schon 2006 (siehe dort) als zukünftige Möglichkeit der RFID-Anwendung in Bibliotheken skizziert wurde. Nutzer/innen und digitale Informationen sind hierbei per se dynamische Elemente. Die an anderer Stelle dieses Bandes beschriebenen Änderungen in der Interaktion und Kommunikation von Nutzern/innen untereinander und mit digitalen Medien stehen allerdings bisher in einem merkwürdigen Missverhältnis zur räumlichen Unveränderbarkeit der traditionellen Bibliotheksmedien mit ihren eineindeutigen Standorten.

Gedruckte Bücher und andere physische Medien warten in bibliothekarischer Ordnung an der immer gleichen Stelle im Regal darauf, von den Nutzern/innen entdeckt, aufgesucht und schließlich ausgeliehen, reproduziert oder auch vor Ort konsultiert zu werden. Zwischen verschiedenen Elementen, die in zunehmender Dynamik interagieren, sind sie ein statisches Moment, das zunächst immer wieder an einen festgelegten Standort zurückkehrt. Dies lässt sich bis in die Einrichtung und Ausstattung von Bibliotheken hinein ablesen. Selbst in sehr modern eingerichteten Bibliotheken fallen die meist traditionellen Regalsysteme als raumbildende Momente auf. Nutzern/innen wird zunehmend erlaubt, sich den Bibliotheksraum in der Nutzung zu Eigen zu machen, indem sie z.B. Möbel ihren Bedürfnissen entsprechend immer neu kombinieren können. Während Tische, Trennwände, Stühle und andere Sitzgelegenheiten so immer flexibler werden, bleiben die Regale oft als unbewegliche Elemente im Raum stehen. Regale sind aus mehreren Gründen in solche Konzepte bisher oft nicht einbezogen. Zum einen sind insbesondere mit Büchern bestückte Regale sehr schwer und damit auch potentiell kippgefährdet. Zum anderen widerspricht es klassischen bibliothekarischen Ordnungsprinzipien, den Standort von Büchern im Raum einfach zu verändern, sie somit eventuell nicht mehr auffindbar zu machen. Architektonisch wird aus dieser Not oft eine Tugend gemacht, indem man Regale etwa als raumbildendes Element oder als traditionelles Zitat einsetzt. Es existieren aber schon insbesondere, aber nicht ausschließlich im Bereich der Medienregale Lösungen auf Rollen, die auch diesen Teil der tradierten Bibliothekseinrichtung flexibel machen. Auch verzichten einige Öffentliche Bibliotheken auf allzu detaillierte Aufstellungssystematiken und lassen somit einen gewissen Rahmen für die freie Bewegung von Beständen im Raum.

Abb. 1: Flexibilität durch rollbare Medienregale in der Mediothek Krefeld (Foto: Olaf Eigenbrodt).

Die neuen Raumkonzepte schlagen sich auch in der Architektur von Bibliotheken nieder. Wo klassische Bibliotheksarchitekturen, wie etwa die von Max Dudler entworfene neue Bibliothek der Folkwang-Hochschule in Essen, auf statische Elemente setzen, greift Rem Koolhaas' Entwurf der Bibliothèque Multimédia à Vocation Régionale in Caen das Motiv der Passage auf, während im vom Büro SANAA gebauten Rolex Learning Center in Lausanne der Bibliotheksraum ganz explizit als fließend inszeniert wird. An dieser Stelle setzt das Konzept der Fluiden Bibliothek an: Jenseits architektonischer und technologischer Metaphorik von Datenströmen und Knotenpunkten ist es das Ziel, den wechselseitigen Zugang und die Konvergenz zwischen digitalen und physischen Räumen der Bibliothek zu realisieren. Auszugehen ist dabei einerseits von den analogen Beständen, für die mehr Bewegung im Raum und eine direkte Verbindung mit passenden digitalen Angeboten erreicht werden soll, andererseits von der Möglichkeit, physische Umgebungen über Anwendungen der erweiterten Realität mit digitalen Informationen anzureichern und damit letztere gleichzeitig in ersteren verfügbar zu machen. Die absolute Konvergenz im Sinne einer Verschmelzung digitaler und physischer Realitäten ist eine technologische Utopie, die – aus meiner Sicht zum

Glück – an physikalischen Grenzen scheitert. Für die optimale Gestaltung von Wissensräumen und die Zugänglichkeit zu Informationen aus beiden Welten, ist eine weitgehende und möglichst barrierearme Konvergenz allerdings erstrebenswert. Die flexiblere, nutzungsgesteuerte und assoziative Bewegung und Verteilung physischer Medien im Raum der Bibliothek ist dabei ein Element, den physischen und den digitalen Bibliotheksraum zu verschränken. Der Abschied von eineindeutigen Standorten bricht mit bibliothekarischen Traditionen und Ordnungsprinzipien. Gerade die Ordnung der Medien in systematischer, numerischer oder auch nur alphabetischer Aufstellung garantiert die Auffindbarkeit der gesuchten Information in der Menge der zur Verfügung gestellten Bände. Was aber, wenn diese Auffindbarkeit nicht mehr an einen physischen Ort gebunden sein muss? Klassische, systematisch aufgestellte Freihandbestände werden in der Regel wegen der Möglichkeit und Zufälligkeit weiterer Entdeckungen zum selben Themenbereich geschätzt, die durch das Suchen am Regal entstehen. Hierbei handelt es sich aber um eine bibliothekarisch gesteuerte Zufälligkeit, die sehr stark an die Systematik gebunden ist. Interdisziplinäre und assoziative Entdeckungen sind in der Regel ausgeschlossen oder werden behelfsmäßig durch Verweise und Stellvertreter gesteuert. Die temporäre Zusammenstellung von Medien zu verschiedenen Themengebieten hat in solchen Aufstellungen ebenso den Charakter eines Sonderfalls wie die Möglichkeit für Nutzer/innen, Bücher, die ihnen besonders gefallen haben, anderen Nutzern/innen durch besondere Präsentation und Kombination zu empfehlen. Auch die Möglichkeiten, elektronische Ressourcen der Bibliothek in direktem Zusammenhang mit spezifischen Büchern zu präsentieren (und umgekehrt), sind begrenzt (siehe dazu den Beitrag von Janin Taubert in diesem Band S. 164–182).

Die Fluide Bibliothek behandelt Medien nicht mehr nur als physische Objekte im Raum, sondern gleichzeitig als digital gekennzeichnete Objekte, deren Auffindbarkeit im Bibliotheksraum nicht mehr an eine eindeutige Standortsignatur, sondern an eine eindeutige digitale Signatur geknüpft ist. Überall, wo diese Signatur mit Hilfe von Empfängern ausgelesen werden kann, ist das Medium damit auch auffindbar. Nutzer/innen können Medien von ihrem gegenwärtigen Standort entfernen und nach der Nutzung an einer ganz anderen Stelle ablegen. Medien verschiedener Themengebiete können auch von den Bibliothekaren/innen gemischt und neu zusammengestellt werden, um etwa im Rahmen von Ausstellungen und Veranstaltungen bestimmte Schwerpunkte zu präsentieren. Tische, Aufsteller und auch neue Regalformen, die Frontalpräsentation und Mischnutzungen erlauben, ersetzen als raumbestimmende Elemente der Bestandspräsentation das Regal mit Buchrücken. Die steuernden Elemente bei der Nutzung von physischen Beständen sind nicht mehr Ordnung und Suche, sondern Zufälligkeit und Entdeckung, mithin genau die Elemente, die die Informationssuche und das Lernverhalten in digitalen Umgebungen mitbestimmen. Die Bewegung im Raum betrifft aber nicht nur die Bestände, sondern auch die Nutzer/innen. Ausgestattet mit mobilen Endgeräten können sie Anwendungen der erweiterten Realität nutzen, um eine direkte Konvergenz zwischen dem Bibliotheksraum, seinen Einrichtungen, den physischen Medien und den digitalen Angeboten der Bibliothek herzustellen. Schuldt und Wolf (2013, 300–301) nennen als Beispiele sinnvoller Anwendungen von erweiterter Realität in Bibliotheken das Auffinden von Medienstandorten in Kombination mit RFID, aber auch sonstige Orientierungshilfen, Informationen und – in technisch immer besser ausgerüsteten Umgebungen bibliothekspraktisch mindestens ebenso nützlich – Bedienungsanleitungen.

Im Gegensatz zu den Begrifflichkeiten der Hybriden oder der Digitalen Bibliothek hebt die Fluide Bibliothek also nicht mehr auf das Medienformat ab, die Vielfalt der Medienformate wird vielmehr vorausgesetzt; digitale Medien haben ihren innovativen Charakter verloren. Die Fluide Bibliothek vollzieht den Paradigmenwechsel von der Bestandsorientierung zur Orientierung auf Nutzer/innen und ihre Netzwerke räumlich nach. Sie definiert sich durch die Konvergenz von digitalen und physischen Räumen, metaphorisch ausgedrückt als Knoten verschiedener Netzwerke und Datenströme mit besonders hoher Informationsdichte, konkretisiert durch die Bewegung der vormals statischen Bestände und der Nutzer/innen im Raum der Bibliothek. Auf der Grundlage dieser konzeptionellen Überlegungen könnte eine erste Definition der Fluiden Bibliothek lauten: Die Fluide Bibliothek ist eine hybride Informationseinrichtung, in der digitale und physische Räume zu einer konsistenten Informationsumgebung integriert sind.

Technik und Logistik der Fluiden Bibliothek

Die beschriebenen Vorgänge setzen eine neue Herangehensweise an Technik und Logistik in Bibliotheken voraus. Neu ist allerdings insbesondere die Kombination und konsequente Ausnutzung technischer Möglichkeiten, weniger die Technik an sich. Die Einführung von RFID im Bibliotheksbereich und ihre Verbreitung in den 1990er und 2000er Jahren haben sich insbesondere auf die Bereiche der Selbstverbuchung und der automatisierten Rückgabe mit angeschlossener Sortierung konzentriert. Erst in den letzten Jahren werden auch weitergehende Anwendungsmöglichkeiten diskutiert und umgesetzt, unter anderem automatisierte Bereitstellung, Erkennung und Inventarisierung von Medien sowie chaotische Lagerung in automatisierten Systemen und in manuell bedienten Magazinen. Die zuerst genannten – mittlerweile klassischen – RFID-Anwendungen in Bibliotheken sind für den Zusammenhang der Fluiden Bibliothek weniger interessant, da es in diesen Anwendungsbereichen um Massenumsätze von physischen Medien in der Ausleihe geht und damit die Frage der Aufstellung und Bewegung von Medien im Bibliotheksraum selber weniger relevant ist. Trotzdem gehören zur Fluiden Bibliothek natürlich auch automatisierte Logistikprozesse, wie ich später noch erläutern werde.

Die Erkennung und Ortung von Medien unabhängig von eineindeutigen Standorten setzt aber einiges mehr voraus. Einrichtungsgegenstände wie Tische, Präsentationsmöbel und Regale müssen mit RFID-Antennen ausgerüstet werden, um die Erkennung der individuellen Medien zu gewährleisten. In einigen Bibliotheken wurde schon mit solchen Einrichtungen experimentiert. So verfügt die Bibliothek des Sitterwerk im schweizerischen St. Gallen etwa über RFID-ausgerüstete Tische und eine automatisierte Inventarisierung von Teilbeständen, die Bibliothek der Technischen Fachhochschule Wildau testet eine Zeitschriftenablage, die die Nutzung der Zeitschriftenhefte durch RFID nachvollziehen kann und in der Nationalbibliothek von Singapur wurde schon vor längerer Zeit mit sogenannten Smart Shelves experimentiert, die ihren Inhalt erkennen und die damit nicht mehr auf eineindeutige Standortsignaturen angewiesen sind.

Abb. 2: Smart Shelves in der National Library of Singapore (Foto: Olaf Eigenbrodt).

Verschiedene Hersteller von Bibliothekstechnik bieten inzwischen solche ‚intelligenten' Möbel an, vor allem zu Zwecken der Selbstbedienung bei Ausleihe und Rückgabe. Diese Möbel sind bisher insbesondere für kleinere Bibliotheken interessant, für die etwa eine vollautomatisierte Ausleihe und Rückgabe nicht wirtschaftlich ist. Die großflächige Einführung in Freihandbeständen war durch technische Beschränkungen und aus budgetären Gründen nahezu ausgeschlossen. Das Konzept der Fluiden Bibliothek setzt allerdings wie beschrieben nicht auf große Freihandbestände, da einerseits erkennbar ist, dass analoge Medien in Zukunft quantitativ eine immer geringere Rolle spielen werden, und andererseits der Bereich der Nutzung vom Bereich der Archivierung unterschieden werden muss.

In Wissenschaftlichen Bibliotheken mit Archivfunktion wie etwa der Staats- und Universitätsbibliothek Hamburg Carl von Ossietzky werden bis zu 90 Prozent der magazinierten Bestände innerhalb eines Jahres gar nicht bestellt. Demgegenüber steht ein prozentual geringer, für den Gesamtumsatz aber umso bedeutenderer Anteil von sehr gefragten Medien, deren Ausleihfrequenz dazu führt, dass sie in der Regel so gut wie gar nicht an ihrem festgelegten Regalstandort stehen. Nicht nur aus wirtschaftlichen und logistischen Erwägungen heraus, sondern auch im Sinne der Kundenorientierung und Bestandserhaltung stellt sich die Frage, wie viele und welche Bestände man erstens in festgelegten Aufstellungssystemen und zweitens darüber hinaus noch in systematischer Freihandaufstellung lagern sollte. Das Konzept der Fluiden Bibliothek geht davon aus, dass, bezogen auf den magazinierten Bestand, aber auch die Freihandaufstellung, sowohl die systematische Suche als auch die damit verbundenen Zufallsfunde im digitalen Raum stattfinden. Über Suchmaschinentechnik bzw. Discovery Systeme werden Rankings, Trefferlisten und virtuelle Bücherregale erzeugt, die zudem den Vorteil bieten, auch abwesende physische Medien abzubilden, die bei der Suche am Freihandregal nicht gefunden würden. Die Konzentration auf die Präsentation eines qualitativ hochwertigen und/oder viel genutzten Kernbestandes physischer Medien verbunden mit der technischen Entwicklung sowohl der Hardware als auch der Software ermöglicht neue Anwendungen, die über die bisherigen beschränkten Einsatzgebiete hinausgehen. Mit RFID-Antennen ausgerüstete Präsentationsmöbel und Regale erlauben die Erkennung der Tags, die sich in den analogen Medien befinden. Die konstruktiven Probleme, mit denen man sich noch vor kurzem beschäftigen musste, wenn man über den Einsatz von RFID-Technik für solche Zwecke nachdachte (Seeliger u.a. 2009, 186) sind zwar immer noch nicht vollständig gelöst, aber die Entwicklung macht hier sichtbare Fortschritte. Der logische nächste Schritt ist die technische und auch gestalterische Integration in attraktive, flexible und funktionale Möbel. Hier ist eine forcierte Zusammenarbeit von Anwendern/innen, Techniklieferanten, Gestaltern/innen und Möbelherstellern notwendig, um technisch einwandfreie, funktionale und gleichzeitig gestalterisch überzeugende Lösungen zu finden, die zudem zum Zeitpunkt der Anwendungsreife auch wirtschaftlich sind.

Der andere technische Aspekt der Fluiden Bibliothek ist die Nutzung der erweiterten Realität zur Verbindung physischer und digitaler Information. Auch hierzu sind schon Ansätze vorhanden wie etwa die Apps *Ludwig II. – Auf den Spuren des Märchenkönigs* sowie *Bayern in historischen Karten* der Bayerischen Staatsbibliothek. Diese – aus Marketingperspektive sehr gelungene – plakative Einführung erweiterter Realität im deutschen Bibliothekswesen findet allerdings nicht im physischen Raum der Bibliothek statt, sondern ist – wie viele Anwendungen erweiterter Realität – ein primär auf Kulturtourismus angelegtes Produkt. Man bewegt sich mit der App außerhalb des Bibliotheksraums und kann, ganz im Sinne der Augmented Reality, Kamerabilder von Smartphone oder Tablet mit digitalen Objekten und Informationen anreichern (Münch 2013, 127). Im hier verwendeten Sinne geht es bei der erweiterten Realität jedoch nicht nur darum, visuelle Eindrücke durch überlappende Bilder und Informationen zu erweitern, sondern generell darum, den physischen Raum, in dem man sich gerade bewegt, mit digitalen Informationen anzureichern. Als Räume mit besonders hoher Informationsdichte sind Bibliotheken eigentlich ideal für Anwendungen der erweiterten Realität. Insbesondere analoge Medien ermöglichen aufgrund der in der Regel vorhandenen digitalen Metadaten eine direkte Verknüpfung von physischem Objekt und weitergehenden Informationen auf Abruf.

Innerhalb der Bibliothek sind die technischen Schwierigkeiten allerdings etwas größer als im Freien, da die Standortinformationen zu ungenau sind und die Bilderkennung nicht unbedingt zu optimalen Ergebnissen führen würde, daher sind andere Methoden des Tracking erforderlich (Schuldt/Wolf 2013, 300). In Frage kommt hier neben Barcodes und QR-Codes vor allem die Nahfeldkommunikation. Der Einsatz von QR-Codes als *Tracker* für das Abrufen weitergehender Informationen ist in Bibliotheken teilweise schon in Gebrauch und wird vor allem als Hinweis auf elektronische Versionen bzw. Fortsetzungen gedruckter Buch- und Zeitschriftenbestände genutzt. Nicht nur aus der Praxis in Deutschland gibt es jedoch Hinweise darauf, dass die Akzeptanz von QR-Codes, soweit sie an den Zugriffszahlen auf die dahinter liegenden Ressourcen ablesbar ist, extrem gering ist. Matthew B. Hoy empfiehlt daher, in allen Anwendungsbereichen Nahfeldkommunikation (NFC) als Alternative zu prüfen, in denen in Bibliotheken bisher QR-Codes eingesetzt wurden: „While NFC is initially harder and more expensive to implement, the added functionality and improved user experience it provides may justify additional effort and expense“ (Hoy 2013, 354). Die Ausstattung von immer mehr mobilen Geräten mit NFC scheint wirklich für diese Technik zu sprechen, die zudem das Aufrufen der verknüpften Inhalte leichter macht. Andererseits haben QR-Codes die Vorteile, unmittelbar als solche erkennbar zu sein und je nach Größe auch aus weiterem Abstand gelesen werden zu können, während der Leseabstand für einen NFC-Chip sehr gering und der Chip als solcher sehr klein ist. Zudem kann man QR-Codes auch auf Bildschirmen einblenden und damit leichter wechseln bzw. situationsspezifisch einsetzen. Insofern spricht auch nichts gegen den parallelen Einsatz beider Techniken, da QR-Codes im Verhältnis günstig sind. Unterstützt wird die angestrebte Konvergenz durch interaktive Leitsysteme, die auch in die App der Bibliothek eingebettet sein sollten. Mit Hilfe eines mobilen Endgerätes können sich die Nutzer/innen frei im Raum bewegen, orientieren und an entsprechenden Stellen weitere Informationen abrufen bzw. auch Inhalte herunterladen.

Hierbei ist zu beachten, dass das wichtigste Element in diesen Verbindungen die mobilen Endgeräte der Nutzer/innen sind. Im Sinne der Zugänglichkeit und der Überwindung der informationellen Spaltung gehört also die Ausleihe solcher Endgeräte an Nutzer/innen, die nicht über ein Smartphone oder einen Tablet Computer verfügen, genauso zu den Aufgaben einer Fluiden Bibliothek wie die Vermittlung notwendiger Kenntnisse zur Nutzung der Angebote.

Bevor ich mich den Ansätzen einer praktischen Umsetzung des Konzepts zuwende, möchte ich noch relativ knapp auf die Frage der Logistik eingehen. Auch wenn ich weiter oben betont habe, dass gerade der Verzicht auf große Freihandbestände eine Grundlage für die Fluide Bibliothek bildet, sind natürlich in vielen Bibliotheken Bestände vorhanden und insbesondere in Bibliotheken mit Archivauftrag werden diese auch weiterhin verwahrt und bei Bedarf genutzt werden. Es geht auch insgesamt nicht um eine bücherlose Bibliothek, die einem Bonmot[1] zufolge derzeit so realistisch ist wie das papierlose Büro. Die Logistik im Sinne der Lagerung, des Transports und der Organisation von Ausgabe und Rücknahme physischer Medien wird die meisten Bibliotheken auf absehbare Zeit beschäftigen. Der Beitrag von Sharon Bostick und Bryan Irwin in diesem Band (S. 183–191) befasst sich ausführlich mit dem Thema, wie Wissenschaftliche Bibliotheken unter den beschriebenen Rahmenbedingungen die automatisierte Lagerung ihrer Bestände organisieren können. Die verdichtete, automatisierte Lagerung und Abrufbarkeit von Beständen, die ggf. vorher in Freihandaufstellung standen, eröffnet auch in der Fluiden Bibliothek die Möglichkeit, sich in den öffentlichen Bereichen der Bibliothek auf wenige, relevante Medien zu konzentrieren. Damit sind auch Bibliotheken mit umfangreichen physischen Beständen in der Lage, Konzepte der Fluiden Bibliothek zumindest bereichsweise zu implementieren. Auch im Bereich der manuell bedienten Magazine kann das Prinzip

1 Paul Sturges zugeschrieben.

der chaotischen, RFID-gestützten Lagerhaltung, wie es etwa bei Unternehmen wie Amazon umgesetzt wird, für Bibliotheken übernommen werden, erste Überlegungen dazu existieren bereits. Zur Weiterentwicklung der Bibliothekslogistik in diesem Zusammenhang gehört aber auch die Frage, wie man von Insellösungen zu integrierten und automatisierten Logistikkreisläufen kommen kann (vgl. Eigenbrodt 2013).

Praktische Anwendungsbereiche und Ausblick

Einige bereits existierende Anwendungen der Fluid Library konnten im Verlauf dieses Beitrages gezeigt werden. Diese befinden sich in der Regel noch in einem sehr frühen Stadium oder sind bewusst als Experimente ausgelegt, um zu testen, ob die integrierten Umgebungen beim Publikum ankommen und ob sie tatsächlich den Zugang zu Informationen durch Konvergenz unterstützen. Ähnlich wie bei der Entwicklung der erwähnten Logistikkreisläufe kommt es darauf an, vorhandene Lösungen, die sich als vielversprechend erweisen, miteinander zu verknüpfen und zur Anwendungsreife zu bringen. Prototyping und Evaluation werden den Prozess noch eine Weile begleiten.

Dennoch ist die Fluide Bibliothek mehr als eine Vision. Insbesondere auf der arabischen Halbinsel wird derzeit viel in den Bibliotheksbereich investiert und man schreckt dort nicht davor zurück, Geld auch in innovative Systeme zu investieren, wenn sie sich als überzeugend erweisen. So ist der derzeit im Bau befindliche INFO.HUB des King Abdullah Financial District in Riad, Saudi Arabien, von vorn herein als Fluide Bibliothek angelegt. Das vom deutschen Büro Gerber Architekten International geplante Projekt setzt konsequent auf den Einsatz und die Verknüpfung der beschriebenen Systeme.[2] Wesentliche Ziele des INFO.HUB sind neben der Versorgung eines kompletten neuen Stadtteils der saudischen Hauptstadt insbesondere die offene Zugänglichkeit zu Informationen – es handelt sich um das erste Projekt seiner Art in Saudi-Arabien, das ohne Geschlechtertrennung konzipiert ist – und die integrierte Multifunktionalität im Sinne einer multifacettierten Bibliothek. So ist der INFO.HUB zugleich Öffentliche Bibliothek, Bürgerservice, Touristeninformation, Businesscenter, Medienzentrum sowie Ausstellungs- und Veranstaltungsraum, der als Treffpunkt und Attraktor für das neue Viertel dienen wird. Gerade die Verzahnung von Funktionen und deren Programm-

2 Als Berater dieses Projekts hatte der Autor die Gelegenheit, das bibliothekarische Konzept hierfür beizusteuern.

arbeit erfordert hier ein Konzept, das auf Dynamik und Flexibilität setzt und auf statische Festlegungen im Raum verzichtet. Hinzu kommt, dass es in Saudi-Arabien keine Tradition Öffentlicher Bibliotheken im westlichen Sinne gibt. Die Bibliotheksversorgung des Landes ist relativ jung und eigentlich noch im Aufbau begriffen. Dies ermöglicht die Implementation neuer Technik- und Serviceinfrastrukturen ohne den Widerstand, den eine radikale Veränderung gewohnter Umgebungen in der Regel mit sich bringt. Gerade in einer ganz neu errichteten Bibliothek wie dem INFO.HUB sind zudem keine Buchbestände vorhanden, die reduziert werden müssten, sondern der Bestand kann dem Konzept entsprechend nutzergesteuert aufgebaut und weiterentwickelt werden.

Von den beschriebenen Anwendungen können auch Bibliotheken hierzulande profitieren. Dazu ist eine enge Zusammenarbeit von bibliothekarischen Anwendern, Herstellern und Gestaltern notwendig. Neben der beschriebenen Weiterentwicklung der existierenden Systeme müssen auch neue und insbesondere wirtschaftliche Lösungen gefunden und zur Anwendungsreife geführt werden. Dabei ist es nicht sinnvoll, dass zum Beispiel alle Bibliotheken alles einführen, was zu einem bestimmten Zeitpunkt machbar ist. Vielmehr sollten individuelle Umgebungen erprobt und im Austausch mit anderen evaluiert werden. Leider wird in Deutschland unter anderem von der *Zukunftswerkstatt* immer wieder propagiert, die technologische Diskussion und die technische Entwicklung würden die Bibliotheken unausweichlich zu bestimmten Veränderungen zwingen. Diese Argumentation reduziert bibliothekarische Arbeit an der Weiterentwicklung von Informationsumgebungen auf ein rein reaktives Verhalten und hat immer den Grundton der Geringschätzung bibliothekarischer Veränderungsbereitschaft. Angesichts der Leistungen und der Innovationsbereitschaft vieler Bibliotheken sehe ich für diese Art kommerzieller bevormundender Beratung keine Notwendigkeit. Veränderungen sollten sich aus meiner Sicht nicht allein am technisch Machbaren orientieren, sondern daran, was für die Zugänglichkeit, den Betrieb und die Weiterentwicklung integrierter Informationsumgebungen sinnvoll ist. Dazu gehört der Mut zu experimentieren genauso, wie nachhaltiges und wirtschaftliches Denken im Alltag.

Literatur

Eigenbrodt, O. (2013): „Automation zwischen Insellösung und Logistikkreislauf. RFID-gestützte Verknüpfung verschiedener Komponenten als erste Stufe automatisierter Logistikkreisläufe in Bibliotheken“. In: F. Seeliger et al. (Hrsg.): RFID für Bibliothekare. Ein Vademecum, Berlin: News & Media, 86–97.

Hoy, M. B. (2013): „Near Field Communication: Getting in Touch with Mobile Users". In: Medical Reference Service Quarterly 32:3, 351–357.

Münch, V. (2013): „Virtual Sightseeing and Visual Search mit der Bayerischen Staatsbibliothek". In: B.I.T. Online 16:2, 126–129.

Ratzek, W. (2006): „RFID – Ein weiterer Baustein in der ubiquitous und pervasive computing Strategie". In: B.I.T. online 9:2, 119–124.

Schuldt, K.; Sabine W. (2013): „Nur ein weiterer Hype oder eine Technologie vor dem Durchbruch? Augmented Reality in Bibliotheken. Die Potentiale der ‚erweiterten Realität'". In: BUB Forum Bibliothek und Information 65:4, 299–301.

Seeliger, F. et al. (2009): „Bauliche Aspekte beim Einsatz von RFID". In: P. Hauke; K. U. Werner (Hrsg.): Bibliotheken bauen und ausstatten, Bad Honnef: Bock + Herchen. 182–188.

theguardian.com (21.11.2011): „Occupy libraries around the world – in pictures".http://www.theguardian.com/books/gallery/2011/nov/21/occupy-libraries-protests-pictures-world.

Vogel, B.; Woisch, A. (2013): „Orte des Selbststudiums. Eine empirische Studie zur zeitlichen und räumlichen Organisation des Lernens von Studierenden", Hannover: HIS.

Rob Bruijnzeels, Joyce Sternheim

Neue Prozesse gestalten: Die Bibliothek im Umbruch

Einleitung

Die Stadtbibliothek Stuttgart, die neue Zentralbibliothek von Birmingham, die *Buch-Berg-Bibliothek* in Spijkenisse, Niederlande etc. – dies sind nur einige Beispiele für überraschende und sogar symbolträchtige Bibliotheksgebäude, die in letzter Zeit in Europa errichtet wurden. Sind sie die letzten Vertreter der Bibliothek, wie wir sie kannten? Oder können wir sie als Bibliotheken der Zukunft betrachten?

Heutzutage scheint eine Zukunftsperspektive von Bibliotheken nicht garantiert. Mit dem Wandel der Gesellschaft hat sich auch das klassische Dienstleistungsmodell der Bibliothek geändert. Form und Inhalt der Bibliotheksarbeit wurden durch die Verbreitung der Informationstechnik weitreichend beeinflusst. Das Internet ist zur wichtigsten Informationsquelle geworden. Im Internet reformulieren Individuen ihre Identität, unterhalten Beziehungen und formieren Initiativen. Es ist eine Plattform, auf der jede/r Produzent/in von Information, Autor/in, Experte/in, Musiker/in oder Filmemacher/in sein kann. Wissen wird zunehmend in den vielfältigen Communities ausgetauscht, die sich um Themen- und Interessengebiete herum bilden. Menschen nutzen soziale Netzwerke und das Internet, um Erfahrungen mit anderen zu teilen und ihr Wissen zu erweitern. Der daraus resultierende information overload erzeugt das Bedürfnis nach Orientierung, neuen Interpretationen und der Etablierung neuer Bedeutungszusammenhänge: Eine neue Phase hat begonnen.

Wir erleben jetzt eine (r)evolutionäre Entwicklung, die mit der industriellen Revolution vergleichbar ist. Den Kern dieser Entwicklung bildet der Umbruch unserer Informationsgesellschaft. Wir bewegen uns rasant auf das zu, was Daniel Pink (2006) das *konzeptuelle Zeitalter* nennt. Pink sieht eine Entwicklung unserer Gesellschaft aus einer agrarischen über eine industrielle zu einer Informationsgesellschaft. Im Moment befinden wir uns im Übergang zum konzeptuellen Zeitalter. Dabei übernehmen Menschen mit ausgeprägter Kreativität die führenden Rollen, wobei sie – laut Pink – *sechs Sinne* einsetzen.

- *Design:* Produkte und Dienstleistungen müssen nicht nur funktionieren, sondern auch für unsere Sinne attraktiv sein.
- *Geschichten:* Der Mensch ist ein Wesen, für das Geschichten eine wichtige Rolle spielen.

- *Symphonie:* Die Kombination und Integration von Elementen ist zentral an Stelle von Konzentration auf ein Detail.
- *Empathie:* Die Betonung des Einfühlungsvermögens ist von Bedeutung statt nur die des logischen Denkens.
- *Spiel:* Lachen und Spielen ersetzen Ernsthaftigkeit.
- *Sinngebung:* Das Handeln gewinnt an Bedeutung statt der bloßen Kumulation von Geld und Dingen.

Eine derartige neue Gesellschaft braucht eine von Grund auf neue Bibliothek, in der wirklich andere Dinge gemacht werden. Die Wissensarbeiter/innen von heute werden dabei Platz für Kreative machen. Die Folgen für die Bibliothek sind immens und bedeutungsvoll. Es reicht nicht mehr, kleine Schritte vorwärts zu machen. Dazu müssen innovative Initiativen in Gang gesetzt werden, wobei es nicht mehr um die Verbesserung und Modernisierung der Dienstleistungen geht, sondern um grundsätzliche Änderung und Erneuerung. Dazu braucht die Bibliothek einen Innovationsplan. Um diesen Plan strategisch auszurichten, müssen wir jedoch von den wichtigsten Entwicklungen Kenntnis haben. Gleichzeitig müssen wir genau wissen, was der Kern unserer Arbeit ist und was er bleiben soll. Die zentrale Frage dabei lautet: Was ist unverzichtbar und was muss verändert werden? Wir müssen über die ‚Seele' des Bibliothekswesens nachdenken, über die unverwechselbaren Werte und Qualitäten, die zeitlos sind. Sobald wir wissen, was diese konstanten Grundlagen, sozusagen die ‚DNA', unserer Arbeit sind, können wir den neuen Perspektiven eine Richtung geben und so die Lücke zwischen Tradition und Innovation schließen.

Grundmuster des Wandels

Viele gesellschaftliche Veränderungen sind durch dieselben Grundmuster gekennzeichnet. Darauf gehen wir näher ein, weil die Kenntnis über diese Muster hilft, unseren Überlegungen eine Zielrichtung zu geben. Sie verschafft uns Einblick in den dauerhaften Wert der Bibliotheksarbeit und die Veränderungen, die erforderlich sind, um einen neuen strategischen Kurs bestimmen zu können: einen Kurs, der Zukunft hat.

Eine der wichtigsten Änderungen ist die Verschiebung vom Mangel zum Überangebot. Die Öffentliche Bibliothek ist in einer Zeit des Mangels entstanden, in einer Zeit, in der Kultur und Information nur einem kleinen Teil der Gesellschaft vorbehalten waren. Heutzutage sehen wir uns hingegen mit einem komplexen Überangebot an Informationen konfrontiert, das durch die verschiedensten Medien auf uns einwirkt. Je mehr Informationen es jedoch gibt, umso geringer wird ihr Wert. Mehr ist weniger. Je einfacher etwas zu bekommen ist, umso uninteressanter ist dessen Besitz. Diese scheinbare Fülle birgt für Bibliotheken eine Herausforderung: Wie schaffen wir es, in dieser Fülle neuen Reichtum zu generieren; welche Informationen sind bedeutungsvoll, was ist wirklich etwas Besonderes?

Die zweite wichtige Entwicklung betrifft die tendenzielle Auflösung der Differenz zwischen Produzenten/innen und Konsumenten/innen: vom Konsum zur Co-Creation. Die Bibliothek hatte seit jeher eine deutliche Funktion in der Öffentlichkeit. Sie überlegte, was für die Menschen gut ist und sorgte dafür, dass ihre Leistungen und Produkte für jede/n zugänglich waren. Besucher/innen wurden als Kunden/innen betrachtet, die vor allem in die Bibliothek kamen, um sich Bücher auszuleihen. Die omnipräsente Informationstechnologie führte nicht nur zu einer Fülle von Informationen, sondern bietet Menschen darüber hinaus nahezu unbegrenzte Kommunikationsmöglichkeiten. Heute können Menschen mit denselben Interessen wesentlich einfacher als früher Gleichgesinnte finden: Überall auf der Welt knüpfen sie Kontakte und tauschen Wissen und Informationen aus. Das Internet ist zudem ein Podium, auf dem jede/r die Möglichkeit hat, sich als Experte/in zu präsentieren.

Ein dritter wesentlicher Aspekt ist die Entwicklung vom Produkt zum Prozess. Die Bibliothek war früher ein relativ geschlossenes System, das innerhalb einer fest umrissenen institutionellen Struktur professionell geführt wurde. Heute sehen wir, dass die Bibliotheksarbeit immer mehr zu einem Prozess wird, der in die Gesellschaft getragen wird. Jede/r Einzelne ist nicht nur Konsument/in, sondern kann sozusagen selbst als Bibliothekar/in auftreten. So werden Zugänglichkeit und Verfügbarkeit der vielfältigen Sammlungen zu einem sozialen, zwischenmenschlichen Prozess. Als Institutionen sind Bibliotheken Teil eines Netzwerks und werden kontinuierlich auf ihren Mehrwert hin beurteilt.

Der am häufigsten verwendete Begriff bei der Bibliotheksinnovation ist Co-Creation. In den Niederlanden wird der Begriff jedoch häufig sehr leichtfertig verwendet.

In der Regel stellt man sich darunter Folgendes vor: die Bibliothek stellt ein Programm zusammen und bespricht anschließend mit den Nutzern/innen, auf welche Weise es ausgeführt werden soll. Dies ist aber keine Co-Creation, sondern höchstens Mitbestimmung. Bei Co-Creation fragt man nicht nur, wie etwas, sondern auch, was geschehen soll. Co-Creation beginnt also mit der Frage an die Nutzer/innen: Was möchten Sie, wenn es um Wissen, Informationen und Beteiligung geht? Anschließend untersuchen die Bibliotheken gemeinsam mit den Nutzern/innen, wie sie mit ihrer Qualität und Kompetenz einen Beitrag zur Verbesserung der Strukturen leisten können. Vor diesem Hintergrund betrachtet, arbeitet man nicht nur unter einer neuen Perspektive, sondern ist auch nicht mehr alleinige/r Gestalter/in des Prozesses. Man arbeitet dann nicht in einer Bibliothek für Menschen, sondern in einer Bibliothek von Menschen.

Zu einem neuen Ablauf

Die klassischen Leitlinien der Bibliotheksarbeit müssen durch neue Paradigmen ersetzt werden (vgl. Tabelle 1). Denn nur die auf diesem Weg eingeleitete Innovation führt zu einer Bibliothek, die zukunftsorientiert, unverwechselbar und herausragend ist.

Tab. 1: Von den klassischen Leitlinien zu neuen Paradigmen.

Alt	Neu
Produkt	Prozess
Vorschreiben	Ausstatten
Knappheit	Überfluss
Ausleihen	Teilen
System	Adaption
Ordnung	Geschichten
Erlebnis	Bedeutung
Antworten	Fragen
Konsumption	Co-Kreation
Vermittlung	Reflexion
Wertfrei	Wertvoll

Obwohl eigentlich die ‚rechte Seite' der Ausgangspunkt der Zukunft sein sollte, legen wir für unsere Arbeit noch immer die ‚linke Seite' zu stark zugrunde. Wir denken häufig, dass der alte Prozess des ‚Sammelns, Erschließens und Verfügbarmachens' noch immer den Kern unserer Bibliotheksarbeit bildet.

Typisch für den alten Prozess ist, dass er linear, produktorientiert und passiv ist. Der/die Benutzer/in kann keine andere Rolle übernehmen als die des/der Konsumenten/in. Der Prozess richtet sich vollständig auf die Distribution und Ausleihe. In Analogie zum Internet könnte man ihn ‚Prozess 1.0' nennen.

In den Niederlanden – und wir glauben, in vielen weiteren Ländern – wird noch tapfer versucht, diesen Prozess weiterzuführen und zu modernisieren: durch die Sammlung von noch mehr digitalem Content sowie die Erstellung noch besserer Kataloge und noch schönerer Präsentationen. Jetzt müssen wir jedoch feststellen, dass wir durch aktuelle Entwicklungen bei jedem dieser drei Bereiche das Monopol verloren haben. Wir können uns in keinem dieser drei Bereiche mehr hervorheben.

Wir schlagen einen völlig neuen Prozess vor, bei dem die Bibliothek ihren alten Werten treu bleibt, die Bestände und die Benutzer/innnen jedoch auf eine viel aktivere Weise miteinander verknüpft werden. Bei diesem Prozess kann die Bibliothek auch ihren gesellschaftlichen Wert beweisen.

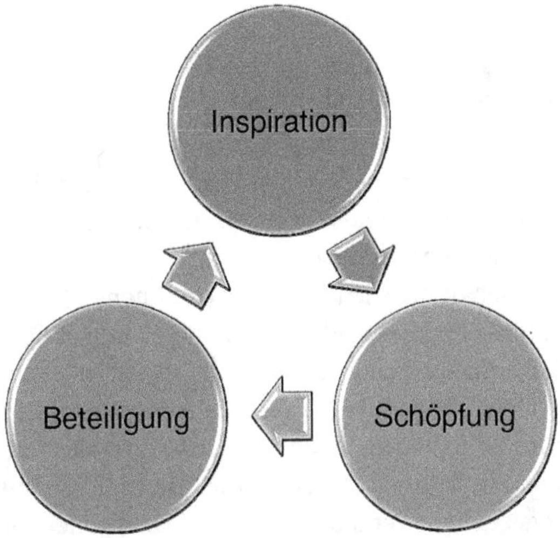

Abb. 1: Neuer Prozess.

Der neue Prozess ist zyklisch und nachhaltig und zielt auf eine schöpferische Tätigkeit ab. Der/die Benutzer/in ist nicht zum Zuschauen verurteilt, sondern nimmt aktiv teil. Es gibt keine Einbahnstraße, sondern einen ständigen regen Austausch. Dies sind die Kennzeichen des ‚Prozesses 3.0'. Wir bieten dem/der Benutzer/in einen Mehrwert, indem wir neue, überraschende Präsentationsmethoden für die Bestände finden, mit denen wir die Besucher/innen inspirieren. Der Mehrwert entsteht auch, indem wir – in Zusammenarbeit mit den Benutzern/innen – für die Bestände eine neue wertvolle, reproduzierbare Bedeutung schaffen. Auch dies trägt dazu bei, dass der Prozess zyklisch wird.

Mit Hilfe der Bestände werden in einem werkstattartigen Umfeld neue Informationen geschaffen. Wir bieten eine Bühne zur Übertragung der neuen Informationen. Sobald Informationen übertragbar sind, lassen sie sich wieder in den Bestand integrieren. Schließlich beschäftigen wir uns aktiv mit Beteiligung. Beim Nutzer/innen wird angeregt, sein neu erworbenes Wissen mit anderen zu teilen. Auch dies ist eine Methode, die Besucher/innen zu inspirieren, indem die Bestände in einer neuen Form präsentiert werden. So wird der Kreis wieder geschlossen.

Neue Techniken und die Weise, in der Informationen verfügbar gemacht werden, bedeuten keine Einschränkungen oder Bedrohung, sondern bieten gerade die Chance, völlig neue Formen der Vermittlung, Anordnung und Erschließung des Bestandes zu schaffen. Intelligente und nützliche Kombinationen führen dabei zu einem kulturellen Mehrwert, der den Wert und die Bedeutung der Bibliothek als inspirierenden Ort, als Quelle für Wissen, Phantasie und Erstaunen stärkt.

Eine neuartige Bibliothek

Die wirkliche Herausforderung besteht darin, dem neuen Prozess in einem Bibliotheksgebäude der Zukunft Raum zu geben. Wie können wir das wirklich beste Umfeld für Inspiration, Lernen und Wissensaustausch schaffen?

Die Bibliothek im Umbruch verlangt offensichtlich nach einer neuen Bibliotheksarchitektur. Die derzeitigen Bibliotheksgebäude repräsentieren immer noch die Gesellschaft des 19. und 20. Jahrhunderts: eine relativ stabile organisatorische Einheit mit eigenen Regeln und einer eigenen Ordnung. Gerade diese ‚stabilen' oder ‚sicheren' Aspekte der Institution haben sie zu dem gemacht, was sie heute ist: eine gesellschaftlich wertvolle Einrichtung. Die ‚Sicherheit' übt jedoch eine Bremswirkung auf die Offenheit gegenüber Veränderungen aus. Diese Offenheit ist unverzichtbar, um auch künftig bedeutsam zu sein und immer wieder Antworten auf neue gesellschaftliche Fragen bieten zu können.

Eigentlich werden Bibliotheken noch immer nach den alten Paradigmen gebaut, wobei Ordnung einen höheren Stellenwert hat als Bedeutung und Kontext. Dies gilt unseres Erachtens auch für die modernsten Bibliotheken, die immer noch gemäß den Prinzipien des ‚alten Bibliotheksprozesses' gebaut wurden. Es handelt sich dabei um moderne Verpackungen eines veralteten Prozesses, bei dem die Bibliothek nicht mehr als zeitgemäße und gesellschaftlich relevante Einrichtung in Erscheinung treten kann.

Man könnte sagen, dass eine Bibliothek noch immer ein überdimensionierter Zettelkasten ist, in dem alle Bücher gleich wichtig sind und daher alle gleich unwichtig. Alle Erneuerungen – jedenfalls in den niederländischen Bibliotheken – richten sich hauptsächlich auf einen angenehmen Aufenthalt. Das bedeutet konkret: schöne, angenehme Räume und einen ‚guten Cappuccino'. Dagegen ist nichts einzuwenden. Es sind aber immer noch keine Orte, die Besucher/innen aktiv zum Denken anregen oder sie herausfordern, sich an einer gesellschaftlichen Debatte zu beteiligen. Sie sind immer noch sehr weit von dem entfernt, was wir für die idealtypische Bibliothek halten: die Schule von Athen.

Die berühmte Schule von Athen war ein Ort des Nachdenkens, des gemeinsamen Entdeckens, wie alles funktioniert, und der Gewinnung neuer Erkenntnisse. Diese Lerngemeinschaft, in der Individuen durch gemeinsame Themen und Fragen miteinander verbunden waren, ist nicht nur eine Inspirationsquelle. Sie ist auch ein perfektes „mentales Pflichtenheft" für die Bibliothek der Zukunft, eine Richtschnur, die uns hilft, geeignete architektonische Lösungen für Inspiration, Lernen, Wissensaustausch und *Storytelling* zu entwickeln.

Beispiel *BK City*

2012 haben wir *BK City*, das Gebäude der Architekturfakultät der Technischen Universität Delft in den Niederlanden, besucht. Das alte Fakultätsgebäude wurde 2008 durch einen Brand komplett zerstört. Das Gebäude war für die Studierenden von großer Bedeutung; es war der Ort, wo sie zum gemeinsamen Lernen zusammenkamen. Das Bedürfnis nach einem neuen Raum war so dringlich, dass man unmittelbar nach dem Brand einen Entwurf vorlegte. Es wurde nach einer neuen Unterbringung gesucht, in der die werkstattartigen Lernkonzepte sich optimal entfalten konnten. Das Hauptkriterium war, den Studierenden zu ermöglichen, gegenseitig ihre Fortschritte zu verfolgen und dadurch einen fruchtbaren Austausch von Ideen und Erfahrungen hervorzurufen.

Ein beinahe 100 Jahre altes Universitätsgebäude wurde nach einer kompletten Umgestaltung zum neuen Fakultätsgebäude. Darin befinden sich sehr unterschiedliche Räume, unter anderem Hörsäle, Konferenzräume, Ateliers, flexible Bürobereiche, Werkstätten und informelle Räume sowie ein Restaurant und eine Espressobar. Die Bibliothek befindet sich genau in der Mitte der *BK City*. Sie hat einen Bestand von 50.000 Medieneinheiten und 100 individuelle Arbeitsplätze. Die Bibliothek ist nicht der zentrale Lernraum, aber sie dient als ein Ort für ruhiges Lernen.

Das Besondere an *BK City* ist, dass eigentlich das ganze Gebäude wie eine Bibliothek funktioniert. *BK City* bietet ein Umfeld, in dem Inspiration, Lernen und Gestaltung perfekt integriert sind. Ruhige (Computer-)Arbeitsplätze wechseln sich mit belebten Aktivitätszonen ab, in denen Architekturmodelle hergestellt werden. Durch die Verbindung aller Räume durch ein Open Plan Design wird der gesamte Gedanken-, Inspirations- und Gestaltungsprozess der Studierenden sichtbar gemacht; vom Quellenstudium über die Konzepterstellung und das computergestützte Design bis hin zur anschließenden Konstruktion von maßstabsgetreuen Modellen. Die Studierenden sind in ständigem Kontakt mit Ideen, Wissen und den Lernprozessen ihrer Kommilitonen.

In *BK City* ist es gelungen, die optimale Umgebung für die neuen Prozesse von Inspiration, Teilhabe und Gestaltung zu schaffen. Die Integration dieser für den Lernerfolg so wichtigen Prozesse ist in diesem Gebäude sichtbar und greifbar. Hier existiert eine Lerngemeinschaft, die nach unserer Ansicht der Schule von Athen sehr ähnelt.

Architektonische Lösungen

Auch wenn *BK City* ein perfektes Beispiel darstellt, haben wir es definitiv nicht mit einem Einheitsmodell für Lernräume in Bibliotheken zu tun. Sowohl Öffentliche Bibliotheken als auch Spezialbibliotheken und Wissenschaftliche Bibliotheken müssen sich in ihrer Gestaltung immer ihren spezifischen Nutzern/innen und dem Kontext der lokalen Gemeinschaften anpassen. Die Gestaltung muss also sehr spezifisch sein. Wie gelingt es uns dann, die für Inspiration, Lernen, Wissensaustausch und Storytelling geeigneten architektonischen Lösungen zu entwickeln? Um darauf Antworten zu finden, müssen wir verstärkt unsere rechte Gehirnhälfte bemühen: die Kreativität, Empathie und Imagination, die wir in unserer Einleitung erwähnt haben. Und wir werden nur erfahren, was funktioniert und was nicht, wenn wir es ausprobieren.

Dazu ist es dringend notwendig, die Hilfe von Experten/innen anderer Fachgebiete in Anspruch zu nehmen: Künstler/innen, Philosophen/innen, Entscheidungsträger/innen, Spezialisten/innen für die Gestaltung öffentlicher Räume, Informationsdesigner/innen u.a. Mit deren Hilfe können wir die Kernkompetenzen der Bibliothek transformieren und daraus neue Konzepte entwickeln; Konzepte, die es der Bibliothek ermöglichen, sich in eine Lernumgebung zu verwandeln, in der ein ständiger Prozess der Interaktion zwischen den Nutzern/innen genauso wie zwischen Nutzern/innen und Beständen stattfinden kann. Die Bibliothek als Brutstätte und Podium, wo Perspektiven und Einsichten gewonnen und geteilt werden können, wo man seine eigenen Ideen mit denen anderer zusammenbringen kann.

Vielleicht führt das auch zu etwas anderem als einem Gebäude oder wie Bert Mulder (Associate Professor Information, Technology and Society an der Universität Den Haag) es ausdrückt:

> „Vor der Entstehung der Informationsgesellschaft war unser Leben um Orte herum organisiert. Dafür gab es einen guten Grund: an jedem Ort war alles, was für eine bestimmte Aufgabe gebraucht wurde, zusammengebracht. Es gab Buchhaltungsabteilungen, weil die Bücher, die geführt werden mussten, und die Personen, die sie führten, dort waren. Es gab Klassenzimmer, weil die Lehrer, Schulbücher und Schultafeln, die für den Unterricht benö-

tigt wurden, dort waren. Im Rathaus konnten Beamte die richtigen Formulare ausfüllen, die fälligen Gebühren berechnen und mir die gekauften Produkte aushändigen. Dies waren Orte, an denen die Gegenstände und Personen auf praktische Weise zusammengebracht waren, die mir bei der Erreichung meiner Ziele behilflich waren. Dies hat sich jedoch von Grund auf geändert, da digitale Informationen und Werkzeuge jederzeit und überall verfügbar sind. Es wird kein fester Ort mehr benötigt, sie kommen sogar zu mir nach Hause. Die Kommunikations- und Informationstechnologie verbreitet jetzt, was früher ortsgebunden war, von einem bestimmten Ort in alle Richtungen, überall hin. Wo auch immer die neue Bibliothek ist, sie muss auf jeden Fall überall sein. Das Schicksal der Bibliothek in der Informationsgesellschaft ist, dass sie überall anwesend sein muss. Fragmente von Bibliotheken werden in vielen verschiedenen Kontexten auftauchen. Sobald Bibliotheken immer und überall anwesend sind, werden sie von einem Produkt zu einem Prozess. Bei einer Bibliothek handelt es sich nicht mehr um ein Gebäude oder eine Büchersammlung oder eine Organisation mit Personal, sondern um eine Reihe von Aktivitäten: die Auswahl, das Verleihen, das Bereitstellen und das Lesen. Es geht nicht mehr darum, wo ich bin, sondern was ich tue." (Mulder 2006, 23; Übersetzung: Bruijnzeels)

Dieses Prinzip wurde im Projekt *The Architecture of Knowledge* (Die Architektur des Wissens) näher untersucht. Das Projekt wurde 2009 von der *Vereniging Openbare Bibliotheken* und dem renommierten Niederländischen Architekturinstitut (NAi) organisiert. Es bestand aus einer Vortragsreihe und einem anschließenden zweiwöchigen Workshop einer internationalen Studierendengruppe mit unterschiedlichem fachlichem Hintergrund wie Musik, Kunst, Neue Medien und Industriedesign. Hauptziel war es, neue Möglichkeiten zu definieren und diese als konzeptionellen Rahmen und /oder Ausgangspunkt für Architekten/innen zukünftiger Bibliotheken zu nutzen.

Im Zusammenhang mit diesem Projekt haben die Industriedesigner Jürgen Bey und Esther van de Wiel zusammen mit Studierenden die Frage angerissen, ob die Bibliothek überhaupt noch allein als Gebäude vorstellbar ist. Ohne die Bedeutung der Bibliothek als öffentlicher Raum und Ort der Begegnung und des Austauschs in Frage zu stellen, kamen sie zu dem Schluss, dass der Austausch von Wissen und Information immer mehr an anderen Orten oder im unermesslichen Raum des Internet stattfindet. Sie stellten sich die Frage, was wäre, wenn die Stadt selbst zu einer Öffentlichen Bibliothek würde. Kann der Charakter des öffentlichen Raums gewahrt bleiben, während gleichzeitig die im Raum der Stadt reichlich verfügbaren Informations- und Wissensressourcen genutzt werden? Die Kernfrage dabei war, ob die Prozesse der Bibliothek außerhalb des Gebäudes stattfinden können und wenn ja, ob die Bestände dann ebenfalls auf verschiedene Orte überall in der Stadt verteilt werden können.

Zur Visualisierung ihrer Ideen wählten sie einen speziellen Ort in Rotterdam, einen stillgelegten Bahnstreckenabschnitt der *Hofpleinlijn*, die die Stadt komplett durchschneidet. Entlang dieses Bahndamms gestalteten die Studierenden eine faszinierende und multifacettierte Bibliothekslandschaft. Es wurde alles Teil des Bibliotheksbestandes: die Geschäfte, das Krankenhaus, die Moschee, die Kirchen, die Schulen, die Kleingärten usw. Die Basis für alles war die Idee, dass man eine Vielzahl von Institutionen, Menschen und Orten braucht, um Wissen zu akkumulieren, insbesondere auch sehr spezielles Wissen über alle möglichen Gebiete. Das lokal vorhandene Wissen von Begeisterten, Vereinen, Studierenden und Berufstätigen wurde für die Öffentlichkeit sichtbar und zugänglich gemacht, indem man alle Menschen entlang der Bahnlinie als Bibliothekare/innen betrachtete. So konnte man zum Beispiel für Gesundheitsinformationen das Hospital aufsuchen, während einem erfahrene Gärtner alles vermitteln konnten, was man wissen muss, um Gemüse anzubauen. Die Hofpleinbibliothek ist ein faszinierendes Konzept, das natürlich nicht direkt umsetzbar ist, uns aber lehrt, die Bibliothek aus einer anderen Perspektive zu betrachten.

Perspektiven für die Zukunft

Die Bibliothek der Zukunft ist viel mehr als nur ein Gebäude. Sie ist eine Einrichtung, die man gemeinsam mit Visionen und Inspirationen gestaltet, ein einzigartiger und wertvoller Ort, an dem Information verfügbar ist und die Phantasie gedeiht, den man wie eine Perle in der Landschaft oder in der Stadt verstecken kann.

In der Zukunft wird sich die Bibliothek in vielerlei Formen manifestieren: die aus einem Netzwerk von verknüpften Informationen und Beständen bestehende unsichtbare Bibliothek, deren Inhalte in jeder gewünschten Form und an jedem Ort zu jeder Zeit zur Verfügung stehen, und die sichtbare Bibliothek, die nicht länger unbedingt ein Gebäude sein muss. *The Architecture of Knowledge* zeigt uns, dass jeder Ort, an dem wir Informationen und Wissen begegnen und an dem wir lernen und inspiriert werden, eine Bibliothek sein kann. Es stellt sich nicht länger die Frage, welche Art von Räumen die Bibliothek der Zukunft braucht. Die Frage ist, wie wir Räume so einrichten können, dass sie eine optimal integrierte Umgebung bilden, in der man Informationsquellen (in welcher Form auch immer) nutzen, neue Zusammenhänge und neues Wissen produzieren und diese mit anderen teilen kann. In der Vergangenheit, waren die möglichen Aktivitäten innerhalb des Raumes durch diesen selbst festgelegt. In der neuen Bibliothek wird der Raum durch die Prozesse der Inspiration, der Gestaltung und des Austauschs bestimmt.

In der *Chocoladefabriek* (Schokoladenfabrik) in Gouda kann man dies vor Ort erfahren. Hier entwickelt das *Ministry of Imagination* (das wohl netteste Ministerium der Niederlande) ein aufregendes neues Konzept, in dem unter anderem Bibliothekswesen und Archivwesen zusammenkommen, um eine kreative und inspirierende Zukunft zu schaffen. Die Schokoladenfabrik wird ein Ort sozialer Interaktion und gemeinsamer Erfahrungen sein, ein Ort, wo man neue Perspektiven und andere Ideen kennenlernen kann. Ein Ort, der das Lernen auf eine Weise ermöglicht, die dem neuen konzeptuellen Zeitalter gerecht wird, von dem wir in unserer Einleitung gesprochen haben.

Wir können die Zukunft nicht vorhersehen. Veränderungen der Gesellschaft werden noch rascher als zuvor vonstattengehen und mit ihnen Veränderungen der Bedürfnisse potentieller Nutzer. Deshalb müssen wir für die Veränderung bauen. Wie Stewart Brand, der Autor von *How buildings learn* (1994), sagte: „All buildings are predictions. All predictions are wrong. But we can design buildings so that it doesn't matter if they are wrong". Mit anderen Worten: heiße die Unsicherheit willkommen und gestalte Gebäude so flexibel wie möglich. Eine experimentelle Herangehensweise und ein Fokus auf temporäre Lösungen können uns den Weg zu innovativeren Gestaltungen eröffnen. Vielleicht sollten wir Bibliotheken nur als Beta-Versionen bauen, als unvollendete Gebäude, die uns ständig zur Verbesserung und zur Anpassung an Veränderungen zwingen.

Übersetzung (in Teilen): Melanie Volk

Literatur

Brand, S. (1994): How buildings learn. What happens after they're built. New York: Viking.

Bruijnzeels, R.; van Tiggelen, N. (2001): Bibliotheken 2040. Die Zukunft neu entwerfen. Bad Honnef: Bock + Herchen.

Mulder, B. (2006): „The library on wings". In: Vereniging Openbare Bibliotheken/ Design Academy Eindhoven (Hrsg.): What if ... What would you like the library to be? Leidschendam: Vereniging Openbare Bibliotheken/Design Academy Eindhoven, 22–26.

N.N. (2010): The Architecture of Knowledge. The library of the future. Rotterdam: NAi.

Pink, D. (2006): A Whole New Mind. New York: Riverhead Books. (Deutsch: Unsere kreative Zukunft).

TU Delft (Hrsg.) (2009): The Making of BK City, Delft: TU Delft.

Richard Stang, Olaf Eigenbrodt

Informations- und Wissensräume der Zukunft: Von Hochgefühlen und lernenden Städten

Einleitung

Betrachtet man die Prognosen und Visionen, die schon immer die technologische und auch soziologische Debatte um die Zukunft von Informations- und Wissensräumen begleitet haben, entwickelt man eine gewisse Demut hinsichtlich eigener Vorhersagen. Aussagen über die Zukunft objektivieren zu wollen, scheitert zwangsläufig immer an der eigenen Gebundenheit an den technologischen und sozialen Kontext der Zeit. So sind Szenarien der 1990er Jahre und der ersten Dekade dieses Jahrhunderts sehr stark von einer Ideologie geprägt, die die Grundversorgung der Gesellschaft mit Energie, Wasser und Infrastrukturen, aber eben auch mit Bildung und Kultur am besten im freien Spiel von Marktkräften aufgehoben sah und einen Rückzug des Staates aus diesen Segmenten voraussetzte. Diese Ideologie ist inzwischen in die Krise geraten, denn einerseits haben sich oft die versprochenen Profite nicht eingestellt, während andererseits der Wunsch nach Rendite den Ausbau der Infrastrukturen und die gerechte Verteilung der entsprechenden Güter gefährdet. Hinzu kommt ein durch die Finanzkrise erzeugtes Misstrauen gegenüber ungesteuerten Märkten. Die im vergangenen Bundestagswahlkampf deutlich gewordenen Ziele, mehr (zentral)staatliche Ausgaben im Bildungsbereich zu erreichen oder auch Kultur als ein Staatsziel im Grundgesetz der Bundesrepublik Deutschland zu verankern, sind Hinweise auf die Tendenz, den Rückzug des Staates zu stoppen oder sogar umzukehren. Im Energiesektor haben Bürgerinitiativen in den Stadtstaaten Berlin und Hamburg aber auch in vielen anderen Städten der Bundesrepublik eine intensive Auseinandersetzung bis hin zu Referenden über den staatlichen Rückkauf der Energienetze durchgesetzt. In anderen Bundesländern wurden die eben erst eingeführten Studiengebühren entweder in Folge von Landtagswahlen oder nur auf den öffentlichen Druck hin wieder abgeschafft.

Wie sich das Verhältnis von Staat und Markt in den verschiedenen Bereichen der Grundversorgung in Zukunft entwickeln wird, ist also wesentlich auch von den gesellschaftlichen Akteuren/innen und ihrem Einfluss auf die Politik abhängig. Was hingegen offensichtlich ist, ist der fortgesetzte Wandel der Industriegesellschaft in Richtung Wissensgesellschaften, der auch und gerade Bildungs- und Informationseinrichtungen betrifft (Eigenbrodt 2006). Dabei sind solche

Phasen der Veränderung und des technischen Wandels immer von Prozessen begleitet, die solche Veränderungen abfedern und in die kulturelle Evolution integrieren sollen. Wie lange die „Normalisierungsphase" (Giesecke 2002, 45) der Wissensgesellschaften noch andauert, lässt sich wahrscheinlich nicht seriös vorhersagen. Es sind aber erste Tendenzen erkennbar, sich von den Begriffen und Denkweisen der Industriegesellschaft – und damit auch der Buchkultur – zu lösen. Dabei haben wir es mit drei Paradoxa der Wissensgesellschaften zu tun, die auch die Formierung von Wissensräumen wesentlich beeinflussen:

1. Informationsparadox:
   Je mehr kontextfreie Information in unserer Umgebung existiert, desto wichtiger wird kontextgebundenes Wissen (Läpple 2004).
2. Ortsparadox:
   Je größer und einfacher globale Logistik wird, desto mehr wird die lokale Einbindung eines Unternehmens gewürdigt (Porter 1999).
3. Paradox der sozialen Inklusion:
   Je einfacher der Zugang zu Information wird, desto stärker werden weniger gebildete Bevölkerungsgruppen ausgeschlossen (Suchanek 2006).[1]

Es geht wesentlich darum, wie wir Wissen in einen Kontext stellen, der Zugang ermöglicht, wie wir das global vorhandene Wissen lokal anbinden und – wohl die bedeutendste Frage – wie wir dieses kontextgebundene Wissen auch denen zur Verfügung stellen können, deren Bildungsbiographie den Zugang erschwert. Die Visionen, die wir im Folgenden vorstellen möchten, beziehen sich auf genau diese Fragen. Dabei zeigt die Spannung zwischen einer eher kommerziellen Lösung der 1990er Jahre und einer kommunalen Lösung, wie sich solche Visionen im Kontext der Zeit verändern und wohin wir uns vielleicht gerade entwickeln.

Megatrends

Betrachtet man aktuelle Zukunftsstudien (Zpunkt o.J., Zukunftsinstitut 2012), dann werden zentrale Trends aufgezeigt, die für die Formierung von Wissensräumen von großer Relevanz sind. Folgendes ist dabei besonders hervorzuheben:

– Der *demographische Wandel* wird dazu führen, dass Informations- und Wissensräume zunehmend den Bedürfnissen von Älteren und Migranten/innen angepasst werden.

---

1 Vergleiche hierzu auch die ausführlichere Darstellung in Eigenbrodt (2009).

- Die *zunehmende Individualisierung* wird zur Folge haben, dass der Bedarf an Orten sozialer Begegnung wachsen wird und Angebote maßgeschneidert bezogen auf individuelle Interessenlagen entwickelt werden.
- Die damit verbundene *gesellschaftliche Fragmentierung* wird den Bedarf an biographischer Gestaltungskompetenz erhöhen, die die Grundlage für das soziale Miteinander darstellen wird. Neugestaltete Informations- und Wissensräume werden Optionen des formalen und informellen Kompetenzerwerbs zur Verfügung stellen. Dabei wird der Vermittlung von Schlüsselkompetenzen eine zentrale Bedeutung zukommen, da sich die Bildungsschere immer weiter öffnet (Rammstedt 2003).
- Die *fortschreitende Urbanisierung* wird Konzepte erfordern, strukturierte Informations- und Wissensräume für die Städte allerdings auch für die Peripherie/Region zur Verfügung zu stellen. Hier bedarf es neben zentralen Anlaufpunkten kleiner integrierter institutioneller Einheiten, die eine angemessene Infrastruktur sowohl in Stadtteilen als auch in kleinen Gemeinden sichern.
- Die *zunehmende Mobilität* wird den Ausbau digitaler Informations- und Wissensräume erfordern, in denen physische „Basisstationen" die notwendigen Ankerpunkte liefern.
- Um die Herausforderungen der *Digitalisierung aller Lebensbereiche* zu bewältigen, bedarf es einer Intensivierung der Vermittlung von Informations- und Medienkompetenz. Informations- und Wissensräume sind an diesen Anforderungen auszurichten. Gleichzeitig müssen verschiedene physische und digitale Welten sinnvoll miteinander verknüpft werden.
- Die sich *verändernde Arbeitswelt* ist geprägt von Automatisierung, Flexibilisierung und einem Bedeutungszuwachs kollaborativer Arbeitsformen, die sich sowohl auf globalisierte als auch regionale Märkte beziehen, die jeweils unterschiedliche Informations- und Wissensanforderungen haben. Das Arbeiten an komplexen Themen und Problemen in interdisziplinären und interkulturellen Teams wird für viele von immer größerer Relevanz, was für den/die Einzelne/n eine extrem hohe Anpassungs- und Kommunikationsleistung erfordert. Auch hier bedarf es maßgeschneiderter Angebote durch Informations- und Bildungseinrichtungen. Der Zugang zu strukturiert und qualitätsvoll aufbereiteten Informationen wird zur Basis beruflichen Handelns.
- Die *wissensbasierte Wirtschaft* baut in zunehmendem Maße auf die permanente Weiterbildung der Menschen auf. Das lebenslange Lernen wird zu einer gesellschaftlichen Anforderung, die die Bildungsschere weiter öffnen wird. Deshalb müssen Informations- und Wissensräume auf der einen Seite niedrigschwellig und inklusiv ausgerichtet sein, wenn der Arbeitskräftebedarf für die Zukunft gesichert werden soll. Auf der anderen Seite bedarf es

Infrastrukturen, die einen schnellen Zugriff auf bewertete und eingeordnete Informationen ermöglichen, um den Anforderungen einer wissensbasierten Wirtschaft gerecht zu werden.

- Der *Bedeutungszuwachs von Bildung* resultiert nicht nur aus den Anforderungen der Wirtschaft, sondern auch aus den Herausforderungen der Gestaltung des Alltags. Die vielfältigen Optionen in den Bereichen Gesundheit, nachhaltige Lebensführung, politische Orientierung et cetera erfordern immer mehr Orientierungswissen und Handlungskompetenzen. Die Grundlagen für Orientierungswissen und Handlungskompetenzen können aber nicht nur über selbstorganisierte Aneignungsprozesse erworben werden, sondern es bedarf Informations- und Bildungsinstitutionen, die die Informationsfülle qualitätsvoll strukturieren und die so aufbereiteten Informationen vermitteln. Physische und digitale Informations- und Wissensräume müssen so gestaltet werden, dass sie alle Bevölkerungsschichten beim Zugang zu Information und Wissen unterstützen.

Diese Auswahl an Herausforderungen durch gesellschaftliche Entwicklungstrends macht die Komplexität der Aufgabe deutlich, die Informations- und Wissensräume für die Zukunft zu entwickeln. Im Beitrag von Bruijnzeels und Sternheim in diesem Band (S. 221–231) wurden bereits Überlegungen zu dieser Thematik angestellt. Die Entwicklung von der Produkt- zur Prozessorientierung ist dabei ein wichtiger Entwicklungskorridor. Doch wie können Informations- und Wissensräume der Zukunft gestaltet werden? Hier liefert ein Blick auf die Entwicklung von Konsum- und Erlebniswelten in den letzten Jahren Hinweise.

Inszenierung von Hochgefühlen

Der Filmdramaturg Christian Mikunda hat sich mit Erlebniswelten wie Malls, Freizeitparks und Wallfahrtsorten intensiv auseinandergesetzt sowie sich in seinen Arbeiten mit der inszenierten Verführung beschäftigt, die den Erfolg dieser Welten erklärt (Mikunda 2005, Mikunda 2009). Er hat sieben menschliche Hochgefühle als Antagonismen zu den sieben Todsünden ausgemacht, die es zu berücksichtigen gilt, wenn man „Räume" gestalten möchte (Mikunda 2009, 51–247):

- *Glory* – Das Erhabene im Gegensatz zum Hochmut: „Die übergroßen Zeichen sind nur dann akzeptabel, wenn sie nicht der Selbstverherrlichung dienen, sondern zur höheren Ehre eines anderen eingesetzt werden" (Mikunda 2009,

17). Man könnte es auch so auf den Punkt bringt: Kunden/innen und Nutzer/innen sind die Könige/innen.

- *Joy* – der Freudentaumel im Gegensatz zur Völlerei: „Glitzern und blinken, wie im Goldsouk, Farbenrausch und Lichtspiele, wie in Las Vegas, bewirken das der Neurotransmitter [Dopamin, d.A.] ausgeschüttet wird und uns in einen Sinnesrausch versetzt, den wir als beglückend empfinden“ (Mikunda 2009, 21). Das Visuelle ist bei der Gestaltung von Räumen von zentraler Bedeutung.
- *Power* – die Kraftstärke im Gegensatz zum Zorn: „Power ist also wie Zorn ohne Aggression, aber mit ähnlichen körperlichen Begleitsymptomen und Lustgefühlen. [...] Denn alle Attraktionen, die auf Tempo und Kraft basieren, lösen das Power-Gefühl aus“ (Mikunda 2009, 24–25). Körperlichkeit spielt eine große Rolle beim Lernen, deshalb bedarf es auch in Informations- und Wissensräumen Aktions- beziehungsweise Spielflächen.
- *Bravour* – die Raffinesse im Gegensatz zum Neid: „Bravour entsteht durch besonderes Können, das in uns begeistert und Stimmung auslöst, die ihrerseits wieder das Gefühl der Raffinesse verstärkt“ (Mikunda 2009, 28). In Informations- und Wissensräumen braucht es Menschen, die Nutzer/innen mitreißen können.
- *Desire* – die Begierde im Gegensatz zur Gier: „Doch die Jagd wird nicht durch Konkurrenz und Kampf angefacht, sondern durch eine besonders herausgeputzte Beute, die solcherart Objekt der Begierde wird“ (Mikunda 2009, 31). Es muss in Informations- und Wissensräumen gelingen, Information und Wissen begehrenswert zu machen.
- *Intensity* – die Verzückung im Gegensatz zur Wollust: „Die Verdichtung von Zeit und Raum ist der allgemeine Schlüssel zur höchsten Intensität des Erlebens. Dabei entstehen ‚Verdichtungs-Punkte‘ – Augenblicke größter Schönheit –, die zusätzlich emphatisch verstärkt werden“ (Mikunda 2009, 35). „Dort, wo es überwältigend schön ist, verweilen wir, um das Erlebnis auszukosten“ (Mikunda 2009, 37). Auf die Inszenierung von Ankerpunkten, die immer wieder neue Entdeckungen ermöglichen, ist besonderes Augenmerk bei der Gestaltung von Informations- und Wissensräumen zu richten.
- *Chill* – Das Entspannende im Gegensatz zur Trägheit: „Chill ist das ‚Fasten von Sinnesempfindungen‘, die uns zu viel werden. [...] daher spielt überall, wo Chill in Szene gesetzt wird, das Liegen eine Hauptrolle“ (Mikunda 2009, 38–39). Informations- und Wissensräume sollen auch die Möglichkeit bieten, Oasen der Entspannung aufzusuchen.

Nimmt man diese Anforderungen und schaut sich international zum Beispiel einige neuere Bibliotheksbauten an, sieht man zumindest einzelne Anforderungen erfüllt, doch scheint es noch ein weiter Weg zu sein, bis in Informations- und

Wissensräumen die sieben Hochgefühle erzeugt werden. Es wird viele geben, die die Frage stellen, ob solche Anforderungen für Informations- und Wissensräume wie zum Beispiel Bibliotheken oder Erwachsenenbildungseinrichtungen überhaupt sinnvoll sind. Diese Frage ist sicher berechtigt, doch geht es uns im Beitrag vor allem darum, Zukunftsoptionen für die Gestaltung von Informations- und Wissensräumen aufzuzeigen und zur Diskussion zu stellen.

Wie können zukünftige Informations- und Wissensräume gestaltet werden? Mikunda verweist darauf, dass es vor allem um die Inszenierung von Auslösereizen geht, die die Menschen ansprechen. Er formuliert es so: „Hochgefühle entstehen nur aus dem Zusammenspiel von ‚Sinn und Sinnlichkeit'" (Mikunda 2009, 42). Dieses Zusammenspiel zu gestalten, darin liegt die große Herausforderung. Es geht darum, Menschen dazu zu bringen, nicht nur ihr Handeln in Informations- und Wissensräumen intellektuell als sinnhaft anzusehen, sondern diese Sinnhaftigkeit auch sinnlich zu erleben, in dem sie Hochgefühle erleben, wenn sie etwas erreicht oder entdeckt haben. Die Nachwirkungen solcher Erlebnisse beschreibt Mikunda so: „Hochgefühle erzeugen sofortige Lebensintensität. Die langfristige Auswirkung ist Heilung im weitesten Sinne." (Mikunda 2009, 45). Die Idee der industriellen Arbeits-und auch Bildungswelt, dass sich der Sinn in ökonomischem Pragmatismus – hier das individuelle Streben nach Geld als Entlohnung für Arbeitsleistung, dort das individuelle Streben nach Weiterbildung zum Fortkommen in der Arbeitswelt – erschöpft, hat in den Wissensgesellschaften an Attraktivität verloren. Betrachten wir heute Konsum- und Erlebniswelten, wird auch deutlich, dass dort der Ansatz der „Strategischen Dramaturgie" (Mikunda 2005, 16) bereits umgesetzt wird. Als Beispiele sollen hier das Einkaufszentrum des „Skyline Plaza" in Frankfurt am Main, eröffnet im August 2013, und das „Tropical Island" in Halbe (Landkreis Dahme-Spreewald), eröffnet im Dezember 2004, dienen.

Das *Skyline Plaza*[2] ist in Frankfurt am Main im neuen Europaviertel an der Messe entstanden und präsentiert auf einer Verkaufsfläche von 38.000 m² rund 170 Fachgeschäfte, Dienstleistungs- und Gastronomiebetriebe. 9.000 m² Wellnesslandschaft gehören zusätzlich zum Angebot. Es gibt eine Fülle von Sitz- und Kommunikationsmöglichkeiten, die nicht in Gastronomiekontexten angeboten werden, also zum kostenlosen Verweilen einladen. Eine der Hauptattraktionen ist eine großflächige parkähnliche Landschaft auf dem Dach des Einkaufszentrums, zu der ein Spielplatz für Kinder, Möglichkeiten zum Schach- und Tischfußballspielen sowie vielfältige Sitzmöglichkeiten und eine Aussichtsplattform

2 Informationen aus eigener Anschauung und von der Website: http://skylineplaza.de/das-center/

gehören. Diese Angebote sind kostenlos und für die Öffentlichkeit zugänglich. Schon nach kurzer Zeit entwickelte sich diese Dachlandschaft zu einem beliebten Ausflugsziel, wie das Einkaufszentrum insgesamt. Die Besucher/innen flanieren, gehen in eins der Cafés und Restaurants und nutzen den Park, selbst dann, wenn die Geschäfte am Sonntag geschlossen sind. Hier werden menschliche Bedürfnisse angesprochen. Die Nutzung ist ohne Kaufzwang möglich, doch das Ziel ist natürlich, dass die Nutzer/innen Hochgefühle entwickeln, die sie anschließend entspannt shoppen gehen lassen.

Das *Tropical Islands*[3] befindet sich in der größten freitragenden Halle der Welt in Halbe (Landkreis Dahme-Spreewald). Die wurde bis zur Insolvenz 2002 das Projekt „Cargolifter" vorangetrieben. Danach wurde die Halle, die 360 m lang, 210 m breit und 107 m hoch ist, zu einer Erlebniswelt auf einer Grundfläche von 66.000 m^{2}umgebaut. *Tropical Islands* besteht aus einer Erlebnis-Landschaft, die den größten Indoor-Regenwald der Welt, ein Tropendorf mit Originalbauten, einen Shopping-Boulevard sowie Übernachtungsmöglichkeiten in 197 Zimmern und Lodges und zahlreichen Zelten in zwei Regenwald-Camps umfasst. Der Betreiber wirbt damit:

> „Tropical Islands bietet seinen Gästen ‚das Beste der Tropen' und ist das ideale Ziel für einen Kurzurlaub oder Mehrtagesaufenthalt – ohne lange Flugzeiten. Hier treffen die Asien-Pazifik-Region, Afrika und Südamerika aufeinander – bei durchgehenden Temperaturen um die 26 Grad Celsius. Der ideale Ort, um sich zu erholen, zu entspannen und zu genießen."[4]

Die Besucher/innen müssen keine weiten Flüge mehr machen, um an den Südseestränden Urlaub zu machen. Die Inszenierung der Ferne ist auch unter ökologischer Perspektive ein interessantes Modell.

Diese beiden Beispiele zeigen, wie heute im Konsum- und Erlebnisbereich Wert auf strategische Dramaturgie und Inszenierung von Orten gelegt wird. In der digitalen Welt könnte man die Computerspiele als Bezug heranziehen, wenn man sich mit der Frage beschäftigt, wie Interesse an Angeboten geweckt werden kann. Was lässt sich daraus für die Gestaltung von Informations- und Wissensräumen schließen? Wir wollen in Form eines Szenarios einen Blick in die Zukunft richten. Dieses Szenario stellt eine Weiterentwicklung eines Szenarios bezogen auf Educa-Parks dar, das vor 20 Jahren entwickelt wurde (Stang 1994).

---

3 Informationen von der Website: http://www.tropical-islands.de/

4 http://cdn.tropical-islands.de/fileadmin/user_upload/Presse/Pressemappe_DE/TI_PM_2013_03_D_02_Unternehmensportr%C3%A4t.pdf

Vom Educa-Park zur Lernenden Stadt/Gemeinde – eine Vision

Educa-Park (2015)

Die Educa-Parks (steht als Abkürzung für Education-Parks) sind Modelle, die Mitte der 1990er Jahre von einem Konsortium von Firmen der Freizeit- und Unterhaltungsindustrie als Konzept entwickelt wurden, um Deutschland flächendeckend mit Erlebnis- und Bildungsparks zu überziehen (Stang 1994). Die Firmen hatten vermutet, dass die Verbindung von Unterhaltung und Weiterbildung in Zeiten der Reduzierung der Arbeitszeit und hoher Arbeitslosigkeit ein lukratives Geschäft darstellte. Wie bei den Fitnessstudios wurde das Konzept von Bildungsstudios entwickelt und dabei auf einen hohen Erlebniswert geachtet. Die Vision der Firmen sah wie folgt aus:

> „Töpfern wie die alten Römer im nachgebauten Forum Romanum, Einführung in die neuesten Produktionstechniken im schönsten Science-Fiction-Ambiente, EDV-Kurse unter Palmen am aufgeschütteten Sandstrand, Sprachen lernen im Sprachparcours mit einem täglichen Wettbewerb zur Miss oder zum Mister ‚Language' – die großen Anlagen boten für alle Bildungsinteressen die entsprechenden Angebote. Das Besondere war, dass alle Angebote über interaktiven Medien geleitet wurden und wenige sogenannte ‚Bildungshelfer' als Ansprechpartner in der Info-Zentrale für ‚Notfälle' anwesend waren.
>
> Publikumswirksamste Attraktion der Anlagen war das ‚Virtuelle Forum'. Mit Helmen und Datenhandschuh konnten die Besucherinnen und Besucher in eine computergenerierte Welt einsteigen. Dort standen Besichtigungen alle großen Museen und Sehenswürdigkeiten der Welt mit jeweils kompetenter Führung genauso auf dem Programm wie Erkundungen zu sozialen und ökologischen Themen. Besonders beliebt waren ‚World Discussions', bei denen Teilnehmende aus der ganzen Welt über aktuelle Fragen diskutierten und sich mit Hilfe des Sprachmodulators problemlos verständigen konnten.
>
> Die Bildungsparks wurden schnell ein großer Erfolg. Dazu trug sicher auch das gesamte Umfeld, die Kinos, das Schwimmbad, Sportmöglichkeiten, Bars, Cafes, Restaurants usw. bei. Außerdem konnten durch den riesigen Andrang die Eintrittspreise niedrig kalkuliert werden. Darüber hinaus war es dem Firmenkonsortium gelungen, mit der Bundesanstalt für Arbeit einen Exklusiv-Vertrag auszuhandeln, der die Educa-Parks als einzige förderungswürdige Weiterbildungseinrichtungen anerkannte und Fortbildungen nur noch dort abgerechnet werden konnten." (Stang 1994)

Doch wie bei vielen Geschäftsideen konnte das Konzept nicht umgesetzt werden, da sich die traditionellen öffentlich verantworteten Bildungseinrichtungen weiter am Markt behaupteten und gegenüber privaten Angebote weiterhin kostengünstiger qualitätsvolle Angebote zur Verfügung stellen konnten. Doch der Bildungsbereich in Deutschland entwickelte sich immer stärker in Richtung einer

Bildungsspaltung der Bevölkerung. Gleichzeitig ergaben sich für die einzelnen Bildungsbereiche neue Herausforderungen:

- Öffentliche Einrichtungen wie Volkshochschulen und Bibliotheken unterlagen einem immer stärkeren Druck, kosteneffizient zu arbeiten und Einsparungen vorzunehmen, obwohl das lebenslange Lernen als Anforderung permanent von Politik und Wirtschaft eingefordert wurde. Durch die PIAAC-Untersuchung (Rammstedt 2013) wurde deutlich, dass es in der erwachsenen Bevölkerung Defizite in den Grundkompetenzen (Lesekompetenz, alltagsmathematische Kompetenz und technologiebasiertes Problemlösen) gab.
- Die Schulen konnten trotz PISA-Schock nur punktuell modernisiert werden, so dass in Deutschland ein immenser Nachhilfemarkt entstand, der allerdings nur von denen genutzt werden konnte, die über die entsprechenden Finanzen verfügten. Der Ausbau privater Schulen ging mit dieser Entwicklung einher.
- Die Universitäten und Hochschulen wurden von Studierenden überrannt, da der Bedarf an gut Ausgebildeten ständig wuchs, dabei entstand ein immenser Bedarf an Lernplätzen für Studierende, die sich teilweise ganztags in den Hochschulen und Universitäten aufhielten. Die Wissenschaftlichen Bibliotheken entwickelten sich zu Lernorten, die den physischen Bestand reduzierten und den digitalen ausbauten, um Platz für Informations- und Wissensräume zu schaffen. Die finanziellen Rahmenbedingungen erlaubten aber nur punktuelle Umsetzungen.
- Die duale berufliche Ausbildung geriet in die Krise, da immer weniger Jugendliche eine Ausbildung anstrebten. Jugendliche mussten aus dem Ausland angeworben werden, um den Bedarf in Ausbildungsbetrieben zu decken.

Insgesamt lagen die Probleme auf dem Tisch, doch die politisch Verantwortlichen waren nicht in der Lage, strategische Entscheidungen so zu treffen, dass die Probleme zukunftsorientiert bearbeitet werden konnten. Die verschiedenen Zuständigkeiten auf Bund- und Länderseite machten eine gemeinsame Strategie scheinbar unmöglich. Jenseits politischer Ränkespiele entwickelten Bildungsakteure auf kommunaler Ebene neue Konzepte der Zusammenarbeit, um die Probleme in den Griff zu bekommen. Volkshochschulen und Öffentliche Bibliotheken entwickelten integrierte Angebots- und Raumkonzepte, die teilweise in neuen Informations- und Bildungsräumen/Lernzentren mündeten. Die Schulen entwickelten Konzepte für eine neue räumliche und didaktische Organisation des Unterrichts und Universitäten sowie Hochschulen begannen neben dem Ausbau von Learning Resource Centers mit dem Ausbau digitaler Lernwelten. So entstanden viele Entwicklungsstränge, die aber weitgehend nebeneinander realisiert wurden.

Nachdem sich die Firmen 2005 endgültig von dem Konzept der Educa-Parks verabschiedet hatten, gründeten sich auf kommunaler Ebene bildungsbereichsübergreifende Konsortien, die das Konzept der Lernenden Städte entwickelten, das bis 2030 zum Tragen kommen sollte. Bereits 2009 hatte das Bundesministerium mit dem Programm „Lernen vor Ort“[5] begonnen, Impulse zu setzen, die allerdings nur punktuell zu innovativen Entwicklungen führten. Im Oktober 2013 fand eine UNESCO-Konferenz[6] zum Thema „Learning Cities“ statt, deren Ergebnisse für den kommunalen Kontext nur bedingt von Relevanz waren. Doch die lokalen Bildungskonsortien wollten vor Ort neue Strukturen entwickeln und stellten sich die Entwicklung bis 2030 wie folgt vor.

Lernende Stadt/Gemeinde (2030)

2030 verfügt jede Stadt/Gemeinde über eine zentrale Einrichtung, in der den Bürgern/innen zentrale Bildungsdienstleistungen zur Verfügung gestellt werden. Die ehemalige Öffentliche Bibliothek bietet Informationsdienstleistungen und vermittelt Informationskompetenz für individuell Lernende, die ehemalige Volkshochschule bietet Kursangebote für Lernendengruppen an, das ehemalige Medienzentrum qualifiziert Pädagogen/innen bei der Planung hybrider Lernsettings, in denen physische und digitale Informations- und Wissensräume miteinander verknüpft werden. Die neugeschaffene Institution befindet sich in einem flexibel organisierten Gebäude, in dem die räumlichen und technischen Ressourcen durch eine optimale organisatorische Abstimmung durchgängig genutzt werden. Die Raumstruktur ist so organisiert, dass die Übergänge zwischen geschlossenen und offenen Raumsettings fließend sind und je nach Bedarf neuen Anforderungen angepasst werden.

In einem gemeinsamen Selbstlern- und Beratungszentrum werden alle kommunalen Bildungsberatungsdienstleistungen gebündelt, so dass kompetente Ansprechpartner/innen die individuelle Bildungsplanung begleiten können. Beratungen zu Informationsbedarfen erfolgen jedenfalls, erweitert durch Angebote zur Weiterentwicklung der individuellen Recherchekompetenzen. Ein Sprach-Café, in dem sich die an Fremdsprachen Interessierten zur jeweiligen Sprache zusammenfinden können, ist ebenfalls Bestandteil des Konzepts wie der Cafébereich, der das entspannte Durcharbeiten von Materialien oder das

5 Informationen unter: http://www.lernen-vor-ort.info/

6 Informationen unter: http://www.unesco.org/new/fileadmin/MULTIMEDIA/HQ/ED/pdf/ConferenceFlyer-EN.pdf

Gespräch mit anderen ermöglicht. Künstler/innen-Ateliers können zum künstlerischen Arbeiten reserviert werden, wenn keine Kurse darin stattfinden, dasselbe gilt für die Audio- und Videostudios. Ruhezonen ermöglichen es, ohne Konsumzwang zu entspannen.

Das zentrale Gebäude ist als Erlebnislandschaft gestaltet, welche vielfältige Erfahrungsmöglichkeiten bietet. Experimentier- und interaktive Informationsstationen ermöglichen den Zugriff auf verschiedene Wissensbereiche, die interaktiv erschlossen werden können und mit den jeweiligen Angeboten in der Kommune vernetzt sind. Diese Angebote werden auch über das Internet zur Verfügung gestellt. Im Internet verfügt jede/r Bürger/in über einen individuellen digitalen Informations- und Wissensraum, den er/sie so einrichten kann, dass er/sie einen schnellen Zugriff auf seine/ihre Wissensdomänen hat, mit anderen in Kommunikation treten und eigene Erkenntnisse präsentieren kann. Informationen zur kommunalen Bildungslandschaft werden auf der Basis eines individuell eingerichteten Profils in den Raum „gelegt“.

Schulen und Universitäten/Hochschulen, Institutionen der Berufsbildung sowie Kindergärten sind je nach kommunaler Relevanz in das System integriert. Die verschiedenen Aktivitäten werden koordiniert, so dass Bildungsdienstleistungen nicht mehrfach angeboten werden, wenn das nicht notwendig ist. Je nach Größe der Stadt/Gemeinde werden in Stadt-/Gemeindeteilen „Ankerräume“ eingerichtet, die vor allem eine wichtige soziale Funktion für Bürger/innen haben, die nicht zur zentralen Einrichtung wollen oder können. Neben dem Informations- und Bildungsservice werden hier auch die allgemeinen Angebote des Bürgerservices zur Verfügung gestellt. Der persönliche Kontakt spielt hier eine große Rolle. Hier können auch Angebote wie Senioren/innentreff oder andere soziale Dienstleistungen angedockt werden. Für die Kommune entstehen Synergieeffekte, die die Einsparung unnötiger Doppelstrukturen erlauben, so dass das Personal dafür eingesetzt werden kann, den Service insgesamt zu verbessern und mehr Bürger/innen zu erreichen.

Für Schüler/innen und Studierende wäre es egal, wo sie außerhalb der traditionellen Lernsettings lernen und arbeiten, da sie überall über die gleichen Ressourcen verfügen. In den Städten und Gemeinden werden Infoterminals installiert, an denen man sich über die kommunale Bildungslandschaft informieren, aber auch andere Informationen abrufen kann. Diese Informationsinfrastruktur steht auch über mobile Medien wie Smartphones und Tablets überall zur Verfügung, da die Städte und Gemeinden flächendeckend kostenlose WLAN-Zugänge installiert haben. Ein digitales Schwarzes Brett ermöglicht den Austausch von Expertise, so entstehen Netzwerke, die durch die Bürger/innen gestaltet werden. Solche Netzwerke können auch von Schülern/innen und Studierenden bezogen auf ihre konkreten Fragestellungen aufgebaut werden.

Die gesamte Stadt/Gemeinde wird zu einem kommunalen Informations- und Wissensraum, der wiederum mit dem anderer Städte und Gemeinden digital vernetzt werden kann. Der Bedarf an physischen Erlebnissen hat in Anbetracht der Virtualisierung zugenommen. Physische Orte der Begegnung und Kommunikation, die nicht auf Konsum hin ausgerichtet sind, haben an Bedeutung gewonnen. Diese „kleinen Fluchten“ sind zum zentralen Element einer bürgerschaftlichen Struktur geworden, die die Inklusion ernst nimmt, Kommunikation über Bildungsschranken hinweg initiiert, die Kreativität der Bürger/innen zum Tragen bringt, die die Basis für ökonomische Sicherheit schafft und letztendlich vielfältige Hochgefühle erzeugt.

Sowie die Educa-Parks 2015 keine Realität sein werden, kann es auch sein, dass die lernenden Städte und Gemeinden 2030 nach wie vor eine Vision bleiben. Doch lohnt es, sich mit diesen Anforderungen der Zukunft auseinanderzusetzen, da das Denken über bestehende Grenzen hinweg Weitblicke ermöglicht, die die Basis auch für kleine Veränderungen sind. Letztendlich legt man mit vielen kleinen Schritten auch Strecken zurück und je mehr damit beginnen, sich in Bewegung zu setzen, desto grundlegender wird die Veränderung. In Anbetracht der vielfältigen Anforderungen scheint Stillstand die schlechteste Alternative.

Literatur

Eigenbrodt, O. (2006): „Herausforderung Wissensgesellschaft. Die Digitale Bibliothek zwischen Mensch, Umwelt und Politik“. In: P. Hauke; K. Umlauf (Hrsg.): Vom Wandel der Wissensorganisation im Informationszeitalter: Festschrift für Walther Umstätter zum 65. Geburtstag. Bad Honnef: Bock + Herchen. 9-28.

Eigenbrodt, O. (2009): „Physical Space in Theory and Beyond. Building Libraries for the Knowledge Societies“. World Library and Information Congress: 75th IFLA General Conference and Assembly, Milan, Italy 23-27 August 2009. Satellite Meeting: Libraries as Space and Place, Turin, Italy 19-21 August 2009. www.ifla2009.it/online/wp-content/uploads/2009/06/Final.Eigenbrodt.pdf

Giesecke, M. (2002): Von den Mythen der Buchkultur zu den Visionen der Informationsgesellschaft. Trendforschungen zur kulturellen Medienökologie. Frankfurt a.M.: Suhrkamp.

Läpple, D. (2003): „Thesen zu einer Renaissance der Stadt in der Wissensgesellschaft“. In: Jahrbuch StadtRegion 3, 61-78.

Mikunda, C. (2005): Der verbotene Ort oder die inszenierte Verführung. Unwiderstehliches Marketing durch strategische Dramaturgie. 2. Aktual. und erw. Aufl. Frankfurt a.M.: Redline Wirtschaft.

Mikunda, C. (2009): Warum wir uns Gefühle kaufen. Die 7 Hochgefühle und wie man sie weckt. Berlin: Ullstein.

Porter, M. E. (1999): „The Microeconomic Foundations of Economic Development and Competitiveness“. In: Wirtschaftspolitische Blätter 46:3, 178-191.

Rammstedt, B. (Hrsg.) (2013): Grundlegende Kompetenzen Erwachsener im internationalen Vergleich. Ergebnisse von PIAAC 2012. Münster et al.: Waxmann.

Stang, R. (1994): „A-Stadt 2015. Ein Szenario." In: DIE Zeitschrift für Erwachsenenbildung, 2:3, 39.

Suchanek, J. (2006): Wissen – Inklusion – Karrieren. Zur Theorie und Empirie der Wissensgesellschaft. Göttingen: V&R unipress.

Zpunkt (o.J.): Megatrends Update. http://www.z-punkt.de/fileadmin/be_user/D_Publikationen/D_Giveaways/Megatrends_Update_DE.pdf

Zukunftsinstitut (2012): Megatrends Dokumentation 2013. Frankfurt a.M.: Zukunftsinstitut.

Über die Autorinnen und Autoren

Sharon L. Bostick, Ph.D., ist Direktorin der Bibliotheken am *Illinois Institute of Technology* in Chicago. Zuvor war sie Direktorin der Bibliothek an der *University of Missouri Kansas City*. Sie hat als Beraterin bei internationalen Bibliotheksbauprojekten gearbeitet. In Publikationen und Vorträge beschäftigt sie sich intensiv mit dem Rechercheverhalten von Studierenden, Bibliothekskonsortien und dem Bau von Hochschulbibliotheken. Sharon ist Mitglied im Standing Committee der Library Buildings and Equipment Section bei der IFLA und dem LLAMA Buildings and Equipment Committee der American Library Association.

Rob Bruijnzeels, ausgebildeter Bibliothekar, hat verschiedene innovative Projekte initiiert. 2009 organisierte er zusammen mit dem Niederländischen Institut für Architektur *The Architecture of Knowledge*, in dem eine zukünftige Architektur für Bibliotheken erkundet wurde. Er hat außerdem 2011 die *Library School* gegründet, einen bahnbrechenden neuen Ausbildungsgang für die Bibliothekare/innen der Zukunft. Heute schenkt er die meiste Aufmerksamkeit dem *Ministry of Imagination* und entwickelt konkrete und innovative Konzepte für die zukünftige Bibliotheksarbeit.

Petra Buntzoll ist Leiterin der Stadtbibliothek Wolfsburg, die das Bibliothekssystem mit der Zentrale, 4 Stadtteil-, einer kombinierten Schul- und Stadtteil-, 3 Schul- und 1 Fahrbibliothek für die Zukunft durch die Integration digitaler Angebote und Ausrichtung auf aktive Medienkompetenzvermittlung in zahlreichen Kooperationen unter Einbeziehung von Bürgern/innen gestaltet.

Sergio Dogliani kam ursprünglich aus dem Bereich Erwachsenenbildung, bevor er 2002 Manager des ersten Idea Store in London wurde. Derzeit ist er als stellvertretender Leiter der Idea Stores Mitglied im Direktorium. Er pflegt die Kontakte zur Spitze der Bezirksverwaltung, zu Architekten/innen und Designern/innen, Entscheidungsträgern/innen, lokalen und nationalen Politikern/innen sowie Gewerkschaftsführern/innen. Er hat für verschiedene internationale Veröffentlichungen geschrieben, hält weltweit Vorträge über die Idea Stores und ist auch Kontaktperson der Idea Stores für die Medien.

Olaf Eigenbrodt ist Leiter der Hauptabteilung Benutzungsdienste und Baubeauftragter an der Staats- und Universitätsbibliothek Hamburg Carl von Ossietzky. Er ist außerdem Lehrbeauftragter am Institut für Bibliotheks- und Informationswissenschaft der Humboldt-Universität zu Berlin. Er ist Mitglied nationaler und internationaler Gremien und Beiräte zum Bibliotheksbau und international als Berater für die Konzeption und den Bau von Bibliotheken tätig. Seine Forschungsschwerpunkte sind Bau, Nutzung, Technik und Soziologie von Bibliotheken.

May-Britt Grobleben, M. A., Studium der Literaturwissenschaften, Politik und Biologie an der Universität Potsdam, 2006-2011 Projektkoordinatorin für arbeitsmarktpolitische Projekte und berufliche Weiterbildung im Auftrag der Berliner Bezirke, seit 2011 Projektleiterin des EFRE-Projekts TENIVER zur Einführung der RFID-Selbstverbuchungstechnik im Verbund der Öffentlichen Bibliotheken Berlins (VÖBB).

Andre Gülzow, Dipl.-Soz. Päd., langjährige Tätigkeit als Teamkoordinator in verschiedenen Einrichtungen der offenen Kinder- und Jugendarbeit u.a. Betrieb eines Computerschulungsraumes für Kinder und Jugendliche, Aufbau und Betrieb von Internetcafes in der offenen Kinder- und Jugendarbeit. Dann Mitarbeit im Medienzentrum Wolfsburg u.a. Koordination des Schulmedientages 2014 in Wolfsburg. Seit 2013 Leiter des Fachgebiets Medienentwicklungsplanung für Wolfsburger Schulen und das Medienzentrum. Koordiniert IT Service und Support für die Wolfsburger Schulen sowie die Fortschreibung des Medienentwicklungsplanes.

Casper Hvenegaard Rasmussen, Ph.D., ist außerordentlicher Professor an der Royal School of Library and Information Science der Universität von Kopenhagen. Er hat Bücher und Artikel zur Entwicklung Öffentlicher Bibliotheken veröffentlicht und war bei mehreren Bibliotheksprojekten und -bauten als Berater tätig.

Bryan Irwin leitet den Bereich Hochschulbau des Architekturbüros Sasaki in Boston. Seine Arbeitsschwerpunkte sind Bibliotheken und Lernumgebungen, die er im nationalen und internationalen Fokus entwickelt. Er war bereits an verschiedenen Hochschulen als Lehrbeauftragter tätig und hält regelmäßig Vorträge zu Trends in der Architektur von Bibliotheken und Lernräumen. Für seine Arbeit hat er mehrere Anerkennungen u.a. des *American Institute of Architects*, des *American Institute of Graphic Arts* und der *Society for College and University Planning* erhalten.

Damon E. Jaggars ist Direktor für Bestandsentwicklung und Dienstleistungen bei den Columbia University Libraries / Information Services. Er veröffentlicht und spricht regelmäßig über Leistungsmessung für Dienstleistungen in Bibliotheken und neue Modelle für Bibliotheksdienstleistungen zur Unterstützung von Forschung, Lehre und Lernen. Er hat in Planungsgremien und Beiräten unter anderem bei der Association of Research Libraries, dem Educational Testing Service und 2CUL mitgearbeitet. Derzeit arbeitet er in der Steuerungsgruppe des Taiga Forum, im internationalen Beirat für *Nineteenth Century Collections Online* und im Herausgebergremium des Portals *Libraries and the Academy*.

Henrik Jochumsen, Ph.D., ist außerordentlicher Professor an der Royal School of Library and Information Science der Universität von Kopenhagen. Er hat Bücher und Artikel zur Entwicklung Öffentlicher Bibliotheken veröffentlicht und war bei mehreren Bibliotheksprojekten und -bauten als Berater tätig.

Friederike Jörke steuert und koordiniert seit Dezember 2012 das Projekt „Wolfsburger Bildungshaus". Sie ist Interessenvertreterin der Bauherren und Nutzer und arbeitet an der Konzeption des Bildungshauses mit. Im strategischen Bildungsmanagement der Stadt Wolfsburg, im Bildungsbüro, begleitet sie die Vernetzung der Wolfsburger Bildungslandschaft. Nach ihrem literatur- und sozialwissenschaftlichen Studium hat sie sich als Fellow der gemeinnützigen Organisation Teach First Deutschland für Chancengerechtigkeit an einer Hamburger Stadtteilschule eingesetzt.

Oliver Kohl-Frey, M.A., Bibliotheksdirektor, ist Stellvertretender Direktor der Bibliothek der Universität Konstanz. Er leitet die Benutzungsabteilung und hat die interne Projektleitung für die aktuelle Bibliothekssanierung. Zuvor Studium der Volkswirtschaftslehre und Politikwissenschaft in Mannheim und Florenz, Referendariat in Konstanz und Frankfurt, Fachreferat in Zürich und Konstanz. Lehrbeauftragter in Chur, Stuttgart und Zürich in den Gebieten Informationskompetenz und Digitale Bibliothek.

Karen Latimer ist Sprecherin des *UK Designing Libraries Advisory Board*, Mitglied der *LIBER Architecture Group* und ehemalige Sprecherin *der Library Buildings and Equipment Section* bei der *IFLA*. Sie hat intensiv zu verschiedenen Aspekten des Bibliothekswesens und des baulichen Denkmalschutzes publiziert. Sie ist Fellow beim *Chartered Institute of Library and Information Professionals* und Ehrenmitglied der *Royal Society of Ulster Architects*. 2007 wurde sie mit dem *Order of the British Empire* für ihre Verdienste um den baulichen Denkmalschutz ausgezeichnet.

Birgit M. Rabofski, Dr., studierte Germanistik, Anglistik, Pädagogik und Philosophie in Bochum, Oxford, Bristol und Hannover. 1988 promovierte sie im Fach Anglistik und begann ihre berufliche Karriere im Bereich der Erwachsenenbildung in Niedersachsen. Mitte 2010 übernahm sie die Geschäftsführung des Bildungszentrums Wolfsburger Volkshochschule gGmbH. Ihre inhaltlichen Schwerpunkte sind Mehrsprachigkeit und Integration, Erleichterung von Bildungszugängen, Entwicklung und Realisierung neuer Bildungsformate durch Vernetzung unterschiedlicher Bildungsträger und Kulturanbieter, Kampagnenfähigkeit für Bildungsangebote sowie Change-Management und Qualitätssicherung.

Wolfang Semar, Dr., ist Professor an der Hochschule für Technik und Wirtschaft Chur (Schweiz). Nach Abschluss seines Studiums des Wirtschaftsingenieurwesens an der Universität Kaiserslautern erwarb er das Diplom im Aufbaustudium der Informationswissenschaft an der Universität Konstanz und promovierte und habilitierte dort ebenfalls. Von 2002 bis 2006 war er wissenschaftlicher Assistent am Lehrstuhl Informationswissenschaft von Prof. Kuhlen. Nach einer zweijährigen Vertretungsprofessur am Lehrstuhl Informationswissenschaft an der Universität des Saarlandes wechselte er 2008 an die HTW Chur. Hier ist er seit 2010 unter anderem für den Auf- und Ausbau des konsekutiven Masterstudiengangs Information Science zuständig.

Dorte Skot-Hansen, Ph.D., ist außerordentliche Professorin an der Royal School of Library and Information Science der Universität von Kopenhagen und Direktorin des Centre for Cultural Studies. Sie hat einen Doktortitel in Kultursoziologie und Forschung auf dem Gebiet der Kulturpolitik und der Stadtplanung betrieben. Sie hat außerdem verschiedene Veröffentlichungen zur Entwicklung Öffentlicher Bibliotheken verfasst. Als Beraterin war sie an verschiedenen Projekten für Öffentliche Bibliotheken beteiligt.

Richard Stang, Dr., ist Professor für Medienwissenschaft im Studiengang „Bibliotheks- und Informationsmanagement" der Hochschule der Medien Stuttgart. Er leitet u. a. den Forschungsschwerpunkt „Lernwelten". Arbeitsschwerpunkte sind u. a. Lernzentren, Lernarchitektur, Medienentwicklung, Medienpädagogik und Innovationsforschung. Er berät Kommunen sowie Einrichtungen bei der Gestaltung von Lernarrangements und bei der Entwicklung von kommunalen Bildungslandschaften.

Joyce Sternheim ist Bibliotheksberaterin mit einer Spezialisierung auf Zukunftsvisionen und innovative Projekte für Öffentliche Bibliotheken. Sie ist Verfasserin verschiedener Dokumente für den Niederländischen Bibliotheksverband und war an der Gründung der *Library School* beteiligt. 2011 hat sie für ihr Projekt *Geschichtencoach* (*Verhalencoach*), ein neues Konzept zur Ermutigung von Menschen entwickelt, die auf der Suche nach Medien sind, die sie wirklich berühren. Sie ist mit dem *Ministry of Imagination* verbunden, einem innovativen Arbeitsort für zukünftige Bibliotheksarbeit.

Janin Taubert ist Referentin für Bestandsaufbau an der Staatsbibliothek zu Berlin Preußischer Kulturbesitz. Sie beschäftigt sich schon seit ihrem Referendariat an der Zentral- und Landesbibliothek Berlin in Vorträgen und Veröffentlichungen intensiv mit Fragen der Präsentation digitaler Inhalte im physischen Raum der Bibliothek. Für ihre Masterarbeit *Absentia in Praesentia – Zur Präsentation und Vermittlung digitaler Medien im physischen Raum*, die auch als Monographie veröffentlich wurde, erhielt sie 2013 den *B.I.T. online Innovationspreis*.

Frank Thissen, Dr., ist Professor im Studiengang „Informationsdesign" der Hochschule der Medien Stuttgart. Er beschäftigt sich seit Mitte der 1980er Jahre mit den Möglichkeiten des computerunterstützten Lernens. Nach Tätigkeiten an der Heinrich-Heine-Universität Düsseldorf und in der Industrie unterrichtet er seit 1997 die Fächer E-Learning, Interkulturelle Kommunikation und Kreativität. Schwerpunkte seiner Forschungsaktivitäten sind neue Methoden des E-Learnings, die Rolle von Emotionen in Lernprozessen und die Bedeutung von kulturellen Einflüssen auf Lernprozesse und das Informationsdesign. Als promovierter Literaturwissenschaftler entwickelte er eine Methode des geschichtenbasierten Lernens. Zurzeit arbeitet er intensiv an den Möglichkeiten, die mobile Endgeräte für die Schule, Hochschule und berufliche Bildung bieten.

Robert Wolven ist Direktor für Bibliographische Dienstleistungen und Bestandsentwicklung bei den *Columbia University Libraries / Information Services*. Er veröffentlicht regelmäßig zu Themen rund um digitale Inhalte, Metadaten und Informationstechnik in Bibliotheken und hat in Planungsgremien und Beiräten unter anderem für die *Library of Congress*, die *Digital Library Federation*, den *HathiTrust* und *OCLC* mitgewirkt. Er ist stellvertretender Sprecher der *Working Group on Digital Content and Libraries* bei der *American Library Association* und Mitglied des *HathiTrust Board of Governors*.

www.ingramcontent.com/pod-product-compliance
Lightning Source LLC
LaVergne TN
LVHW010549300926
849162LV00002B/279